एक अविराम यात्रा

एक अविराम यात्रा

जयवंती मेहता

प्रभात प्रकाशन, दिल्ली™
ISO 9001 : 2008 प्रकाशक

प्रकाशक • प्रभात प्रकाशन™
4/19 आसफ अली रोड,
नई दिल्ली-110002

संस्करण • प्रथम, 2010
मूल्य • चार सौ पचास रुपए
मुद्रक • भानु प्रिंटर्स, दिल्ली

EK AVIRAM YATRA *by* Jayawanti Mehta Rs. 450.00
Published by Prabhat Prakashan, 4/19 Asaf Ali Road, New Delhi-2
ISBN 978-81-7315-900-8

मेरे जीवन के शिल्पी,

मेरे जीवन की नव-दिशा के निर्णायक,

सामान्य गृहिणी को

वैशिष्ट्य प्रदान कर राजनेत्री बनानेवाले मेरी प्रेरणामूर्ति—

मेरे पति

दिवंगत श्री नवीनचंद्र मेहता

की पावन स्मृति को

आभार

डॉ. सुरेशभाई दलाल—इमेज पब्लिकेशन (गुजराती)

अनुवादक : श्री विजय दीक्षित

सहयोग : श्रीमती मेघा कुलकर्णी

श्री अपूर्व आशर

श्रीमती कालिंदीबेन रांदेरी, श्रीमती नलिनी बेन मडगाँवकर

डॉ. मोहनभाई पटेल

श्री रूपेश गांधी (जया एडवरटाइजिंग), श्री महासुखभाई शाह (कंफर्ट होली डेज्)

सौजन्य : परोपकार परिवार, मुंबई के सम्माननीय सदस्यगण

ॐ

राष्ट्रीय स्वयंसेवक संघ

सरसंघचालक : मोहन म. भागवत ■ सरकार्यवाह : सुरेश (भय्या) स. जोशी

युगाब्द : 5112

प्रधान कार्यालय : डा. हेडगेवार भवन, महाल, नागपूर-440 032

दूरभाष : 0712-2723003, 2720150, (2721589 फॅक्स)

email : hedgewarbhavan@rediffmail.com

पत्र क्रमांक : तिथी : जेष्ठ शु. चतुर्दशी दिनांक : 25 जून, 2010

श्रीमती जयवंतीबेन मेहता की राजनीतिक सक्रियता व यशस्विता के कारण उनका नाम भारत भर में परिचित है। महाराष्ट्र में तो प्रदीर्घ समय तक वे सक्रिय रहीं, इसलिए उनकी प्रसिद्धि के साथ उनके घनिष्ठ संपर्क व परिचय का क्षेत्र पर्याप्त बड़ा ही होगा। परंतु 'एक अविराम यात्रा' नामक उनके इस आत्मकथन से उनका वास्तविक स्फूर्तिदायक परिचय सभी सुधी पाठकों के समक्ष उपस्थित हो रहा है, यह हम सभी के, विशेषत: महिला पाठकों के लाभ का व हर्ष का विषय है।

पुस्तक के उपसंहार प्रकरण में उनके शब्द हैं—"स्त्री के कुछ ऐसे सहज नैसर्गिक गुण हैं—ऋजुता, संवेदनशीलता, कार्यक्षमता, निष्ठा, सहनशीलता स्त्री वज्रादपि कठोराणि कुसुमादपि मृदुल होती है।" उनके आत्मकथन से उनका न लिखा हुआ एक और गुण हमारे ध्यान में आता है—वात्सल्य। भारतीय महिलाएँ इसी एक गुण के बल पर स्वयं के परिवार तथा विश्वकुटुंब में, मातृत्व के गरिमामय तथा सभी के आराम-आश्रय के स्थान रूप में मंडित स्थान पर विराजमान हैं। 'मातृशक्ति' शब्द से व्यक्त भाव का स्वरूप इस आत्मकथन के प्रत्येक पृष्ठ पर अंकित है।

आधुनिक समय व अपनी प्राचीन सांस्कृतिक परंपरा का समन्वय कर स्वयं को, परिवार व समाज को सँभालनेवाला भारतीय महिला जीवन कैसा हो, इसका जीवंत व प्रत्यक्ष उदाहरण यह आत्मकथन है। ऐसे उदाहरणों की आवश्यकता सार्वकालिक है, देश-समाज की सद्य:स्थिति में तो वह विशेष रूप से बढ़ गई है। अपनी सरल, सहज व पारदर्शी शैली में यह आत्मकथन लिखकर श्रीमती जयवंतीबेन ने एक बहुत ही समयोचित व उपयुक्त कार्य किया है। उनकी सक्रियता बनी रहे, बढ़ती रहे, इसलिए उनको दीर्घायुरारोग्य की प्राप्ति हो, यह शुभकामना व्यक्त कर पुस्तक के पुरस्कार में लिखी इन पंक्तियों को विराम देता हूँ।

(मोहन भागवत)

भूमिका

श्रीमती जयवंतीबेन मेहता से मैं जब मिला भी नहीं था, तभी से एक विशिष्ट आदर-भाव उनके प्रति मन में रहा है। मिला तो केवल इतना नहीं हुआ कि सम्मान का भाव बढ़ गया, बल्कि उनके प्रति ममत्व-भाव की सृष्टि और हो गई। प्रमुख बात तो यह कि जयवंतीबेन के राजनीति में होने के बावजूद आप राजनीति की कम और 'हृदयनीति' की अधिक लगती हैं। इसका यह अर्थ नहीं कि वह राजनीतिक व्यक्ति नहीं हैं; मंतव्य केवल इतना है कि उन्हें राजनीति का कोई नशा, कोई मद, अभिमान नहीं है, कोई दंभ नहीं है, उनके वचन-प्रवचन-आचरण में जो एक समझ-बूझ भरी समाजसेवा की भावना धड़कती है, वैसी और उतनी धड़कन औरों में समाई हुई दिखाई नहीं पड़ती; अलबत्ता इससे इनकार नहीं कि कुछ अपवाद अन्यत्र भी मिल जाएँगे, कुल मिलाकर बात यह है कि वह एक कर्मनिष्ठ सेविका की प्रतीति करवाती हैं, यदि किसी ने उनका कोई पोस्टर न देखा हो, कोई फोटो भी न देखी हो, उनका कोई भाषण भी कभी न सुन रखा हो, वह जब उनसे पहली बार मिले तो उसे वह एक भव्य गुजराती स्त्री के समान सुसंस्कारी गृहिणी जैसी लगेंगी। यों भी आपके व्यक्तित्व में आंतरिकता और बाह्य निदर्शन का एक सहज-अनायास संतुलन अनुभव हो जाता है। यह अनुभव उनके निकट संपर्क में आने वाले किसी भी व्यक्ति को हो जाएगा।

मैंने जयवंतीबेन को बहुत बार देखा है, अनेक बार सुना है, कई बार मिला हूँ, मगर उनके प्रति मेरे अभिप्राय अथवा मनोभाव में किंचितमात्र परिवर्तन नहीं हुआ है। उनके स्वभाव में है एक सरलता, एक निरंतरता, एक सातत्य और है एक प्रकार की जिज्ञासा। एक धुन है कि अभी मुझे कुछ जानना है, कुछ करना है, गुजराती भाषा पर तो उनका अधिकार है ही, मराठी और हिंदी पर भी उतना ही प्रभुत्व है। मराठी और

गुजराती दोनों तो जैसे एक साथ उनकी मातृभाषा हैं और हिंदी है उनकी राष्ट्रभाषा।

जयवंतीबेन राजनीति में आईं तो किसी पद अथवा सत्ता के लोभवश नहीं, बल्कि इस सद्‌भावना की प्रेरणावश कि एक व्यक्ति की हैसियत से मैं समाज के लिए क्या कर सकती हूँ। घर की दहलीज के बाहर कदम रखा तो ऐसा नहीं कि घर-परिवार को भुला दिया, बल्कि बाहर कदम रखा तो परिवार की ही प्रेरणा से। आपके व्यक्तित्व में एक अनन्य संतुलन है। आमतौर पर राजनीतिक लोग अति चतुर होते हैं, किंतु जयवंतीबेन इस मामले में कुछ अलग हैं। इसका यह मतलब नहीं कि वह जो बोलती हैं, वह बस मीठा-मीठा। कहने का मतलब है कि उनको जो भी कहना होता है, उसे बहुत स्पष्ट व स्वच्छ ढंग से कहने की क्षमता उनमें है। वह जब बोलती हैं तो उनकी आवाज में एक बल होता है, किसी अकारण तैश के बिना और जब कभी भीतरी आक्रोश होता हैं तो वह आक्रोश आवाज में क्रांति की जाज्वल्यमान मशाल बनकर प्रकट होता है।

कौन है जिसे जीवन में कठिनाइयों का सामना नहीं करना पड़ता? किंतु जयवंतीबेन के व्यक्तित्व की खूबी यह है कि वह कठिन क्षणों में अपकर्ष नहीं देखतीं। वह बहुत स्थिरचित्त व्यक्ति हैं। बहुत मजबूत व्यक्तित्व की स्वामिनी हैं; उनके साथ ऐसा नहीं होता कि सत्ता में हैं तो फूल गईं और सत्ता के बाहर हैं तो सिकुड़ गईं, किसी जमाने में और आज भी—मुंबई में तो उन्हें 'भूलेश्वर की भवानी' के रूप में जाना जाता है। इसका कारण यह कि कहीं अग्निकांड हो जाए या कोई मकान ढह जाए, या फिर कहीं दंगा-फसाद हो जाए, तो वह फायर ब्रिगेड की द्रुति से भी पहले मौके पर प्रकट हो जाएँ। घटना-स्थल पर हाजिर होने में बस उन्हें खबर होने भर की देर है! न तो वे पलायनवादी हैं और न निराशावादी। दिल्ली तक पहुँचने के बाद भी उन्होंने कभी किसी प्रकार से स्वार्थ-साधन किया हो, ऐसा न तो सार्वजनिक जीवन में, न निजी वर्तुल में कोई कह सकता है। कुल मिलाकर कह सकते हैं कि सत्ता पास में है तब भी वैसी और सत्ता नहीं है तब भी वैसी ही सादगी से भरी-भरी! अपनी मौजूदगी से जयवंतीबेन न तो किसी को आतंकित करने का प्रयत्न करती हैं और न परिमार्जित करने का। किसी समारोह में जाना हो तो दैववश भले देर से पहुँचें और देर हो भी जाए तो प्रथम पंक्ति में ही बैठना है, ऐसा आग्रह-दुराग्रह हरगिज नहीं, किंतु लोगों के मन में

उनके प्रति इतना आदर है कि सम्मानपूर्वक उन्हें आगे की ही पंक्ति में बैठा दें। जयवंतीबेन एक श्रेष्ठ वक्ता हैं, क्योंकि वह एक श्रेष्ठ श्रोता हैं। मैंने अनेक बार उन्हें एक श्रोता के रूप में भी देखा है, एक श्रोता के रूप में आपकी विशेषता यह है कि किसी का भाषण शुरू होते ही यदि उसमें आपकी रुचि उत्पन्न हो गई तो आप हौले से अपने पर्स में से एक डायरी निकालेंगी और याद रखने योग्य बातों को डायरी में लिख लेंगी, ताकि उन मुद्दों पर स्वयं चिंतन-मनन कर सकें। इस अर्थ में वह खुले दिल-दिमाग वाली और गुणग्राही हैं। उनके संस्मरणों का यह चित्रांकन व चरित्रांकन उनके जीवन के अनेक पक्ष उजागर करता है। शैशव से लेकर आज तक के संस्मरण यहाँ देखने को मिलेंगे; उनके पारिवारिक जीवन, राजनीतिक जीवन, उन्हें दिए गए पद, उनके द्वारा किए गए कार्य, उनकी सामाजिक सेवाएँ—सबका गहरा और उत्तम परिचय यहाँ मिलता है। पति की स्मृति में कॉलेज का निर्माण उनकी धन्यता का सर्वोच्च शिखर है। इन संस्मरणों के निमित्त से हमें आपका परिचय तो मिलता ही है, साथ ही अनेक अन्य व्यक्तियों और विभूतियों की झलक भी मिले बिना नहीं रहती।

श्रीमती जयवंतीबेन मेहता की इस प्रेरणाप्रद पुस्तक का मैं हृदय से स्वागत करता हूँ। जब यह पुस्तक हाथ लगी और पुस्तक भी ऐसी कि जिसे बस पढ़ डालना नहीं है, बल्कि पालथी मारकर बैठ जाना है और वाचन करना है।

—डॉ. सुरेश दलाल

जयवंती नवीनचंद्र मेहता : संक्षिप्त जीवन-वृत्त

राजनीतिक पद

1968–78 नगर निगम पार्षद, मुंबई महानगर पालिका (2 बार)

1978–75 महाराष्ट्र विधानसभा की सदस्य (विधायक) (2 बार)

1989 नौवीं लोकसभा में निर्वाचित सांसद

1996 ग्यारहवीं लोकसभा में निर्वाचित सांसद

1999–2004 तेरहवीं लोकसभा में निर्वाचित सांसद एवं ऊर्जा राज्य मंत्री

पार्टी में पदभार

1962 राजनीति में प्रवेश

1980 राष्ट्रीय कार्यकारिणी सदस्य, भाजपा

1988–92 राष्ट्रीय मंत्री, भाजपा

1991–95 महिला मोर्चा की राष्ट्रीय अध्यक्ष, भाजपा

1993–95 राष्ट्रीय उपाध्यक्ष, भाजपा

2007–08 राष्ट्रीय उपाध्यक्ष, भाजपा

1975 आपातकाल के दौरान मीसा के अंतर्गत 19 महीने का कारावास

संसद् सदस्य के नाते विभिन्न समितियों में सदस्य :

- उद्योग मंत्रालय की स्थायी समिति
- गृह मंत्रालय तथा खाद्य एवं आपूर्ति मंत्रालय की सलाहकार समिति

1996 संविधान की संयुक्त समिति (81वें संशोधन हेतु), 33 प्रतिशत महिला आरक्षण के लिए

1998 क्राफ्ट एंड म्युजियम कमेटी की सदस्य (वस्त्र मंत्रालय)

1998–99 यात्रियों की सुविधाओं के लिए गठित कमेटी की सदस्य (रेलवे बोर्ड)

1998–99 फिल्म सेंसर अपीलेट की सदस्य (सूचना एवं प्रसारण मंत्रालय)

- ट्रस्टी, आदर्श रामलीला समिति; सदस्य, रोटरी कलब ऑफ साउथ मुंबई; प्रेरणास्रोत 'परोपकार' संस्था, मुंबई
- पाक कला, नाटक-संगीत-सिनेमा तथा मराठी, हिंदी व गुजराती साहित्य में रुचि
- सामाजिक-सांस्कृतिक संस्थाओं में सहभागिता, विशेष रूप से पिछड़े वर्ग का उत्थान, महिलाओं पर हो रहे अत्याचारों का विरोध, महँगाई के विरुद्ध संघर्ष, विकलांग एवं जरूरतमंद लोगों की सहायता, स्वास्थ्य एवं शिक्षा का प्रचार-प्रसार आदि।

निवास : 903, पूर्णा, 68/68 ए, सर पोचखानवाला रोड, वरली सागर सोसाइटी, मुंबई-400030

फोन : 022-24928800, 24940404 • फैक्स : (022)-24968822 • इ-मेल : jayawanti.mehta@hotmail.com

अनुक्रमणिका

मन की कहूँ तो...

अपने जीवन में से एक-दो नहीं, पूरे 46 वर्ष मैंने राजनीति को दिए हैं। इस अविराम यात्रा में अनेक उतार-चढ़ाव देखने को मिले। कभी धूप में बैठना पड़ा। कभी शीतल छाँह भी मिली। अनुभवों की पोटली इसी तरह स्थूलकाय होती चली गई। मित्रगण यदा-कदा एक आग्रह किया करते थे—जयवंतीबेन, आप अनुभवों की विविधवर्णी पूँजी की धनी हैं। यदि आप अपने संस्मरणों को शब्दों का बाना पहना दें तो नारी-शक्ति की एक ऐसी जीवंत प्रतिमा आकार ले लेगी, जो न जाने कितनों का प्रेरणा-स्रोत बन सकती है।

इधर व्यक्त होने को आतुर मेरा मन, उधर मित्रों का स्नेहसिक्त आग्रह। दोनों का मिलाप कुछ ऐसा हुआ कि अनायास मेरे हाथ में कलम आ गई, जो इस स्मरण-यात्रा की सड़क पर सरकने लगी। मैंने स्वयं को समय की अंगुली थामे चलता हुआ पाया। मुड़कर पीछे देखना मुझे क्रीड़ा का सुख देने लगा और मेरी लेखन-यात्रा एक आनंद-यात्रा में परिवर्तित हो गई। अनेकानेक घुमावों, चौराहों, कठिन चढ़ाइयों, फिसलन भरे उतारों, अगणित कठिनाइयों को पार करते-करते, चोट लगवाते, घाव खाते-खवाते आज जब मैं उपलब्धियों की चोटी पर खड़ी हूँ और घूमकर नजर फिराती हूँ तो आश्चर्य से ऊभचूभ हुआ मन कह उठता है— इतना ये सब मैंने पार किया? कैसे किया? किस बिध कर पाई?

वसंत आए, पतझड़ आए, पतझड़ के बाद फिर वसंत हो, यह प्रकृति-क्रम है। नूतन कोंपलें फूटती हैं, जीर्ण पात झर जाते हैं; किंतु मनुष्य के जीवन से बीते-झरे वर्ष अनुभवों, स्मृतियों, संबंधों की एक ऐसी अनूठी रंगोली रच जाते हैं, जो मानसपटल पर सदा के लिए अंकित हो जाती है।

मेरी लेखनी का धर्म है स्पष्टोक्ति। आखिर इसे मेरे विराट् और वामन दोनों रूपों का चित्रांकन करना है। भाषावाद से मैं सदा दूर रही हूँ। मेरे अंदर हिंदी, गुजराती, मराठी आदि भाषाओं का सहज-सुभग समन्वय हुआ है। मानो गंगा-जमुना-सरस्वती की धाराएँ एक हो गई हों। इन भाषाओं को बोलने वाले सब मेरे ही स्वजन हैं।

ईश्वर ने प्रत्येक मनुष्य के जीवन का एक लक्ष्य निर्धारित कर रखा है। इस लक्ष्य तक पहुँचने का प्रयत्न करते रहना मनुष्य का धर्म है। ऐसा कहाँ होता है कि सबको सबकुछ इच्छानुसार उपलब्ध हो जाए। नियति पर मनुष्य का कोई नियंत्रण नहीं है। प्रारब्ध के अनुसार जो मिले, उसी में संतुष्ट रहते हुए उसे क्रमशः अधिकाधिक सुंदर बनाने का पुरुषार्थ करना अवश्य मनुष्य के हाथ में है।

विवाहोपरांत मेरा मुंबई में आना हुआ। इस रीति से मुझे मुंबई की पुत्रवधू कहलाना चाहिए, किंतु किसी मुंबईवासी ने कभी मुझे भाभी कहकर संबोधित नहीं किया। मैं सदा इनकी बेन अथवा ताई की तरह रही हूँ। भाजपा में आए नवयुवकों ने तो मुझे माँ का दरजा दिया है और इस बात पर मुझे गर्व है।

मैं एक मध्यमवर्गीय परिवार से हूँ। एक निजी कंपनी की नौकरी में रहे मेरे पति एक निष्ठावान एवं सिद्धांतप्रिय व्यक्ति थे। परिवार की आर्थिक स्थिति साधारण, किंतु संस्कारों की संपत्ति अखूट! इन्हीं संस्कारों का पाथेय लिये मैंने सार्वजनिक जीवन की राह में कदम रखा। व्यक्तिगत जीवन को सँजोए रखकर सार्वजनिक जीवन में सक्रिय होने का अर्थ था दुधारी तलवार पर चलना। आज यह मेरे लिए आह्लाद का विषय है और गर्व का भी कि मैं इस कार्य को सुघड़ रीति से कर पाई और व्यक्तिगत एवं सार्वजनिक जीवन के बीच के संतुलन को बनाए रख सकी।

सतत पुरुषार्थ, अनथक परिश्रम और समर्पण-भाव के साथ जनसेवा का जो यह कार्य आरंभ हुआ, वह निरंतर बढ़ता चला गया और उसके साथ मेरी लोकप्रियता में भी वृद्धि होती रही। आराम कर लेने अथवा काम को विराम दे लेने के विचार ने मेरे मन को छुआ तक नहीं। अपने इस क्रियाकलाप के दौरान मैं बारह बार चुनाव के समर की जुझारू बनी हूँ। यह कालावधि अत्यंत कठोर परिश्रम और मानसिक तनाव के चरम की घड़ियाँ होती हैं। इस दौरान आपकी सहनशक्ति की परीक्षा हो जाती है। सफलता-विफलता और यश-अपयश जैसे द्वैत सदा सामने खड़े दिखाई देते हैं। मैंने सफलताओं

का स्वाद चखा है और असफलता को भी गले उतारा है।

जिस घड़ी व्यक्तिगत हित और सार्वजनिक हित आमने-सामने खड़े हों, उस समय दोनों में से किसी एक का चुनाव अत्यंत दुष्कर है। यह मात्र श्रेय और प्रेय के बीच का द्वंद्व नहीं है। कभी दोनों ही पक्ष श्रेय अथवा प्रेय होते हैं और आपको दोनों में से किसी एक का चुनाव करना होता है। परीक्षा की ऐसी विकट परिस्थिति में से मुझे कई बार गुजरना पड़ा।

आज मैं जीवन के सात दशक पार किए बैठी हूँ। जीवन की साँझ ढल रही है और चेहरे पर संतोष की लालिमा छाई है। जीवन भर परिवार, समाज और देश के लिए उद्यम किया। सार्वजनिक जीवन में जनसेवा करना मेरे लिए परिवार की ही सेवा करने के समान है। हार-जीत का खेल खेला। जीत मिली तो गौरव-मंडित हुई और नई-से-नई व्यूह-रचना में उतर जाने की प्रेरणा मिली। हार का सामना हुआ तो दुगुने पराक्रम से लड़ने को कटिबद्ध हुई। जूझना है और जीतना है, या यों कहूँ कि विजयश्री की प्राप्ति तक डटे रहना है, बस यही मेरा जीवन-मंत्र बन गया। बहुत बार मन न होते हुए भी संघर्ष में उतरना पड़ा। एक बार सार्वजनिक जीवन स्वीकार कर लेने के बाद व्यक्तिगत चाहा-अनचाहा हाशिए पर ही खड़ा रह गया।

जीवन की ढलती साँझ में अब तो मन भी गेरुआ रंग में सराबोर है। मोह-माया-ममता के बंध शिथिल पड़ गए हैं। महत्त्वाकांक्षाओं ने पीछा करना छोड़ दिया है। जीवन-प्रांगण में शांत रस का पदार्पण हो चुका है। भूतकाल हरियाला हुआ स्मृतियों में रम रहा है। वर्तमान जीवन साफल्य की साक्षी भर रहा है। अब कोई अपेक्षा-आकांक्षा है भी तो वह है शांति की, संतोष की, तृप्ति की। आज इस बात की प्रतीति है कि वास्तविक युद्ध वह है जो स्वयं के साथ लड़ा जाए, स्वयं को जय करने के लिए लड़ा जाए। और, एक बार स्वयं को जीत लिया तो समझो स्वयमेव जय-पराजय के पार उतर गए।

जीवन में कई बार आध्यात्मिकता की छुअन भी मिली; किंतु आज मन अधिकाधिक इसी ओर ढुलकता है। आत्मचिंतन आध्यात्मिकता का ही एक रूप है। स्व के साथ संवाद रचकर स्व को उपलब्ध हो जाने की प्रक्रिया मन को परम शांति प्रदान करती है। तब बहुत हलका-हलका, ताजा-ताजा महसूस होता है।

समय के साथ बहुत कुछ बदल जाता है। राजनीति का क्षेत्र भी अब पहले जैसा नहीं रहा। वंशवाद फल-फूल गया है। सत्ता में बैठे परिवार से निकली नई पीढ़ी बहुत आसानी से सत्ता व पद पा जाती है। न मेरे मायके में, न ससुराल में कभी कोई राजनीतिक वातावरण रहा। राजनीति में मेरा प्रवेश किसी प्रकार के सहारे के बिना, पूर्णत: स्वतंत्र रूप से एवं संयोगवशात् हुआ और मैं अपने ही बलबूते आगे बढ़ी। मेरे पति, परिवारजन, संतान, मित्र सब-के-सब अडिग रूप से मेरे साथ खड़े रहे और मैं एक के बाद एक शिखर जय करती चली गई।

भारतीय जनसंघ से भारतीय जनता पार्टी तक की मेरी इस यात्रा में मुझे सदैव नेतृत्व, कार्यकर्ताओं और जन-सामान्य का सहयोग प्राप्त हुआ। मैं इन सब की ऋणी हूँ। राजनीति एक ऐसा क्षेत्र है जहाँ, मित्रों की अपेक्षा शत्रुओं अथवा घात करने वालों की संख्या ज्यादा होती है। शत्रुभाव रखने वाले इन सबका भी मैं आभार मानती हूँ। कारण कि जाने-अनजाने इन्होंने भी आगे बढ़ने में मेरी सहायता ही की है।

इस पुस्तक के प्रत्येक आत्मीय पाठक का भी मैं आभार मानती हूँ। लेखिका मैं हूँ नहीं। तरंग में जो आता चला गया, लिखती चली गई। ऐसे में यदि कोई भूल-चूक हो गई हो तो मैं क्षमाप्रार्थी हूँ।

परमपूज्य सरसंघचालक श्री मोहनजी भागवतजी की मैं विशेष ऋणी हूँ कि उन्होंने मुझे आशीर्वचनों के साथ अपनी शुभकमनाएँ प्रदान की हैं।

मुंबई शहर ने मेरी हथेलियों पर बहुत कुछ रखा है। मुंबई को मेरा शत-शत नमन।

जिंदगी के नाम पर क्या कुछ नहीं तूने दिया,
शुक्रिया मेरे शहर, सौ बार तेरा शुक्रिया।

—जयवंती मेहता

भाग-एक

पारिवारिक जीवन

शैशव : किशोरावस्था : शिक्षण

आज मराठवाड़ा की राजधानी माने जाने वाले औरंगाबाद में मेरा जन्म हुआ। श्री वेणीदास हरिदास कपाड़िया डेढ़-दो सौ वर्ष पहले इस शहर में आकर बसे और कपड़े का व्यापार शुरू किया। इनके तीन पुत्र हुए—हरकिशन दास, द्वारकादास और मदनमोहन दास। बेटियाँ चार—रुकमणी, देवकी, बसंती और शांता। पुत्रों में से द्वारकादास औरंगाबाद में रहे। अन्य दो पुत्र हैदराबाद जाकर बस गए। बेटियाँ ब्याहकर अपने-अपने ससुराल चली गईं। इनमें से बसंतीबेन पर दुर्भाग्य टूटा और उनके पति की अकाल मृत्यु हो गई। वह अपनी एकमात्र पुत्री विलासवती को लेकर अपने भाई द्वारकादास के यहाँ आकर रहने लगी। द्वारकादास विधुर थे। वहाँ आकर बसंतीबेन ने भाई का घर सँभाला। बाद में द्वारकादास ने विजया के साथ दूसरा ब्याह रचाया। वर्ष 1938 के दिसंबर मास की 20वीं तारीख थी, जब इन्हीं विजयाबेन की कोख से मेरा जन्म हुआ। बुआओं ने मुझे नाम दिया जयवंती। उन दिनों यह नाम बहुत फैशन में था। घर में सब मुझे दुलार के नाम से 'जया' कहकर पुकारने लगे।

मैं डेढ़-एक वर्ष की रही होऊँगी जब मेरे भाई का जन्म हुआ। इस प्रसव में माँ का अवसान हो गया और मेरा नवजात भाई भी शीघ्र ही देह छोड़ गया। अपने भाई की दुनिया चलाने की जिम्मेदारी फिर एक बार बसंती बुआ पर आन पड़ी। उनकी पुत्री विलासवती बेन उम्र में मुझ से दस साल बड़ी थी। वह बुआ को बा कहकर पुकारती थी और मेरे पिता को मामा। मैं भी उस छुटपन में उसकी देखादेखी बुआ को बा और पिता को मामा कहने लगी। बा ने मेरा लालन-पालन बेहद लाड़-प्यार से किया। माँ का न होना कभी खले—ऐसा होने ही नहीं दिया। वह मुझे गोद में लादे फिरती और अपने हाथों से सिलकर सुंदर-सुंदर फ्रॉक पहनाती। पाँच वर्ष की वय तक तो मात्र दूध ही मेरा

आहार था। मेरा रंग गोरा और शरीर भरा-भरा हो गया। इससे मैं हर किसी को यों ही मोहिनी लगने लगी। सब मुझे बड़े प्यार से खेलाया करते। बहुत छोटी उम्र में मेरे सिर से माँ की छाया जरूर उठ गई थी, लेकिन लाड़-प्यार की कमी मुझे कभी महसूस नहीं हुई।

उन दिनों औरंगाबाद निजाम के शासन के अधीन था। शहर में मुसलिम जनसंख्या अधिक थी। हिंदू लोग डरे-सहमे और दबकर रहते थे। रात के आठ बजे के बाद स्त्रियाँ बाहर जाने में डरा करती थीं। कुँवारी कन्याएँ तो पिता या भाई के बिना घर के बाहर निकल ही नहीं सकती थीं। लड़कियों का अपहरण हो जाया करता था। महिलाएँ बाजार से कुछ खरीदने नहीं जा सकती थीं। घर की जरूरत की छोटी-मोटी चीजों की खरीदारी पुरुष वर्ग ही किया करता था। स्त्रियों को कपड़ा-लत्ता कुछ पसंद करना होता तो वह घर लाकर छँटवाया जाता था। खंजर घोंपकर हिंदू युवकों की हत्या कर दी जाती थी, किंतु किसी अपराधी को कभी सजा नहीं होती थी। मेरा बाल्यकाल इस प्रकार के वातावरण में व्यतीत हुआ।

मेरी बा बहुत होशियार थी। पाक-कला, संगीत, सिलाई-कढ़ाई, गुँथाई आदि सभी कलाओं में निपुण। हवेली में हिंडोला की रस्म होती तो सुंदर मालाएँ गूँथती, मोगरा की जाली बनाती, नित नए तोरण बनाती, फूलों की कलियों से चिलमन गूँथती और इन सब में नित्यप्रति नई-से-नई डिजाइन लेकर आती। फूलों से अत्याकर्षक मुकुट तैयार करती। इस कारण समाज में उसका बहुत सम्मान था। शुभ प्रसंग अथवा दिन-त्योहार होने पर सब उसी को बुलाते। समाज में बहू-बेटियाँ व्रत-उपवास करतीं तो बा उनकी थाली सजाकर भिजवाया करती। श्रृंगार करने में भी उसके कौशल का क्या कहना! उस जमाने में आजकल के जैसे ब्यूटी-पार्लर वगैरह तो थे नहीं। तीज-त्योहार या

बसंती बुआ (बा)

शादी-ब्याह जैसे प्रसंग होने पर बा ही बड़े उत्साह से बहू-बेटियों का सिंगार करती। बा की ये सब गतिविधियाँ घर का पूरा काम-काज सँभालने के बाद थीं। घर को भी वह शीशे सा चमकाकर रखती। प्रेमपूर्वक सुस्वादु भोजन राँधती और उतने ही प्रेमपूर्ण आग्रह से खिलाती। जब-तब सगे-संबंधियों को ज्योनार के लिए न्योतती। बा को खाना खिलाने का बेहद शौक था। बा के ये सब सद्गुण बचपन से सहज ही मेरे भीतर पैठते चले गए।

मेरे दादा वेणीदास वयोवृद्ध थे। मुँह एकदम पोपला। ढूँढ़े एक दाँत न मिले, लेकिन पान खाने के बेहद शौकीन। पान को इमामदस्ता में कूटते और फिर खाते। दादा जैसे ही पान कूटने बैठते, मैं उनके पास जा धमकती और पान कूटने की जिद करने लगती। मेरे बाल-हृदय को बहलाए रखने के हेतु से दादा मूसल पर मेरा हाथ रखवाकर पान कूटते। थोड़ा पिसा हुआ पान मेरे मुख में भी ठूँस देते। मैं दौड़ती हुई जाती, शीशे के सामने जा खड़ी होती और देखती कि जीभ लाल हुई या नहीं।

औरंगाबाद एक ऐतिहासिक नगर है। अजंता-एलोरा की गुफाओं के कारण यह विश्व-प्रसिद्ध है। गुफाएँ देखने जाने वाले हजारों पर्यटक औरंगाबाद से होकर आगे बढ़ते हैं। औरंगाबाद के निकट बसे दौलताबाद के पास बारह ज्योतिर्लिंगों में एक घृष्णेश्वर महादेव का मंदिर स्थित है। हजारों भक्त इस अति प्राचीन मंदिर के दर्शनों के लिए आते हैं। औरंगाबाद के दर्शनीय स्थलों में बीवी का मकबरा और पानचक्की उल्लेखनीय हैं। कहते हैं कि ताजमहल बन जाने के बाद शाहजहाँ ने शिल्पी का

बीबी का मकबरा

दाहिना हाथ कटवा दिया था, ताकि वे ताज जैसी कोई दूसरी कलाकृति न बना पाएँ। बादशाह शाहजहाँ यह भूल गया कि कला कलाकार के हाथ में नहीं, आत्मा में निवास करती है। उन शिल्पी ने अपने बाएँ हाथों से 'बीवी का मकबरा' का निर्माण कर दिखाया, जो ताजमहल की ही प्रतिकृति है।

ऐसे इस मनभावन नगर में मेरी बुआएँ बाल-बच्चों सहित गरमी की छुट्टियाँ बिताने आ जाया करती थीं। हम बच्चे लोग ऊधम-उत्पात किया करते और पूरा घर सिर पर उठाए रखते। घर में ठाकुरजी स्थापित थे। इसलिए भोजन में नित्य कुछ-न-कुछ मिष्टान्न अवश्य रहता था। मैं सबसे छोटी थी, इसलिए सबसे ज्यादा लाड़ मेरा ही लड़ाया जाता था। रात को तारों जड़े आकाश तले लेटे-लेटे दुनिया भर की बातें हो जाया करती थीं। घर के बड़े जल्दी सो जाने की हिदायतें देते रहते, मगर सुनता कौन था। हम भाई-बहनों में इतना ही प्रेम आज भी बना हुआ है।

घर में ठाकुरजी की पुष्टिमार्गी सेवा की परंपरा थी। उसके चलते सभी उत्सव-त्योहार हर्षोल्लास के साथ मनाए जाते। गुड़ी-पड़वा के दिन पूरण पोली, नीम की तिक्त चटनी, कड़ुवे नीम के फूलों से बनी लापसी, पचड़ा आदि बनते थे। दादा कहा करते, जया बेटा, कड़ुवे नीम की चटनी खाएगी तो पूरे बरस बीमार नहीं पड़ेगी। और मैं हौंस-हौंस में वह कड़वी चटनी खा जाती। दशहरा आता तो ठोर नाम की मिठाई बनती। धनतेरस पर मेवा-लापसी। संक्रांति के दिन तिल के लड्डू, तिल का पाग, तिल-मावा की बरफी और चीकी बनाई जाती। बचपन के वे दिन मनोहारी थे। दीवाली के दिन बा अलस्सुबह जगा दिया करती। घर का आँगन बुहारती, उसे गोबर से लीपती, फिर उसपर सुंदर रंगोली आँकती। मुझे भी सिखाती। किसके आँगन की रंगोली सबसे रमणीय है, इसकी चर्चा आस-पास खूब हुआ करती। बा की कला की विरासत उसकी निगरानी में सीखते-सीखते मुझे मिलती रही। फलस्वरूप आगे चलकर स्कूल-कॉलेज की व्यंजन अथवा रंगोली प्रीतियोगिताओं में मैं जब भी भाग लेती तो निश्चित रूपेण पुरस्कार जीत लाती।

उन दिनों स्कूलों में प्ले-ग्रुप, नर्सरी या के.जी. जैसे झंझट नहीं हुआ करते थे। दो वर्ष की नन्हीं उम्र में किसी बच्चे को स्कूल नहीं जाना पड़ता था। बच्चे से बचपन के उल्लास को छीन नही लिया जाता था। पाँच वर्ष की वय तक तो वह अभिभावकों की

छत्रच्छाया में हँसते-खेलते बड़ा होता था और स्वाभाविक रूप से बड़ों का अनुकरण करते हुए अमूल्य संस्कारों की विरासत को आत्मसात् करता था। पाँच वर्ष की होने पर मुझे गुजराती समाज द्वारा संचालित पाठशाला में दाखिल करवाया गया। हमारी पाठशाला में बहुधा मनोरंजन के कार्यक्रमों का आयोजन होता रहता था। बा मुझे सबका अभ्यास करवाया करती थी। रास-गरबा हो, गाने की प्रतियोगिता हो या फिर नाटक हो, बा को सबकुछ आता था। उसकी कला सर्वतः पूर्णरूपेण खिलती थी। मेरी बहन विलासवती बेन हार्मोनियम पर गाया करती। रास-गरबा होता तो बा मुझे कृष्ण बनाकर बीच में खड़ा करती। मैं शरीर से गोलमटोल थी, सो कृष्ण के रूप में अच्छी भी लगती थी। बा मेरे हाथों में बाँसुरी पकड़वाकर कृष्ण जैसी त्रिभंगी मुद्रा में खड़ा होना सिखाती। जब बहुत देर तक ऐसे ही खड़े रहना पड़ता तो मैं खड़ी-खड़ी ऊँघने लगती। एक ही पाँव पर खड़ी न रह पाती तो बारंबार पाँव बदल लेने की चेष्टा करती। इसपर सब हँसा करते। मैं सबको बहुत प्यारी लगा करती। घर लौटकर बा मेरी नजर उतारना कभी न भूलती। नितांत बचपन के ये सुख भरे दिन हौले-हौले खिसक रहे थे और एक दिन मैं चुपचाप किशोरावस्था में प्रवेश कर गई।

1947 में देश स्वतंत्र हो गया। उस समय देश में राजे-रजवाड़ों की भरमार थी। स्वतंत्र भारत के प्रथम गृहमंत्री सरदार वल्लभभाई पटेल ने रजवाड़ों का विलय करके राष्ट्र को एकता एवं अखंडता के सूत्र में पिरोने का कार्य किया। औरंगाबाद निजाम स्टेट के शासनाधीन होने से वहाँ की स्थिति बेहद असमंजस भरी थी। वहाँ अल्पसंख्यक कहलाने वाले बहुसंख्या में थे, लिहाजा परिस्थिति नाजुक थी। महिलाओं की सुरक्षा खतरे में होने से अनेक परिवारों ने घरों की सब स्त्रियों को दूसरे-दूसरे शहरों में भेज दिया था। मेरे पिता ने बा को, मेरी बहन को और मुझे दहाणूं भिजवा दिया, जहाँ मेरी दूसरी बुआ रहती थीं। इन बुआ का परिवार वैसे ही बहुत बड़ा था, लिहाजा हम लोग पास में दूसरा मकान लेकर रहने लगे। बुआ-फूफा हमारा बहुत ध्यान रखते थे। मुझे वहाँ की गुजराती पाठशाला में चौथी कक्षा में प्रवेश भी मिल गया।

दहाणूं में रहते हुए अकस्मात् एक दिन मैं टाइफॉइड की शिकार हो गई। ज्वर इतना ऊँचा जाता कि मुझे बर्फ की सिल्ली पर लिटाना पड़ता। पिता को भी मुझे देखने दहाणूं आना पड़ा। मेरा बुखार देखकर वह घोर चिंता में पड़ गए, लेकिन परिस्थितियाँ

ऐसी नहीं थीं कि वह वहाँ रुक सकें। उधर औरंगाबाद में एक ओर हमारा नया मकान बनवाया जा रहा था, दूसरी ओर मेरे छोटे चाचा वहाँ अकेले थे और बीमार भी चल रहे थे। तीसरी ओर वहाँ का वातावरण भी तनावग्रस्त था। कभी भी दंगा भड़क सकता था। ये सब देखते हुए पिताजी वापस जाने के लिए दहाणूं से मुंबई गए। पता चला कि मुंबई से औरंगाबाद जाने वाली सब गाड़ियाँ रद्द हो गई हैं। लिहाजा पिताजी कई दिन के लिए मुंबई में ही अटककर रह गए। सांप्रदायिक दंगों ने स्वतंत्रता के सुवर्ण-थाल में मानो लोहे की कील ठोंक दी थी।

मेरी बीमारी काफी लंबी चली। ज्वर के ताप से मेरी त्वचा शुष्क होकर रह गई और उतरने लगी। उफ! सिर के बाल, भवें, यहाँ तक कि बरौनियाँ किस बेतरह झड़कर रह गई थीं! बीमारी के बाद जैसे मेरा पुनर्जन्म हुआ था। बुआजी की सास ने दहाणूं के निकट स्थित महालक्ष्मी माँ के मंदिर में कन्या की चाँदी की मूर्ति चढ़ाने की मन्नत माँगी थी। मेरे ठीक होने पर हम सब लोगों ने मंदिर जाकर मन्नत पूरी की। धीरे-धीरे औरंगाबाद का वातावरण भी बेहतर हो गया और हम लोगों को लौटने का अवसर मिला।

पुराने को छोड़ नए घर में जाने की धमाचौकड़ी चल रही थी। बहन विलासवती बेन को विदा कराने बारात मुंबई से इसी नए घर में आई थी। उत्साह से भरे मामा ने भानजी का विवाह रचाया। बहन ससुराल चली गई। पीछे मैं अकेली रह गई।

चाचाजी ने मुझे हैदराबाद आकर पढ़ाई करने को आमंत्रित किया। मेरी चौथी कक्षा की पढ़ाई आरंभ हुई औरंगाबाद में और पूरी हुई दहाणूं से होती हुई हैदराबाद में। उन दिनों स्कूलों में प्रवेश न तो अवांछित जबरदस्ती था और न बेतुके कायदों का शिकार था। बच्चे जहाँ भी हों, वहीं के स्कूल में आसानी से प्रवेश मिल जाता था और पढ़ाई चलती रहती थी। जीवन सीधा-सादा और सरल था। लोग सुखी थे। आज जैसी हाय-तौबा कतई न थी।

चाचा-चाची ने मुझे बहुत लाड़-प्यार से रखा। सवेरे सोकर उठती तो चाचा का पहला सवाल होता—जया, आज क्या खाएगी? मैं जो कह देती, उस दिन खाने में वही बनता। उसी दौरान चाचा की पुत्री दमयंतीबेन का भी विवाह हुआ। तब बहन के लिए जो आभूषण बने, चाचा ने वही मेरे लिए भी बनवाए। चाचाजी बहुत अनुशासन-प्रिय

व्यक्ति थे। वह बहुत लाड़ लड़ाते थे, पर दिखावे का या झूठा लाड़ कभी नहीं। उनके साथ मैं दक्षिण भारत भी घूम आई थी।

चाचाजी ने मुझे पढ़ने को बड़े मन से वहाँ बुलाया था। पर उनके मन की यह इच्छा कुछ अधूरी रह गई। कुछ समय बाद चाची की तबीयत बिगड़ी और धीरे-धीरे वह इतनी अशक्त हो गईं कि मेरी देखभाल करना उनके लिए कठिन हो गया। तब मुझे वापस औरंगाबाद लौट जाना पड़ा।

औरंगाबाद की गुजराती पाठशाला केवल चौथी कक्षा तक थी। इसलिए पाँचवीं कक्षा में मुझे मराठी माध्यम के विद्यालय श्री शारदा मंदिर कन्या शाला में प्रवेश लेना पड़ा। आरंभिक दिनों में कुछ कठिनाई अवश्य हुई, किंतु कुछ ही दिनों में मराठी मानो मेरी दूसरी मातृभाषा हो गई। शारदा मंदिर शाला में मुझे महाराष्ट्र की अनेक सखियाँ प्राप्त हुईं। लीला तिलक, विलासिनी चितले, विमल दंडनायक, कुमुद अष्टपुत्रे, विजया गुप्ते आदि सखियों के साथ मैत्री-संबंध आज भी बने हुए हैं। जब भी मैं औरंगाबाद जाती हूँ तो हम सखियाँ मिलना नहीं भूलतीं। स्कूल घर से थोड़ा दूरी पर था, किंतु मैं पैदल ही जाती थी। स्कूल के विशाल प्रांगण में अनेक वृक्ष लगे हुए थे। जहाँ-तहाँ उड़ती हुई तितलियाँ थीं। तितलियाँ पकड़ने के लिए हमारी दौड़ उन तितलियों की उड़ान से कम नहीं थी। सगी बहन सी दो सखियाँ वसुमती और कृष्णकला मेरे घर के ही निकट रहती थीं, इसलिए अकसर आती-जाती रहती थीं। विद्यालय के दिन मनुष्य-जीवन का श्रेष्ठ समय कहा जा सकता है। यहीं से संस्कारों के घड़न और चरित्र-निर्माण की ठीक-ठीक शुरुआत हो जाती है और भविष्य की नींव पड़ती है। इस समय जो मैत्री होती है, वह शुद्ध, निर्मल, स्वार्थ-रहित एवं निरपेक्ष होती है। शिक्षकगण कठोर होते हुए भी सहृदय और स्नेहशील थे और मुझे आज तक याद हैं। दवणे सर नामक एक अधेड़ आयु के अध्यापक थे। उनका चश्मा सदा नाक पर खिसका रहता। हम लोग उनसे कहतीं—सर, तुमचा चश्मा पडेल। खूप खाली सरकला आहे (सर, आपकी ऐनक गिर जाएगी। बहुत नीचे खिसक आई है)। वह भी कृत्रिम क्रोध करके कहते, मला माहीत आहे (मुझे मालूम है)। और हम सब खिलखिलाकर हँस देतीं। विद्यालय की प्राचार्य श्रीमती प्रतिभाताई वैशंपायन की मैं प्रिय छात्रा थी। मैं अपनी कक्षा में सदा तीसरे स्थान पर रहती। प्रथम स्थान लीला तिलक का और द्वितीय विलास

चितले का रहता। मैं सुघड़ अक्षरों में लिखती थी, हस्तलेख साफ-सुथरा था और होमवर्क नियमित। इसलिए सब शिक्षक मेरी प्रशंसा किया करते थे।

दोपहर में एक बजे खाने की छुट्टी होती थी। हम सब सखियों का दल एक साथ खाने बैठता और सब अपने-अपने डिब्बे में लाया खाना एक-दूसरे को चखातीं। शनिवार को स्कूल सुबह से आधे दिन का रहता और आधे दिन की छुट्टी हो जाती। सब लड़कियों ने यह तय कर रखा था कि हर शनिवार को वे सब सफेद साड़ी पहनकर आएँगी। पंजाबी ढब के सूट का चलन उन दिनों नहीं था। छोटी बच्चियाँ लहँगा-चोली पहनती थीं और थोड़ी बड़ी लड़कियाँ साड़ी बाँधती थीं। बालों की चोटी बाँधी जाती थी। बाल खुले रखने का तो प्रश्न ही नहीं था। विवाहिताएँ सिर के पीछे जूड़ा बाँधती थीं। हाथ में भले घड़ी बँधी हो, पर कलाइयों में चूड़ियाँ भी पहनी जाती थीं। वह सादगी और मान-मर्यादा निभाने का युग था। फैशन की हवा अभी चलनी शुरू नहीं हुई थी। रीति-रिवाज, संस्कार, मान-मर्यादा, परंपरा आदि सभी को बराबर निभाया जाता था। लगभग 13 वर्ष की आयु में मैंने साड़ी बाँधनी शुरू कर दी थी। तब दादाजी ने टोका था—जया बेटी, साड़ी का पल्लू ऐसे लटकता मत छोड़ो, दूसरे कंधे पर लपेट लो। मैंने कहा—दादाजी, वैसे पल्ला रखूँगी तो बहुत मोटी लगने लगूँगी। उन्होंने तुरंत उपाय भी बता दिया—तब बिटिया, तुम ऐसा करो कि गुजराती ढंग से साड़ी पहनो। वह दिन और आज का दिन, मैं गुजराती ढंग से ही साड़ी बाँधती हूँ।

जब मैं केंद्र सरकार में मंत्री बनी तो औरंगाबाद के हमारे स्कूल की मुख्याध्यापिका प्रतिभाताई ने विद्यालय में विशेष कार्यक्रम का आयोजन किया और 'मेरी छात्रा' का गौरव देकर मुझे सम्मानित किया। उस घड़ी स्कूल-जीवन के सब संस्मरण मेरी स्मृतियों में हरे हो गए। बचपन की अनगिनत स्मृतियाँ मेरी मूल्यवान् संपत्ति हैं, जिन्हें मैंने बहुत जतन से जीवित रखा है। बचपन का सही-सही मूल्य बड़े हो जाने के बाद पता चलता है। किंतु बचपन के दिन फिर मिलते नहीं, इसलिए उन्हें स्मृतियों में सँजोकर सजीव रखना ही एकमात्र उपाय है। बड़े हो जाने के बाद बचपन की स्मृतियों की पुनर्यात्रा से बड़ा दूसरा सुख नहीं है।

एक बार हमारे सहेली-दल ने जमा होकर गुड्डे-गुड़िया का ब्याह रचाया। इसमें हमें सब बड़ों का समर्थन प्राप्त था। वर-पक्ष वसुमती का था और कन्या-पक्ष मेरा।

इसलिए बारात वसुमती के घर से निकली, पूरे बाजे-गाजे के साथ और मेरे दरवाजे पर आई। वर-राजा का स्वागत मैंने किया। मंगल-गीत गाए गए। लग्नमंडप दीवानखाने में स्थापित किया गया था। गोधूलि-मुहूर्त में विधिवत् विवाह संपन्न हुआ। बा ने 30 बारातियों को भोजन कराया। कन्या-पक्ष की ओर से दिया जाने वाला दान-दहेज तक दिया। बच्चों के किसी निरीह खेल में जब बड़े भी शामिल हो जाते हैं तो बच्चों के हर्ष का पारावार नहीं रहता। आज के विभक्त परिवारों में स्थिति है हम दो हमारा एक! उस एक के भी भाग्य में दादा-दादी की छत्रच्छाया कहाँ! व्यवसाय में जुटे या नौकरी कर रहे माँ-बाप के पास बच्चों के लिए समय नहीं है। बच्चों का बचपन और मासूमियत दोनों टी.वी., कंप्यूटर और इंटरनेट की भेंट चढ़ गए हैं। समय की बलिहारी है, और क्या? कालाय तस्मै नमः!

बचपन की विभिन्न स्मृतियों में से मेरा एक संस्मरण उस मोलाकृत व्रत का है, जिसमें नमक नहीं खाया जाता। पाँच से बारह वर्ष के बीच की कन्याएँ पाँच दिन का यह उपवास करती हैं। नमक के बिना कोई सा एक अनाज—गेहूँ अथवा चावल—ही खाना होता है। सब सहेलियों के साथ बन-ठन के हँसी-खुशी रखा गया यह व्रत जरा भी कठिन नहीं लगता। व्रत का उद्यापन पाँचवें दिन किया जाता है। सुहागिनों को भोजन करवा के उन्हें भेंट दी जाती है। मान्यता ऐसी है कि यह व्रत करने वाली कन्याओं को श्रेष्ठ पति प्राप्त होता है।

हमारे घर के निकट महादेव का एक सुंदर मंदिर है, जो छोटा है, मगर आकर्षक है। बा ने मुझसे कहा—जया, नित्यप्रति सुबह नहा-धोकर महादेव को जल, दूध और बिल्वपत्र चढ़ाने के नियम का पालन शुरू कर दे। तुझे बहुत अच्छा पति मिलेगा। मैंने इस नियम का पालन किया और मुझे इसका सुफल भी मिला। निःसंदेह मुझे श्रेष्ठ पति की प्राप्ति हुई। इन दिनों परिणीताएँ जया-पार्वती का व्रत भी करती हैं। इन व्रतों के साथ श्रद्धा और आस्था तो जुड़ी हैं ही, इनमें उमंग, उल्लास और आनंद का भी समावेश है। उस जमाने में जब न तो मनोरंजन के ऐसे साधन उपलब्ध थे और न लड़कियों-औरतों को बाहर घूमने-फिरने की खुली छूट थी, तब ये व्रत और उपवास उनके जीवन को भरपूर आनंद और मनोरंजन से भर देते थे।

मंदिरों में देव-दर्शन का भी इतना ही महत्त्व था। धार्मिक स्थल एक प्रकार से

सामाजिक मिलाप का अवसर भी थे। हम प्रत्येक मनोरथ के लिए द्वारिकाधीश के दर्शन के लिए भी जाती थीं। वहाँ हमारे समाज की अन्य स्त्रियाँ मुझे निहारतीं और बा से कहतीं—वसंती, तेरी यह बिटिया जिस घर में जाएगी, वहाँ उजाला करेगी। उस घड़ी बा का मुखमंडल मातृत्व के गौरव से भर उठता। चेहरे की एक-एक रेखा सुख और संतोष की भाषा बोलने लगती। मुझे जन्म देने वाली सगी माँ का तो चेहरा भी मुझे याद नहीं। उन दिनों फोटो आदि खिंचवाने का अधिक रिवाज नहीं था, इसलिए मैंने उस माँ का चित्र तक नहीं देखा। कविवर झवेरचंद मेघाणीजी के शब्दों में कहूँ तो माँ कैसी होगी कैसी नहीं, स्मृति में कभी उतराती नहीं। मेरे मन को तो यही भासता है कि बा ही मेरी माँ थी, बल्कि कहूँ कि माँ से कहीं बढ़कर थी तो अतिशयोक्ति नहीं होगी।

वंश आगे बढ़ाने की इच्छा के चलते पुत्र-प्राप्ति के हेतु से पिताजी ने तीसरी बार फिर विवाह किया। मैं अबोध बालिका थी। नई माँ का होना-न होना मेरी समझ के परे था। जैसा मेरा मन सरल वैसी सीधी यह बात। नई माँ सदा बीमार रहती। जब फिट पड़ता तो बेहोश होकर गिर जाती। जब देखो, वह सोई ही पाई जाती। न घर का कोई काम कर पाती, न भोजन बना पाती। नई माँ के आने पर भी बा को कोई राहत न मिली। नई माँ की कोख से एक पुत्र ने जन्म लिया। नाम रखा गया अनिल। बाद में माँ ने दो पुत्रियों को जन्म दिया। बड़ी एक वर्ष की होते-न होते चल बसी। दूसरी छोटी वाली का नाम था सुजाता। अनिल और सुजाता को भी बा ने ही पाल-पोसकर बड़ा किया। नई माँ ने अपने बच्चों को न कभी दूध पिलाया, न लाड़ लड़ाया, न सार-सँभाल की। वह इतनी दुर्बल थी कि कुछ कर ही नहीं सकती थी। अनिल, सुजाता और मैं—तीनों बालक बा की छत्रच्छाया में बड़े हुए। हम तीनों के बीच सगे-सौतेले जैसा कोई भेदभाव कभी प्रवेश नहीं कर पाया। आज भी हम तीनों में भरपूर प्रेम है।

पिताजी को धर्म-कर्म में बहुत आस्था थी। उन्होंने तीन-तीन विवाह अवश्य रचाए, किंतु पत्नी-सुख उन्हें कभी प्राप्त नहीं हुआ। तथापि उनकी ईश्वर-परायणता में जरा भी अंतर नहीं पड़ा। मेरी नई माँ की तीमारदारी और सेवा में उन्होंने कोई कोर-कसर नहीं छोड़ी। माँ को स्नान करवाना, साड़ी पहराना, तिलक करना, यहाँ तक कि मुख में चरणामृत डालना आदि सब करते। पत्नी-सुख भले न मिला हो, किंतु पतिधर्म निबाहने में उन्होंने जीवन होम दिया।

1955 में मैं मैट्रिक में आई। मैंने निर्णय लिया कि एक ही बार में उत्तीर्ण हो जाना है। तब किसी ट्यूशन वगैरह की प्रथा नहीं थी। घर में भी कोई पढ़ाने वाला नहीं था। मैं स्वयं कठोर परिश्रम में लगी रहती थी। लड़कियों की मैट्रिक तक की पढ़ाई लगभग अनिश्चित सी थी। आगे पढ़ाने का तो सवाल ही नहीं था। मुख्य कारण यह था कि बड़े-बुजुर्गों को सहशिक्षा स्वीकार नहीं थी। सौभाग्य से विद्यालय के ट्रस्टी श्री भाऊसाहेब वैशंपायन (कांग्रेस के राज्यसभा के सांसद) ने सब कक्षाओं के अधिक 'वर्ग' अतिरिक्त अभ्यास के लिए (सेक्शन) बनाने का निर्णय लिया, ताकि परीक्षा-परिणाम बेहतर आ सकें। इन अधिक वर्गों के होने का मुझे बहुत लाभ हुआ। हम सब उत्तीर्ण हो गईं। मेरी सहेली लीला तिलक ने मेडिकल में प्रवेश लिया। दूसरी भी सब सखियाँ भिन्न-भिन्न कॉलेजों में दाखिल हुईं। मुझे मात्र घर पर बैठे रहने को रह गया। फिर भी मैं कुछ-न-कुछ गतिविधि किया करती। मुझे पढ़ने का बहुत शौक था। इस दौरान मैंने वि.स. खांडेकर और ना.सि. फड़के के अनेक उपन्यास पढ़ डाले। इसके अलावा कढ़ाई का काम करती या घर के काम में बा की मदद करती।

इन्हीं दिनों पिताजी गंभीर रूप से बीमार पड़ गए। उन्हें प्लूरिसी हो गई। पीठ की तरफ पानी भर गया। यह रोग तीन महीने तक चला। पूर्ण आरोग्य होने में तो बहुत समय लग गया। इस बीच कपड़े की दूकान बंद पड़ी रही। बँधे हुए सब ग्राहक टूट गए। आय बंद हो गई। हमारा परिवार भयंकर आर्थिक संकट में फँस गया। पिताजी की तबीयत सुधरने के बाद सब धीरे-धीरे ठीक होना शुरू हुआ, मगर स्थितियों के पूरी तरह सामान्य होने में बहुत लंबा समय लगा।

पिताजी को आयुर्वेद का अच्छा-खासा ज्ञान था। उनकी नाड़ी-परीक्षा प्रसिद्ध थी। पिताजी के पास नाड़ी-परीक्षण करवाने और दवा लेने बहुत लोग आया करते थे। पिताजी कभी किसी से दवा का पैसा नहीं लेते थे। केवल यही नहीं, रोगियों को अपनी ओर से चाय-पानी और पिलाते थे। उनके सुबह के डेढ़-दो घंटे नित्य रोगियों को देखने में बीतते थे। पूजा-पाठ करके दूकान पर जाने में तो उन्हें अकसर ही देर हो जाया करती थी। किंतु मजाल है जो उन्होंने कभी किसी बीमार को 'मेरे पास समय नहीं है' कहकर वापस लौटाया हो। उनके हृदय का भाव था कि जनसेवा ही प्रभुसेवा है।

पिताजी ने हर दु:ख को समभाव और गरिमा के साथ वहन किया। उनके अधरों पर कभी कोई शिकायत नहीं आई। गुजराती के वरिष्ठ कवि बालाशंकर कंथारिया की काव्य-पंक्तियों में जेहि बिधि राखे राम का जो भाव है कि वह जगदीश्वर हमारे ऊपर जो भी स्थिति ला दे, उसको सहन कर लेना और जिसे उसने प्रिय गिन लिया, उसे अपना प्रिय मानना ही श्रेयस्कर है—पिताजी ने अपने जीवन में उतार लिया था।

जो घड़ी सिर से तुम्हारे नाथ जगती का गुजारे।
जो उसे प्रियतर हुए हैं क्या वही प्रिय हैं तुम्हारे?

ऐसे एक संस्कार-संपन्न पिता की छत्रच्छाया में मेरा बचपन और किशोरावस्था बीते। आज मैं जो कुछ भी हूँ, उसकी नींव में इन्हीं उच्च संस्कारों की विरासत है। छुटपन के मन पर जो संस्कार जम जाते हैं, वे अंगद के पाँव की तरह जमे रहते हैं और रक्षा-कवच बनकर जीवन भर रक्षण करते हैं।

□

वरली के घर में श्रीगणेश स्थापना

नवीन चंद्र मेहता-जयवंती बेन मेहता

पति के साथ उदयपुर में
मनोरम दृश्य देखते हुए

देव (दौहित्र), माधवी (पुत्री) तथा राज खांडवाला (दामाद)

कृष्ण (पौत्र), किन्नरी (पौत्री), प्रीति (पुत्रवधू) तथा सुनील (पुत्र)

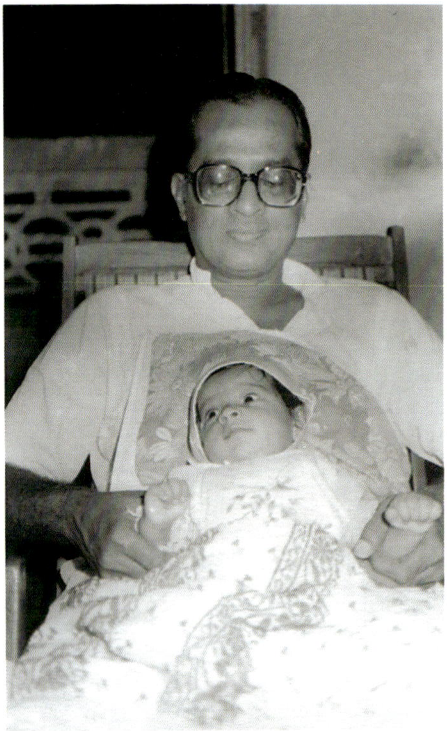

नानाजी नवीन चंद्र व दौहित्र देव

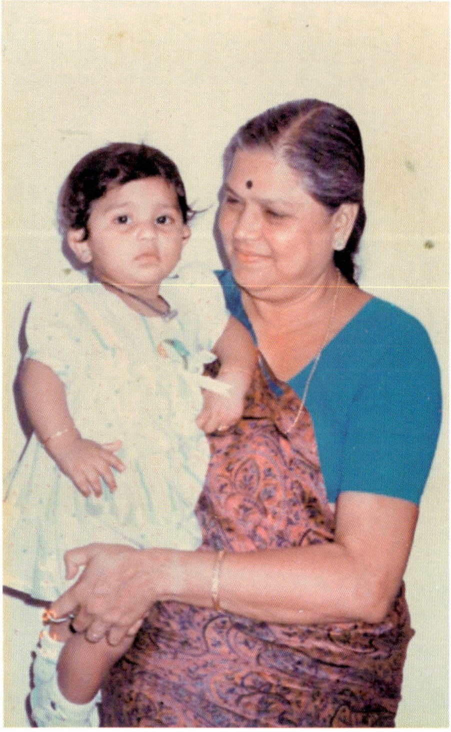

पौत्री किन्नरी के साथ

दादी के साथ पौत्र कृष्ण

देव, कृष्ण, किन्नरी

पिता द्वारकादास, पुत्र सुनील, पुत्रवधू प्रीति तथा बड़े ताऊजी

नितिन मेहता (बहनोई), मनाली (भानजी)
और सुजाता (छोटी बहन)

भाई अनिल और सौ. सुधा भाभी

निशाद (भतीजा), कामिनी (भाभी) तथा परीश (चचेराभाई)

चंद्रवदन मेहता-निर्मला मेहता (जेठ-जिठानी)

जगदीश मेहता-कुमुद मेहता (देवर-देवरानी)

यशोमती बेन, बची बेन तथा मधुरी बेन (ननदें)

नवीन चंद्र मेहता के परम मित्र : जयंतीभाई मेहता, हंसा बेन मेहता, नारणभाई मेहता, प्रतिभा दत्ताणी, चंदा बेन मेहता, देवीदास दत्ताणी

राज-माधवी,
श्री अटलजी, जयवंती बेन,
कृष्ण, प्रीति, किन्नरी, सुनील

पुत्रवधु प्रीति, पौत्री किन्नरी,
मित्र श्री सुरेशभाई अग्रवाल,
जयवंती बेन तथा
श्री अटल बिहारी वाजपेयी

सुनील मेहता (पुत्र),
राज खांडवाला (दामाद),
श्रीमती कमला आडवाणी तथा
श्री लालकृष्ण आडवाणी

परोपकार संस्था की ओर से प्रधानमंत्री रिलीफ फंड के लिए चैक अर्पण करते हुए : बाएँ से— सर्वश्री विनोद अग्रवाल, विनोदीलाल पचेरीवाल, जयवंती बेन, प्रधानमंत्री डॉ. मनमोहन सिंह, शंकर केजरीवाल (अध्यक्ष, परोपकार), कैलाश अग्रवाल तथ बजरंग बियानी

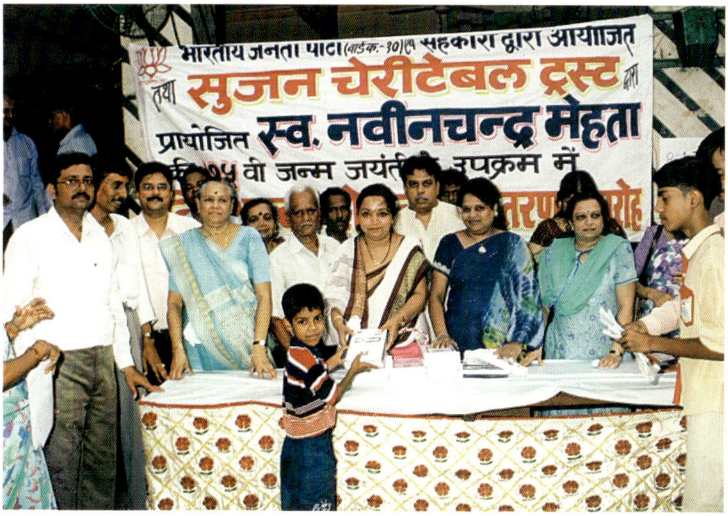

श्री सिरीष भाई पारेख, राजूभाई ठक्कर, दिलीप भूथड़ा, उर्मिला बेन सांघाणी, रवि पोवळे, रिटा मकवाणा, शरद पेरीवाला, ममता पेटीवाला, सुजाता महेता

पति की पुण्यस्मृति में सुजन चैरिटी ट्रस्ट द्वारा विद्यार्थियों को निःशुल्क नोटबुक वितरण

श्रीमती कमला मेहता दादर अंधशाला के वार्षिक उत्सव में श्रीमती हंसा बेन मेहता के साथ

ए.के. मुंशी योजना-संचालित पाठशाला में पौत्री किन्नरी-भारती बेन के साथ

श्रीमती चंचल बेन लालदास प्रज्ञाचक्षु पाठशाला में, बाएँ— नटुभाई देसाई, दाएँ— बाबाभाई, अध्यक्ष पी.एन.आर., अरुणभाई, प्रतिमा बेन पारेख तथा उषा बेन सेठ

चेंबूर स्थित विकलांगों की संस्था 'नकश' में हंसा बेन मेहता के साथ

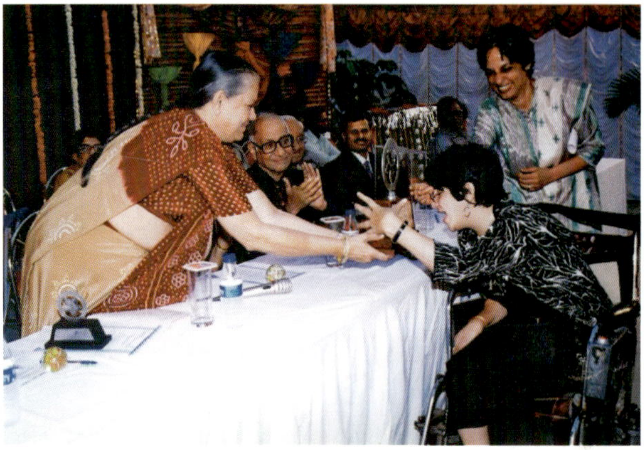

चेंबूर स्थित विकलांगों की संस्था 'नकश'

प्रज्ञाचक्षु कन्या के साथ सहयोग देते हुए

पी.एन.आर. सोसाइटी में प्रज्ञाचक्षु विद्यार्थी का उद्‌बोधन नीचे डॉ. मोहनभाई पटेल बैठे हैं (बाएँ)

मुंबई में आगमन : संयुक्त परिवार के बीच

समय सरकता गया। यौवनावस्था में मेरा पदार्पण हुआ। अठारहवें में प्रवेश करते ही पिताजी मेरे विवाह की उपयुक्त व्यवस्था के लिए व्यस्त हो गए। घर में जन्म-कुंडलियों का ढेर लग गया। पिताजी को स्वयं ज्योतिष का पर्याप्त ज्ञान था, साथ ही ज्योतिष शास्त्र में अटूट विश्वास भी था। फलस्वरूप जन्माक्षर मिलाए बिना मेरा विवाह हो जाए, यह असंभव था।

एक दिन अचानक घर आकर पिताजी ने घोषणा की—कल मुंबई से एक लड़का अपने मामा के साथ हमारी जया को देखने आ रहा है। मेहमान हमारे ही यहाँ भोजन करेंगे, सब तैयारी रखना। पिताजी का फरमान जारी हुआ नहीं कि पूरा घर काम में जुट गया। उस जमाने में यह कहावत पूरी उतरती थी कि बेटी और गाय वहीं हड़का दी जाती हैं जहाँ उनका खूँटा गड़ा होता है। बेटी की पसंद-नापसंद जानने अथवा पूछने की जरूरत तक किसी को महसूस नहीं होती थी और बेटी भी माँ-बाप का कहा सिर-माथे रखती थी, क्योंकि उसे इस बात का भरोसा था कि ये लोग जो भी करेंगे, उसके भले के लिए करेंगे।

दूसरे दिन नवीन और उसके मामा हमारे यहाँ मेहमान बनकर आए। भोजन आदि से निवृत्त हो जाने के बाद हमें तीन-चार मिनट आपस में बात करने का अवसर दिया गया। इतने समय में जितना परिचय हो सकता था उतना हो गया। उन लोगों ने मुझ से दो-चार सामान्य से प्रश्न किए। लड़की केवल उत्तर देने तक सीमित होती थी, प्रश्न पूछने का अधिकार उसे प्राप्त नहीं था। कन्या देखने का समारोह संपन्न हुआ और अतिथिगण मुंबई वापिस लौट गए।

सप्ताह भर बाद मुंबई से उत्तर आया—'लड़की हमें पसंद है।' पिताजी के आनंद

का पारावार न रहा। मेरी 'हाँ' या 'ना' का सवाल तो था ही नहीं। पिताजी ने मुझे ससुराल के विषय में जरूरी जानकारी दे दी—"नवीन की वय 27 वर्ष है। डेढ़ सौ रुपए के मासिक वेतन पर नौकरी में है। परिवार में तीन भाई और चार बहनें हैं। मुंबई में भूलेश्वर में घर है। नवीन के पिता के देहांत के बाद से उस घर की कर्ता-धर्ता उसकी माँ यानी तुम्हारी भावी सास है। इतनी सी सूचना लेकर मुझे भविष्य के सपने बुनने थे।

सासू माँ—मोती बेन

एक अच्छा मुहूर्त देखकर मेरे लिए सगाई की साड़ी और चाँदी की पायल भिजवाई गईं। इससे ज्यादा सगाई की और कोई रस्म अदा नहीं की गई। उस जमाने में इस प्रकार के शुभ प्रसंग बहुत सादगी और सौहार्द के साथ संपन्न किए जाते थे। यों उस समय का समाज रूढ़ियों के बंधनों में जकड़ा हुआ था। विवाह के पूर्व लड़के-लड़की का मिल पाना अकल्पनीय था। नवीन के घर के अन्य किसी सदस्य ने मुझे देखा नहीं था, इसलिए मेरी ससुराल से दो-एक बार मुझे मुंबई भेजने के संदेश आए। किंतु मेरे पिता ने इसे स्वीकार नहीं किया।

सौभाग्यवश मेरा ससुराल प्रगतिशील था। सगाई हो जाने पर मेरे भावी पति ने पिताजी को पत्र लिखकर उनसे मेरे साथ पत्र-व्यवहार करने की अनुमति माँगी। पिताजी के सहमत हो जाने पर हमारे बीच चिट्ठी-पत्री शुरू हुई। विवाह पूर्व अपनी होने वाली पत्नी को पत्र लिखने के लिए उसके पिता की अनुमति प्राप्त करने के अनुशासन का पालन करना

तीनों भाई—नवीनभाई, जगदीशभाई, चंद्रवदनभाई

पड़े ऐसा था वह समय! और पत्र भी कोई प्रेमपत्र नहीं। ऐसे अति-सामान्य पत्र कि जो चाहे पढ़ ले! तथापि हम भाग्यशाली ही कहे जाएँगे कि हमें अनुमति तो मिली। बहुत से युगलों के भाग्य में इतना भी नहीं था। सगाई और विवाह के बीच की स्वर्णिम अवधि में खुली छूट के साथ घूमने-फिरने और मोबाइल फोन पर घंटों प्रेमालाप करने वाली आधुनिक पीढ़ी को उन जमाने की कल्पना भी नहीं हो सकती। बहुत बार तो ऐसा भी होता था कि माँ-बाप ही विवाह तय कर देते थे और दूल्हा-दुल्हन सीधे विवाह की वेदी पर पहली बार एक-दूसरे को देखते थे। केवल आधी ही सदी में समय कितनी त्वरित गति से बदल गया है!

नवीन के पत्रों से मैंने जाना कि वह राष्ट्रीय स्वयंसेवक संघ के सेवक हैं। 1948 में जब संघ पर प्रतिबंध लगाया गया था तब नवीन को भी जेल हुई थी। एक ही कोठरी में वह नारणभाई, जयंतीभाई, रामप्रकाशजी पोद्दार आदि के साथ बंद रहे। जेल में उन्हें जो अत्याचार सहन करने पड़े, उनके चिह्न उनकी पीठ पर सदा के लिए अंकित हो गए थे। मिट्टी और सीमेंट मिले आटे की रोटियाँ खाने से उनकी तबीयत भी बिगड़ गई थी। जेलयात्रा के कारण शिक्षा-दीक्षा भी अधूरी रह गई। नवीन के अन्य भाई-बहनों की शिक्षा बहुत अच्छे से पूरी हुई। बड़े भाई एम.एस-सी. हुए, छोटे वाले इंजीनियर बने, तीनों बहनें भी ग्रेजुएट हो गईं।

1958 की 19 दिसंबर को मुंबई में मेरी छोटी ननद का विवाह था। इस निमित्त से मेरा मुंबई आना हुआ, जहाँ मैं अपनी बड़ी बहन के यहाँ रही। ससुराल पक्ष के परिवार जनों से मैं पहली बार मिली। जेठानीजी काफी फैशनेबल थीं। परिवार का वातावरण पर्याप्त उन्मुक्त था। बैठकखाने में सब एक साथ बैठकर गप्प-गोष्ठी किया करते थे। विवाह समारंभ हेतु जब सब तैयार हो रही थीं तो जेठानी और ननदों ने मुझ से बहुत आग्रह किया कि मैं भी होंठों पर लिपस्टिक लगाऊँ। मैं इनकार करती रही और वे लोग पीछे पड़ी रहीं। मैं कह रही थी कि होंठ रँगना मेरे जी को भाता नहीं है। तभी नवीन उधर आ निकले। हम लोगों की मनुहार और न-नुकर उन्होंने भी सुनी और बोले, जाने भी दो। जयवंती की सादगी ही मुझे अधिक भाती है। सादगी में ही यह ज्यादा सुंदर दीखती है। मेरी तो जैसे आत्मा तृप्त हो गई। यह ऐसा पहला प्रसंग था, जब मैंने पति को मेरा पक्ष लेते पाया। फिर तो जीवन भर मैंने उन्हें अडिग रूप से अपने ही साथ खड़ा देखा।

अपने मित्रों से परिचय करवाने के बहाने शाम को नवीन मुझे मुंबई घुमाने ले गए। हमने घर-संसार नामक फिल्म देखी। थिएटर में पहली बार मेरे पति ने मेरा हाथ अपने हाथ में लेकर हौले से दबाया और स्निग्ध स्मित के साथ मुझे निहारा। उस प्रथम स्पर्श का रोमांच मैं आज भी अनुभव कर सकती हूँ। भावी पति की मधुर प्रणयानुभूति लिये मैं औरंगाबाद लौट आई। उसी दिसंबर महीने की 30वीं तारीख को मेरा भी विवाह निर्धारित कर दिया गया था। पिताजी की आर्थिक स्थिति एकदम सामान्य होने के कारण मेरा विवाह अत्यंत सादगी के साथ संपन्न हुआ। वर्ष 1959 की पहली जनवरी को मैंने ससुराल के अपने घर में प्रवेश किया और इसके साथ ही मेरे जीवन का एक नया अध्याय आरंभ हो गया।

भूलेश्वर के कबूतरखाना के निकट की पाँच-मंजिला इमारत के चौथे तल पर हमारा घर था। यह मुंबई का सर्वाधिक भीड़-भाड़वाला इलाका है। ठिठोली में कहा जाता है कि भूलेश्वर अर्थात् जहाँ ईश्वर भी (रास्ता) भूल जाए! इस पूरे क्षेत्र में डेढ़-दो सौ तो मंदिर होंगे। हमारे ही घर के सामने अतिसुंदर श्रीराम मंदिर है। शायद ही कोई ऐसी चीज होगी जो भूलेश्वर में न मिल जाती हो। यह मुंबई का सबसे पुराना और जान-माना शॉपिंग-सेंटर भी है।

मुंबई के ट्रैफिक में सड़क पार करने में मुझे सर्वाधिक भय लगता था। उस समय नवीन मेरा हाथ पकड़ लिया करते थे। शायद तभी से नवीन का हाथ पकड़े रास्ते पार करने की मुझे आदत सी पड़ गई। विवाह के फेरों में एक बार जो पति का हाथ थामा सो जीवन भर वह अपने हाथ में गुँथा रहे, इसी में सप्तपदी सार्थक हो गई भासती है। कई बार मैंने नवीन से कहा भी—जीवन भर इसी तरह मेरा हाथ पकड़े रहना ताकि मैं कहीं भटक न जाऊँ।

कुछ दिनों बाद नव-परिणीत युगल ननद-बहनोई और हम पति-पत्नी हनीमून के लिए महाबलेश्वर गए। नवीन के साथ हुए पत्राचार का परिचय इस दौरान और प्रगाढ़ हुआ। पारस्परिक स्नेह-संबंध, समझ और विश्वास संसार को स्वर्णिम कर देते हैं। सुखी दांपत्य-जीवन की यह एकमात्र कुंजी है।

'नई बहू नौ दिन' न्यायानुसार मैं धीरे-धीरे मुंबई में रच-बस गई और संसार-चक्र गतिमान हुआ। एक महीने बाद ससुराल का सुख पल्लू में बाँधे जब मैं पीहर गई तो

मुझे देखकर सब खिल उठे।

मायके के रूढ़िवादी माहौल में आगे पढ़ाई करने की मेरी वांछा अधूरी रह गई थी। ससुराल का परिवार ऐसा, जहाँ सब पढ़े-लिखे थे, वातावरण भी उन्मुक्त था, अत: आहिस्ता से मैंने नवीन से अपनी और पढ़ने की इच्छा व्यक्त की। नवीन ने तत्काल हामी भरी और कहा, कॉलेज में प्रवेश कदाचित् संभव न हो पाए, मगर घर में रहकर तो तुम आगे की पढ़ाई कर ही सकती हो। मेरी प्रसन्नता का ओर-छोर न रहा। मन-ही-मन मैंने हिंदी में साहित्य-विशारद करने का निश्चय किया और उसके लिए पढ़ाई भी शुरू कर दी। उन दिनों गजदर स्ट्रीट में चल रहे मारवाड़ी कमर्शियल विद्यालय में साहित्य-विशारद की कक्षाएँ चलती थीं। मैंने वहाँ प्रवेश लिया। शाम को सात से नौ बजे तक मैं इन कक्षाओं में हाजिरी देती और बहुत मेहनत करती। मेरी सास ने केवल एक बात कही, तुम्हारी जेठानी ने भी ससुराल आकर आगे पढ़ाई करने को कहा था, लेकिन फिर पढ़ाई बीच में ही छोड़ दी। देखना, कहीं तुम भी ऐसा ही न करना। मैंने सविनय झुककर उत्तर दिया—नहीं, मैं ऐसा नहीं करूँगी। मेरा दृढ़ विश्वास है कि मैं पढ़ाई अवश्य पूरी करूँगी। घर की जिम्मेदारियाँ सँभालते हुए मैं परीक्षा की तैयारी करती रही और उत्तीर्ण भी हो गई। इस प्रकार मैंने इलाहाबाद विश्वविद्यालय से हिंदी साहित्य-विशारद की डिग्री प्राप्त कर ली। मुझे ग्रेजुएशन करने का अवसर नहीं मिल पाया, यह बात मुझे सदा खलती रही; किंतु मैंने इस सत्य को स्वीकार कर लिया कि मनुष्य की सब इच्छाएँ पूरी नहीं होतीं और मन को मना लिया।

एक दिन नवीन मुझे जनसंघ के वरिष्ठ नेता डॉ. वसंतकुमार पंडित से मिलवाने ले गए। डॉ. वसंतकुमार को ज्योतिष का गहन ज्ञान था। वह गणेशजी के परम भक्त थे। हम लोगों के साथ श्री नारणभाई भी थे। उन्होंने ही मेरा परिचय दिया—आप नवीनभाई की धर्मपत्नी हैं। भेंट पूरी होने पर जब हम वापस लौटने के लिए रवाना हुए तो नवीन को लक्ष्य करके डॉ. वसंतकुमारजी बोले, आपकी पत्नी राजनीति में अग्रणी होंगी। यह बहुत यशस्विनी होंगी। उस समय ऐसा कोई लक्षण दृष्टिगोचर नहीं हो रहा था कि डॉ. पंडित की वह भविष्यवाणी खरी उतर पाए। मैंने तो वह बात यों ही हँसकर टाल दी। भावी के गर्भ में क्या छिपा हो सकता है, हमें कदापि ज्ञात नहीं होता किंतु नियति उसके उकेरे हुए मार्ग पर हमें दौड़ा ले जाती है। डॉ. वसंतकुमारजी ने अपनी अंतर्दृष्टि से मेरे लिए

रेखांकित यह मार्ग देख लिया था। अंततः उनकी यह भविष्यवाणी सत्य सिद्ध हुई।

1960 में संयुक्त महाराष्ट्र आंदोलन आरंभ हुआ। फल यह निकला कि महाराष्ट्र और गुजरात अलग हो गए। मेरे पति ओल्ड कस्टम हाऊस में राज्य सरकार की नौकरी में थे। गुजराती होने के कारण उनका स्थानांतरण अहमदाबाद के लिए हो गया। देशों अथवा राज्यों का विभाजन होता है तो केवल भौगोलिक सीमाएँ ही पुनर्परिभाषित नहीं होतीं। अनेकानेक लोगों का जीवन ही आंदोलित एवं परिवर्तित हो जाता है। अहमदाबाद जाने के दो महीने बाद इन्हें मकान मिला तो मेरा भी अहमदाबाद जाना हुआ। उस समय मैं गर्भवती थी। अहमदाबाद में हम लोग पाँच-एक महीना रहे। नवीन ने नौकरी छोड़ दी और हम वापस मुंबई आ गए। इनके मित्र मजाक करते—क्यों, अहमदाबाद में राजा-रानी का संसार कैसा रहा? नवीन भी उसी तरह मराठी में ठिठोली करते—भई, छोरी लेनी हो तो औरंगाबाद की। स्वस्त (सस्ती), सुंदर आणि (और) टिकाऊ! और सब हँस पड़ते।

मेरे पति ने दूसरी नौकरी ढूँढ़नी शुरू की। हमारे जीवन में शिशु का आगमन होने को था। जिम्मेदारियाँ बढ़ने वाली थीं। ऐसी घड़ी में आर्थिक अनिश्चितता हमारे लिए चिंता का विषय था। एक ओर संतान के आने का आह्लाद, दूसरी ओर आर्थिक दुश्चिंता! मनुष्य के जीवन में बहुधा ऐसा समय आता है जब उसकी एक आँख हँसती है तो दूजी आँसू टपकाती है। जहाँ सुख-दुःख के कारवाँ गुजरते हों, उसी का नाम जीवन है। एक-दूसरे के साथ और सहारे से हमारा यह कठिन समय भी बीत गया। सौभाग्य से नवीन को दलाल इंजीनियरिंग प्राइवेट लिमिटेड नाम की कंपनी में नौकरी मिल गई। आनेवाली संतान के पाँव शुभ शकुनों वाले सिद्ध हुए।

'कम खर्च बालानशीं' वाले सुप्रबंधन को सगा-संबंधी और हितैषी कह सकते हैं। थोड़ी आमदनी में घर चलाने की कला से मैं सुपरिचित थी। अनेक छोटे-मोटे काम मैं स्वयं निबटा लेती। कपड़ों आदि को इस्त्री कर लेती। उधर नौकरी के आरंभिक दिनों में पतिदेव भी पैदल ही ऑफिस आना-जाना करने लगे थे। मन अनाहत आनंद में निमग्न हो तो मनुष्य शारीरिक कष्टों को हँसते-हँसते सहन कर लेता है। 1961 की दूसरी जनवरी को मैंने पुत्री को जन्म दिया। मन मातृत्व के गौरव से सराबोर हो गया। मातृत्व स्त्री को पूर्णता प्रदान कर देता है। अपनी बिटिया का नाम मैंने माधवी रखा। उसके

आने से जीवन आनंद से भर गया और स्थितियाँ धीरे-धीरे सुधरने लगीं। मितव्यय और सादगी से घर चलाने में गृहिणी कुशल हो तो भौतिक सुखों का अभाव खलता नहीं। हम सुखी थे, संतोष से भरे थे, आनंदमग्न थे।

शुरू के छह महीने तक माधवी की तबीयत कुछ सख्त-सुस्त चली। अभी वह मुश्किल से डेढ़ महीने की हुई थी कि उसे भयंकर खाँसी हो गई। खाँसी से उसका दम घुटने लगता और शरीर नीला पड़ जाता। उसकी यह हालत देखकर मारे चिंता के मेरा मुँह सूख जाता और जीभ तालू से जा चिपकती। छह महीने की होने पर उसकी अवस्था में सुधार हो गया। शरीर ने भी भराव पकड़ा। उसकी किलकारियों से घर गूँजने लगा। उसने जब पहला डग भरा और पहला शब्दोच्चार किया तो मेरे सुखद आश्चर्य और आनंद का पारावार न रहा। जीवन के वे क्षण मेरे लिए सर्वाधिक मूल्यवान हैं।

मेरे पति की मित्र-मंडली काफी बड़ी थी। श्री नारणभाई मेहता, श्री जयंतीभाई मेहता और श्री देवीदासभाई दत्ताणी इनके स्कूल के दिनों के मित्र थे। इनके घर भी आस-पास ही थे। भूलेश्वर की संघ-शाखा में हर सुबह चारों मित्र एक साथ जाते थे। ये तीन नवीन के लँगोटिया यार थे। नारणभाई का अध्ययन अत्यंत व्यापक था और स्मरण-शक्ति भी अद्‌भुत थी। इन्हें विभिन्न विषयों का गहन ज्ञान था। भाषण तैयार करने में मुझे इनसे सर्वाधिक सहायता मिला करती थी। जयंतीभाई और नवीन प्राय: रात को घूमने के लिए जाते थे। दोनों की बातें ऐसी जमतीं कि इन्हें समय की भी सुध न रहती। रात के दो-ढाई भी बज जाएँ तब भी इन्हें घर याद न आता। देवीदासभाई पक्के पुष्टिमार्गी वैष्णव। उनका जीवन एकदम नियमित। अनुशासन का पालन करने के घोर समर्थक। मजाल है जो पाईभर इधर-उधर हो जाए। ये सब मित्र थे तो मध्यमवर्गीय किंतु हृदय से अत्यंत उदार। किसी की भी सहायता करने को सदैव तत्पर। साथ ही सर्वश्री सूर्यकांतभाई शाह, बाबूभाई जानी, घनश्यामभाई उदेशी, वासुभाई उदेशी, द्रुपद शर्मा जैसे इनके अनेकानेक मित्र थे। सबकी सूची बनाने बैठूँ तो बहुत लंबी हो जाएगी। हम सब साथ में घूमने के लिए भी जाते थे।

एक बार पतिदेव ने मुझे बताया, दोपहर को देवीदासभाई तुम्हें लेने आएँगे, तुम उनके साथ आ जाना, मैं ऑफिस से सीधा पहुँचूँगा। मैं उलझन में पड़ गई। अपने रूढ़िवादी विचारों के कारण पति के अतिरिक्त किसी अन्य पुरुष के साथ जाने की बात

मुझे कुछ खटकी। मेरे चेहरे के हाव-भाव से नवीन भाँप गए और स्नेहपूर्वक मुझे समझाया, देवीदास मेरे मित्र हैं। उनके साथ आने में कैसा संकोच? धीरे-धीरे मैं प्रगतिशील वातावरण में जीना सीख गई। हम सब लोग साथ मिलकर बहुत बार सिनेमा देखने भी गए। फिर कहीं बाहर ही खाकर घर लौटते थे। कभी मरीन ड्राईव के किनारे बैठकर चना-मूँगफली खाते-खाते गपशप करते। बाल-गोपाल भी खेलकूद का आनंद लेते। जीवन का आनंद उठाने के लिए ढेर-सारा पैसा होना जरूरी नहीं है। छोटी-छोटी बातों से सुख लूट लेना भी जीवन की एक कला है।

पति के साथ—उदयपुर में

मित्र-मंडली की बैठक बहुधा हमारे यहाँ ही जमती थी। रात के बारह-बारह बजे तक कांग्रेस और जनसंघ के विषय में चर्चाएँ चला करतीं। परिवार के अन्य सदस्यों के साथ-साथ मेरी सास भी इन चर्चाओं में भाग लेतीं। उन्हें नियमित रूप से अखबार पढ़ने का अभ्यास था। वह गुजराती के उपन्यास भी पढ़ा करती थीं। प्रत्येक रविवार को श्री पांडुरंग शास्त्री आठवले का प्रवचन सुनने को माधवबाग जाया करतीं। वह स्वाध्यायी थीं। नवीन अपनी माँ के प्रति अत्यंत आदर व प्रेमभाव से भरे थे। मैंने अनेकों बार उन्हें माँ के पाँव दबाते हुए भी देखा। हमारा संयुक्त परिवार था, जिसमें

सब हिल-मिलकर रहते थे। केवल एक बात थी, जिसके प्रति मैं सदा सचेत रहती थी। सो यह कि मेरे जेठ और देवर दोनों अधिक पढ़े-लिखे थे। उन दोनों की आमदनी भी मेरे पति की अपेक्षा अधिक थी। मैं यह सावधानी बरतती थी कि यह वास्तविकता कभी परिवार में टकराव का कारण न बनने पाए। जहाँ तक बन पड़े मैं सादगी एवं मितव्ययिता के साथ जीवन बसर करती थी। मेरे पारिवारिक जीवन का भार अन्य भाइयों को न ढोना पड़े, इसका मैं हमेशा ध्यान रखती थी। मेरे बच्चे नासमझ थे। कभी वे किसी बात पर रूठ भी जाते तो मैं प्रेमपूर्वक उन्हें समझा-बुझा लेती थी।

देवरानी और जेठानी में मैं ठहरी मध्यमा। जेठानीजी बड़ों में घुल-मिल जातीं, देवरानी छोटों में। मायके की ओर से मैं सामान्य हैसियत वाले परिवार की थी और इधर मेरे पति की आय भी कम। इसलिए संयुक्त परिवार में मुझे बहुत सोच-समझकर व्यवहार करना होता था। यद्यपि इन बातों को लेकर ससुराल में कभी कोई कुछ कहता नहीं था, किंतु मैं अपने आप इस मामले में सावधानी बरता करती थी। सार्वजनिक जीवन में प्रवेश करने के उपरांत तो मैं इस ओर से और भी सावधान हो गई। घर के काम जितना बन पड़े अधिकाधिक कर डालती कि कहीं किसी को कुछ कहने का कारण न दे बैठूँ। देवरानी, जेठानी और सास तीनों को प्रसन्न रखने का जतन करती। यदा-कदा मेरी सहनशीलता की परीक्षा हो जाया करती थी। संयुक्त परिवार को निबाहते हुए सार्वजनिक जीवन की गतिविधियों में उतरना कितना कठिन है, इसे मैं ही जानती हूँ। कभी कुछ बुरा भी लग जाता था। मन उदास हो जाया करता। आँखें छलछला आतीं। किसी कोने में मुँह छिपाए चुपचाप थोड़ा रो लेती और मन का आकाश पुन: निरभ्र हो जाता। संयुक्त परिवार के लाभ भी बहुत से हैं। ऐसा मेरा स्वयं का अनुभव है। जब 'मीसा' के तहत मैं जेल में थी, तब यह संयुक्त परिवार ही था, जिसने मेरे बच्चों की बहुत अच्छे से देखभाल की। जहाँ इतने लोग संयुक्त रूप से रहते हैं, वहाँ कभी ऊँच-नीच या मेरा-तेरा भी हो जाता है, दो-चार कटूक्तियों का भी आदान-प्रदान हो जाता है, मगर लकड़ी की चोट से कभी पानी भी कटा है? संयुक्त परिवार स्नेह के अगोचर तंतुओं से बुना होता है। दैववशात् कभी संकट आन पड़े तो इस बात की भली-भाँति प्रतीति हो जाती है।

मेरी सास का मायका शिरवल में, जेठानी बारामती की और मैं औरंगाबाद से। हम तीनों महाराष्ट्र की और देवरानी अहमदाबाद की। मेरी सास का नाम था मोतीबेन।

उनकी छोटी बहन का नाम हीरा। वह भी मुंबई में ही ब्याही गई थीं। हीरा मौसी की पाँच पुत्रियाँ। पाँचों का जीवन सुखी था। उनके पति हमारे मौसाजी श्री मनसुखलाल देसाई एक बड़े आदमी थे। उनके यहाँ गांधीजी और सरदार वल्लभभाई पटेल जैसे बड़े-बड़े नेताओं का आना-जाना होता था। स्वतंत्रता आंदोलन में मनसुखलाल मौसाजी का अत्यधिक आर्थिक योगदान था। वह अनेक ट्रस्टों के ट्रस्टी भी थे। बहुत सा दान-पुण्य भी किए हुए थे। आणंद के वल्लभ विद्यानगर कॉलेज को उन्होंने बहुत दान दिया था। मौसी के नाम पर अहमदाबाद में समाज का एक बड़ा हॉल बनवाया है। मौसी के ही नाम पर सांताक्रुज, मुंबई में स्त्री-मंडल का हॉल बनवाया है। इनके ट्रस्टों से अनेक जरूरतमंदों के लिए शिक्षा अथवा रोगोपचार हेतु सहायता का प्रावधान था। माथेरान में इनका एक बड़ा बँगला था, जिसे बाद में सेनेटोरियम में परिवर्तित कर दिया गया। इनपर ईश्वर की विशेष कृपा थी एवं लक्ष्मीदेवी सदैव द्रवित रहतीं। मगर जीवन की डोर अधिक लंबी नहीं निकली। वह अकाल ही काल का ग्रास बने और उनके उदार आचरण को निभाने का पूर्ण उत्तरदायित्व हीरा मौसी के सिर आ पड़ा। शिरवल जैसे छोटे से गाँव की एक सामान्य और अशिक्षित बाला ने जिस कौशल के साथ पति के साम्राज्य को सँभालकर दिखा दिया, उससे सबने दाँतों तले उँगली दबा ली।

मेरी सास और हीरा मौसी को सब हीरा-मोती की जोड़ी कहा करते थे। दोनों बहनों में अगाध प्रेम था। इनका और कोई भाई या बहिन नहीं थी, इसलिए भी इनका पारस्परिक प्रेम अत्यंत घनिष्ठ था। एक-दूसरे के सुख-दुःख में सदा बगल में खड़ी दिखाई देतीं। हीरा मौसी के कोई पुत्र नहीं था, इसलिए उनकी पाँचों बेटियाँ अपनी मौसी (मेरी सास) के पुत्रों को अपना सगा भाई ही मानती थीं। हमारे यहाँ रक्षाबंधन और भाईदूज आदि त्योहार उत्साह से मनाए जाते थे। मौसी सदा खादी पहना करती थीं। उनके घर श्री राम लक्ष्मण सीता की आराधना होती थी। बड़ी धूमधाम से रामनवमी मनाई जाती थी। शीतला सप्तमी पर बासी खाने हम सब मौसी के यहाँ जाया करते थे। दोनों बहनों के परिवारों के बीच अटूट प्रेमभाव था।

2 दिसंबर, 1962 को मेरे पुत्र सुनील का जन्म हुआ और मेरा परिवार संपूर्णता को प्राप्त हुआ। सुनील गोलमटोल और आकर्षक शिशु था। उसके सिर के बाल अत्यंत घने थे और मुखमंडल हँसता हुआ एवं प्रफुल्ल था, जो यों ही मन मोह ले। शुरू से ही वह

सास मोती बेन तथा मौसी सास हीरा बेन (मोती-हीरा की जोड़ी)

स्वभाव का शांत रहा है। आराम से सोया करता। रोना तो जैसे जानता ही नहीं था। संयुक्त परिवार में पता ही नहीं चलता कि बच्चे कब बड़े हो जाते हैं। मुझे घर के बाहर का कोई काम होता तो बच्चों की कोई चिंता नहीं। मेरी सास और जेठानी बच्चों की भली प्रकार देखभाल करतीं। नवीन बच्चों को गुजराती माध्यम से पढ़ाने के आग्रही थे। किंतु यह मेरी ननद ही थी, जिसने नवीन के विरोध की कोई परवाह नहीं की और सुनील को अंग्रेजी माध्यम के स्कूल में दाखिल करवाया।

हम तीनों बहुओं को एक बेटा और एक बेटी थी। घर में एक बडी विधवा ननद थी। दूसरी एक अविवाहित ननद भी थी। दोनों हमारे ही साथ रहती थीं। कुल सत्रह लोगों का प्रेम से परिपूर्ण अच्छा-खासा परिवार था। मित्रों का भी खूब आना-जाना रहता था। एक-दूसरे का पूरा-पूरा ध्यान रखते हुए हम सब हिल-मिलकर रहते थे। मेरी पुत्री माधवी प्रार्थना-समाज की वनिता विश्राम शाला में पढ़ती थी।

उसे रोज स्कूल छोड़ने और लेने जाना होता था। घर में ठाकुरजी की सेवा-अर्चना और सत्रह लोगों का भोजन बनाना। हम तीन देवरानी-जेठानी मिलकर रसोई राँधने का और घर के दूसरे सब काम करती थीं, फिर भी समय कम पड़ता था। काम खत्म ही नहीं होता था। घर में सब खान-पान के शौकीन-मिजाज थे, इसलिए व्यंजनों में

विविधता होना भी जरूरी। भोजन में मिष्टान्न भी हो तो सबको और आनंद आए। मेरे पति को मीठा विशेष रूप से पसंद था। इसके अतिरिक्त ठाकुरजी के लिए विविध सामग्रियाँ बनतीं सो अलग। पर्व-त्योहार भी सब परंपरागत विधि से मनाए जाते।

हमारे भूलेश्वर के घर में गणेशोत्सव के दौरान विगत 150-200 वर्ष से 10 दिन के लिए श्रीगणपति-स्थापना चली आ रही थी। यह स्थापना परंपरागत विधि से की जाती थी। नित्यप्रति सायं-प्रात: शुचिर्भूत होकर गणेशजी की आराधना की जाती। दसों दिन रात के 8.30 के बाद परिवारजन एवं आगंतुकों के साथ मिलकर श्रीविनायक की आरती करते। स्तुतियाँ गाने और पुष्पांजलि अर्पित करने में घंटा-पौना घंटा कब निकल जाता पता ही नहीं चलता था। प्रभु के भोग में हर शाम ताजा मावा से बना प्रसाद रखा जाता। फूलों की सजावट, शृंगार और आकर्षक मालाएँ बनाने का सब काम हम लोग स्वयं ही घर पर करती थीं। पूजा, आरती, प्रसाद, अतिथियों की आवभगत में वे दस दिन चुटकी बजाते निकल जाते थे। घर के हर कोने में उत्साह और उत्सव का आनंद छाया रहता। चाय, कॉफी, शरबत, आईसक्रीम, ताजा बना नाश्ता, भोजन आदि लगातार चलते रहते। किसी एक शनिवार की शाम संगीत के नाम होती। हम लोग गणेशोत्सव का आयोजन बहुत धूमधाम से करते थे। मित्रों, मेहमानों और आनेवालों का ताँता लगा रहता और घर गुंजायमान रहता। विसर्जन के दिन सुसज्जित हाथ-गाड़ी पर गणपति बाप्पा को लिये गाते-बजाते पैदल चलते हुए गिरगाम चौपाटी पहुँचते। बाप्पा के विसर्जन के उपरांत दो-चार दिन तक घर में बहुत सूना-सूना लगता।

भूलेश्वर की संक्रांति भी अविस्मरणीय थी। सच कहें तो संक्रांति बस भूलेश्वर की! घर में हर किसी को पतंग उड़ाने का जबरदस्त शौक। चार दिन पहले से पतंगें खरीदकर रख ली जातीं। एक दिन पहले पतंग की कन्नी बाँधने के लिए हम लोग रात के तीन-तीन बजे तक जागा करते। संक्रांति के दिन हमारे यहाँ 40 से 50 लोगों का भोजन बना करता था। महाराज रखने का तो रिवाज ही नहीं था। हम अपने आप ही पूरी रसोई बनाती थीं और मजा यह कि चूरमा के लड्डू, तिल के लड्डू, तिल-पापड़ी, तिल का पाग, तिल-मावा की बरफी और मुरमुरे की चीकी तो बनते ही बनते।

सुबह के आठ बजते-न-बजते तो आबाल-वृद्ध हर किसी से सभी बिल्डिंगों की छतें पट जाया करती थीं। आकाश एकमात्र 'बो काटा…' के स्वर को प्रतिध्वनित कर

रहा होता था। पतंग काटने की होड़ लगी होती और कटी पतंग लूटने की भागमभाग मची होती। रात तक सब थककर चूर हो जाते और माँजे से चिर गई उँगलियों का उपचार किया जाता। दूसरे दिन भी बच्चे पतंग उड़ाकर बासी-संक्रांति मनाते थे।

दीपावली पर भी यही उमंग देखने को मिलती थी। मेरी सास बुजुर्ग थीं, इसलिए सब उन्हें प्रणाम निवेदन करने हमारे घर आते थे। मिलने आने वालों से घर भरा रहता। दीपावली के बाद से शुरू हो रहे नए संवत पर ठाकुरजी को अन्नकूट अर्पित किया जाता। बादाम-पिस्ता से भरा घूघरा नामक पक्वान्न, घारी, बूँदी के लड्डू, ठोर नामक मिष्टान्न, मोंथार (मोहनथाल), नारियल से बना कोपरापाक, लौकी का हलुवा, काजू-कतली, सेव, नमकीन सेवियों की फरसाणी पूरी, चकरी आदि विविध व्यंजन बनते। उस जमाने में ये सब बाजार से बना-बनाया खरीद लाने का चलन नहीं था। सबकुछ घर में ही बनता था। इन सबके अलावा भोजन में विविधताओं की भरमार तो होती ही थी—कई प्रकार की सब्जियाँ, अलग-अलग किस्म के रायते, सलाद की जगह कचूंबर, कढ़ी, साबुत मूँग, चने, दही-बड़े, मीठे चावल की बिरंज, पकौड़ियाँ और इन सबकी सिरमौर पूरणपोली इत्यादि। अन्नकूट के दर्शनार्थ आए सगे-संबंधी, बेटी-दामाद आदि सब जीमने के बाद ही वापस जाने दिए जाते थे।

होली, केवड़ा तीज, वटसावित्री पूर्णिमा, शीतला सप्तमी, करवा चौथ, नागपंचमी जैसे त्योहार भी हम लोग परंपरागत रीति से मनाया करते थे।

भारतीय संस्कृति में त्योहारों का बहुत ऊँचा व गौरवशाली स्थान है। धार्मिक हों चाहे सामाजिक, सभी त्योहार मनुष्य को पल भर के लिए उसके दैनंदिन जीवन के चक्र से मुक्त करने का काम करते हैं। कुछ क्षणों के लिए सब दुश्चिंताएँ, सब दुःख विस्मृत हो जाते हैं और एक प्रकार से मनुष्य पुनः स्फूर्त एवं ऊर्जस्वित हो जाता है।

गान और अश्रु के दो किनारों से बना जीवन कविवर हरिवंशराय बच्चन के शब्दों में याद करें तो त्योहार वे राग हैं, जो हमें ऊँचा उठाते हैं—

> "ऊपर देव, तले मानवगण, नभ में दोनों गायन-रोदन,
> राग सदा ऊपर को उठता, आँसू नीचे झर जाते हैं!
> कहते हैं, तारे गाते हैं!"

निरंतर संघर्षों का बोझ उठाने वाले मानव को त्योहारों के कारण हलकेपन की अनुभूति होती है।

सब बच्चों के जन्मदिन भी मनाए जाते। उन दिनों पार्टियाँ करने अथवा बाहर जाकर होटलों में खाना खाने की प्रथा नहीं थी। केक काटने के पाश्चात्य चलन ने भी अभी पाँव नहीं पसारे थे। अपने जन्मदिन पर बच्चा सुबह-सवेरे सोकर उठता, बड़ों के चरण स्पर्श करता, सज-धजकर तैयार होता और उसका मनभाता खाना बनाया जाता। इतना भर होने से बच्चा परम प्रसन्न!

मैं औरंगाबाद जैसे छोटे शहर से आई हुई, फिर मायके का परिवार भी रूढ़ि और मर्यादाओं से बँधा हुआ। स्वाभाविक था कि मुझे मुंबई जैसे महानगर की संस्कृति से सामंजस्य बैठाने में कुछ समय लग जाता, किंतु मैं धीरे-धीरे सबकुछ सीखती गई। किसी दिन होटल में जाएँ तो सूप पीने में कैसे न चम्मच की आवाज हो, न सुड़कने की टमाटर या ककड़ी का टुकड़ा गिराए बिना कैसे सैंडविच खा लेना; अथवा कैसे कटहल, ग्वार, ककड़ी या तोरी जैसी हरी सब्जियों को सूरती ढब से बना लेना आदि बहुत कुछ मुझे सीखने को था और मैंने सीखा भी। शीघ्र ही मैं मुंबईकर बन गई। औरंगाबादी व्यंजन जैसे कि भपारी हुई दाल-बाटी, बिरंज, मुरमुरे की खिचड़ी आदि भी मैं बनाती और घर के सब लोग बड़े शौक से खाते।

गौरवशाली होते हुए भी नारी-जीवन अत्यंत निर्दय है। माता-पिता के यहाँ की जानी-पहचानी मृत्तिका में पल्लवित वल्लरी को वहाँ से उखाड़कर ससुराल की सर्वतः अपरिचित भूमि में पुनः रोपना पड़ता है; जो नैसर्गिक रूप से अपने हैं उनसे छूटकर परायों को अपना बनाना पड़ता है; संसार के जूए के नीचे गरदन डालकर चलते रहना पड़ता है। विधाता ने स्त्री की निर्मिति ही कुछ इस विधि की है कि वह इस कठिन कार्य को सहजता से कर पाती है।

मैं भी मुंबई के साथ एक-रूप हो गई, पति के कुटुंब के प्रति पूर्णतः समर्पित हो गई और अंततः अपने कार्य में रच-बस गई। औरंगाबाद से आई जया अब जयवंतीबेन मेहता थी। यदि मैं कहूँ कि वस्तुतः मेरा कायाकल्प हो गया था तो गलत न होगा। यदि मैं पति के घर और परिवार में एकमेक हो सकी तो उसका कारण वहाँ का स्नेहिल व प्रेम की ऊष्मा से भरा वातावरण था। भले ही घर दो अक्षर का छोटा सा शब्द हो, किंतु

यह मनुष्य के संपूर्ण संसार को समा लेने की क्षमता रखता है। सीमेंट, कंक्रीट, ईंट-गारा, पत्थर, पानी और रेत से चिने मकान में पारस्परिक प्रेम व आत्मीयता प्राण पूरते हैं, जहाँ मानव-मानवी के सुख-दुःख साझा करते हुए घुल-मिलकर रहने से वह घर हो जाता है। वास्तु-देव भी वहीं 'तथास्तु' कहकर आशीष देते हैं।

घर संस्कृति का प्रतिनिधि है जहाँ ज्ञान, कर्म और भक्ति की त्रिवेणी प्रवाहमान होती है। जिस घर के निवासी सौजन्यपूर्ण, स्वच्छ-हृदय और प्रेमपूर्ण होते हैं, जिस घर में सुख-शांतिपूर्ण ऊष्मा भरा वातावरण छाया रहता है, जिस घर में विवेक भरा आचरण और माधुर्य भरा स्वागत मिलता है, जिस घर का प्रत्येक व्यक्ति बुद्धिमत्ता से अपने उत्तरदायित्व का निर्वाह कर रहा होता है, उस घर के लिए कहा जाएगा कि उसने पृथ्वी पर नंदन-कानन को साकार कर दिया है। घर के छोटे या बड़े होने का कुछ अर्थ नहीं है। घर में रहने वालों को अनुभव होती प्रेम की ऊष्मा महत्त्वपूर्ण है। घर अर्थात् मनुष्य-मन की परितृप्ति का अवलंब!

निःसंदेह मैं सौभाग्यशाली हूँ कि मुझे घर मिला। यहाँ मेरा अस्तित्व फला-फूला और व्यक्तित्व निखरा। घर को परिभाषित करती गुजराती के विख्यात कवि सुरेश दलाल की ये पंक्तियाँ कितनी सटीक हैं—

मंथर बयार,
तुहिन भीना सूर्य,
बहते पानी जैसे पारदर्शी रिश्ते,
और
डाँड़ बिना तरती नैया।

□

पति की गंभीर रुग्णता : धैर्य की परीक्षा

देश पर आपातकाल के काले बादल छाए हुए थे। पूरे देश का कठिन समय था। क्रमशः आपातकाल के बादल छँटे और उसके बाद लोकसभा के चुनाव हुए। पीछे-पीछे विधानसभा के भी। इन दिनों में नवीन और मैं दोनों ही अत्यंत व्यस्त रहे। साँस लेने तक की फुरसत नहीं थी। दोनों ने असीम मानसिक तनाव अनुभव किया। शरीर और मन दोनों को विश्राम की आवश्यकता थी। अतः हम लोगों ने दो-चार दिन के लिए लोनावला जाने का मन बनाया। लोनावला में तीन दिन तक पूरी तरह आराम करने के बाद हम मुंबई लौट आए। जिस दिन मुंबई के लिए रवाना हो रहे थे, उस दिन भी नवीन की तबीयत कुछ सुस्त थी, किंतु वहाँ और ज्यादा रुकने की कोई तुक नहीं थी। छत्रपति शिवाजी टर्मिनस (उन दिनों का वी.टी. स्टेशन) पर गाड़ी से उतरे तथा रास्ते में कुछ चाय-नाश्ता लेकर नवीन सीधे अपने ऑफिस चले गए और मैं घर आ गई। ऑफिस में इनकी तबीयत और भी बिगड़ गई। बहुत घबराहट होने लगी और बेहद पसीना आने लगा। यहाँ तक कि ऑफिस में ही डॉक्टर बुलाना पड़ा। डॉक्टर ने हृदय रोग की आशंका व्यक्त की। इनके ऑफिस के साथी इन्हें घर ले आए। हमारा घर चौथी मंजिल पर होने से नवीन को कुरसी पर बिठाकर ऊपर तक लाए। डॉक्टर ने घर पर आकर ई.सी.जी. किया और निदान में पाया कि हार्ट-अटैक ही है। मेरे तो पावों तले की जमीन ही खिसक गई।

डेढ़ महीने तक पाँवों पर खड़े-खड़े एक नर्स की तरह मैंने बीमार पति की सेवा की। इन्हें बिस्तर से उठने-बैठने तक की मनाही थी। तरल आहार के अतिरिक्त और कुछ भी लेना मना था। घर में महामृत्युंजय का जाप करवाया गया। पूरा घर चिंता में निमग्न था। मेरी जो मनःस्थिति थी, उसका तो वर्णन ही नहीं किया जा सकता। डेढ़

माह में मेरे पति घर में चलने-फिरने के योग्य हो गए। मैंने विधानसभा में जाना शुरू किया। उस समय महाराष्ट्र के मुख्यमंत्री वसंतदादा पाटील थे। उप-मुख्यमंत्री उत्तमराव पाटील, स्पीकर शिवराज पाटील और सामान्य प्रशासन विभाग के मंत्री उदयसिंहराव गायकवाड़ थे। मैंने इन सबको अपने पति के स्वास्थ्य के विषय में सूचना दी। चौथी मंजिल पर घर होने के कारण मेरे पति के लिए सीढ़ियाँ चढ़ना-उतरना संभव नहीं था। मैंने इन लोगों से प्रार्थना की कि मुझे सरकारी कोटे में से सबसे नीचे अथवा पहले तल्ले पर घर देने की कृपा करें। मेरे आवेदन का आदर करते हुए उदयसिंहराव गायकवाड़जी ने विशेष परिस्थिति के मद्देनजर दादर के शिवाजी पार्क क्षेत्र में तीन कमरों का छोटा सा एक फ्लैट मुझे रहने के लिए किराए पर दिलवा दिया।

मैंने नवीन के ऑफिस से दस हजार रुपए का ऋण लिया और घर को रहने के योग्य बनाया। छोटी-मोटी मरम्मत और रंग-रोगन करवाया। फिर हम लोग बच्चों को लेकर दादर में रहने को आ गए। कौटुंबियों से अलग रहना पड़ रहा था, इस बात का दु:ख, पति के स्वास्थ्य की चिंता और बच्चों के लालन-पालन के पूरे दायित्व आदि ने मन को धर दबोचा। अकेले अपना संसार सँभालते हुए मुझे सार्वजनिक जीवन की गतिविधि में उतरना था; साथ ही नए स्थान व वातावरण में सब नए सिरे से आरंभ करना था, मेरी चिंताओं का आर-पार नहीं था; किंतु हृदय में हिम्मत और ईश्वर में आस्था होने से शनै:-शनै: हर समस्या हल होती चली गई। हाथ में पैसा नहीं था। नए सिरे से घर का जरूरी साजो-सामान जुटाने जैसी स्थिति नहीं थी; किंतु सगे-संबंधियों और स्नेही मित्रों ने जरूरत की हर चीज ला खड़ी की और हमारी गृहस्थी की गाड़ी पटरी पर आ गई।

बच्चों को इस नए स्थान से बस में बैठकर कॉलेज जाना भाने लगा। पतिदेव ने भी टैक्सी से ऑफिस जाना शुरू कर दिया। उन दिनों दादर से मरीन लाइंस तक आने-जाने का टैक्सी-भाड़ा 64 रुपए हुआ करता था। यह खर्च हमारे वश का हो सो नहीं था, मगर स्वास्थ्य का मूल्य कहीं अधिक होता है, जो रुपए-पैसे से नहीं आँका जा सकता। एक कहावत में तो निरोगी काया को ही पहला सुख कहकर बखाना गया है। तदनुसार नवीन भी अपने स्वास्थ्य का खूब ध्यान रखने लगे। खान-पान में सावधानी बरतना, हर सप्ताह डॉक्टर से जाँच करवाने में चूक न करना और डॉक्टर के निर्देशों का कड़ाई से

पालन करना आदि का अनुशासन उन्होंने अपना लिया।

हमारी दोनों संतानें बुद्धिमान और समझदार निकलीं। माधवी ने बी.एस-सी. पास कर लिया, सुनील उन दिनों चार्टर्ड अकाउंटेंट की पढ़ाई कर रहा था। दिन सुख-शांति से बीत रहे थे। मैं भी अपने राजनीतिक जीवन में अग्रसर हो रही थी। पति और बच्चे मुझसे कुछ भी अपेक्षा किए बिना मुझे पूर्ण सहयोग दे रहे थे। हर मंगलवार और शुक्रवार को विधायक के नाते जनसंपर्क हेतु मैं जनसंघ के गिरगाम कार्यालय में बैठती थी। घर लौटने में रात के दस-साढ़े दस बज जाया करते थे। नियमित रूप से मैं इन लोगों को गरमागरम खाना भी नहीं खिला पाती थी। कभी दोनों समय का भोजन सवेरे ही बना जाती थी और कभी इतना भी संभव न होता। कभी सिर्फ खिचड़ी से काम चलाना पड़ता। कभी-कभार बच्चे और पतिदेव मात्र फल, आईस्क्रीम, थेपला, खाखरा आदि खाकर गुजारा करते। होटल के खाने का न तो चलन था, न वह पेट अथवा जेब के लिए अनुकूल था। संयुक्त परिवार में रहकर सुसज्जित थाल में से खाने के अभ्यासी मेरे पति अथवा बच्चों के होंठों पर कभी कोई शिकायत नहीं आई। हमारी स्थिति भले साधारण थी, मगर हमारा स्वाभिमान हिमालय-सा ऊँचा था।

राजनीति में मेरी छवि पारदर्शी एवं स्वच्छ व्यक्ति की थी। सार्वजनिक जीवन की व्यस्तताओं के कारण बहुत बार ऐसा हुआ कि मैं एक सामान्य गृहिणी के कर्तव्यों का पालन न कर पाई, किंतु मेरे पति ने मुझसे कभी एक भी कड़वा बोल नहीं बोला। मेरी उन्नति देखकर कभी उनका पुरुष अहं आहत नहीं हुआ। कई बार अनेक उन निजी यादों का कारवाँ आँखों के सामने से गुजरता है, जिन्होंने हमारे इस आत्मीय जीवन को आकार दिया। हम हर प्रकार के पूर्वग्रहों से मुक्त एक सहज जीवन जी पाए हैं। यों तो कहा जाता है कि प्रत्येक सफल पुरुष के पीछे एक स्त्री होती है, किंतु मैं गर्व से कह सकती हूँ कि मेरी सफलता के पीछे मेरे पति का सहयोग और प्रेम है। अनेकों झंझावात उठे और गुजर गए, किंतु हमारे दांपत्य-जीवन का प्रेम उसी दृढ़ता से अडिग खड़ा रहा। बिन बोले हम एक-दूजे के मन की बात सुन लेते थे। हम वह थे, जो घोर पतझड़ के बीच वसंत का गीत गा लेते थे।

समय ने करवट ली और धीरे-धीरे हमारी आर्थिक स्थिति में सुधार होने लगा। हमने बालू नाम के दस-एक वर्ष के एक बालक को घरेलू कामों के लिए भी रख लिया।

एक महिला कार्यकर्ता के कहने पर बालू हमारा घरेलू नौकर बनकर आया था और समय बीतने के साथ-साथ हमारे परिवार का सदस्य बनकर रह गया। मैंने बालू को स्कूल में प्रवेश दिलवाया और उसे दसवीं कक्षा तक पढ़ाया। उसे कोहिनूर टेक्निकल इंस्टीट्यूट से टी.वी. और रेडियो की मरम्मत का काम भी सिखवाया। बालू बड़ा हुआ, उसका विवाह हुआ और वह अपने भाई के पास रहने चला गया। तब महाराष्ट्र सरकार की कम आय वर्ग के लिए 10प्रतिशत कोटे से फ्लैट देने की विशेष योजना के अधीन मैंने उसे एक कमरे-रसोई का ऑनरशिप फ्लैट भी दिलवाया। जन्म-जन्मांतर के ऋणानुबंध के कारण न जाने कौन कब हमारे जीवन में प्रवेश कर जाता है और अपना देय प्राप्त कर लेता है, मनुष्य को इसकी खबर तक नहीं हो पाती। बालू अब हमारे साथ नहीं रहता, मगर है वह अब भी हमारे परिवार का एक हिस्सा। जब वह हमारे साथ रहता था तो भरा-पूरा घर उसी के भरोसे छोड़कर मैं निश्चिंत होकर बाहर जा पाती थी। घर में कौन सी चीज कहाँ रखी है, हम लोगों की अपेक्षा बालू को अधिक मालूम रहता था। अलमारियों की चाबियाँ भी उसी के पास रहती थीं। कहने को तो हमने बालू को आश्रय दिया था, किंतु अंततः हम लोग ही वास्तव में उसके आश्रित हो गए थे। न जाने कब बालू हमारी आदत बन गया था। आज भी बालू हमारे साथ ही है।

सन् 1981 में माधवी 19 वर्ष की हुई। बेटियाँ अचानक एक दिन बड़ी हो जाती हैं

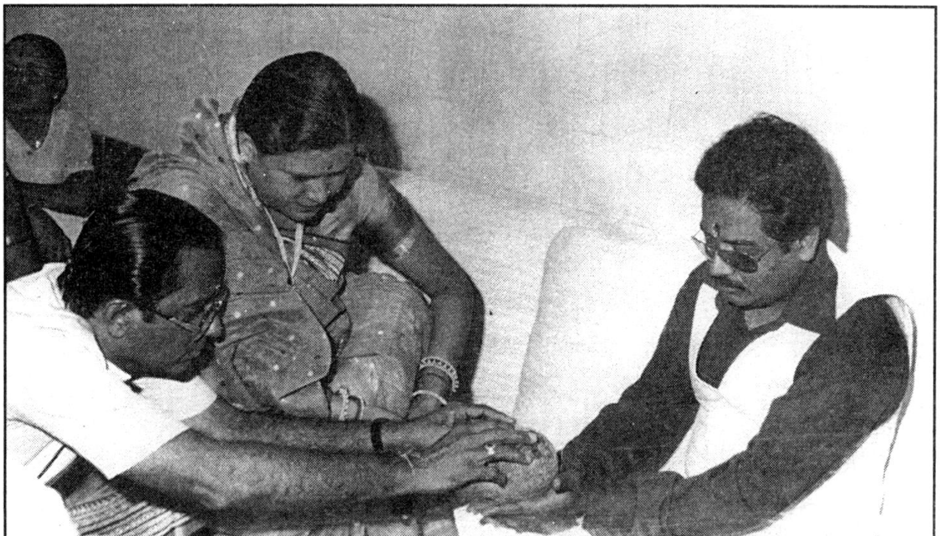

माधवी की सगाई का सुखद क्षण

और माता-पिता दिग्मूढ से देखते रह जाते हैं। बेटी गुड़ियों से खेल रही होती है, उसकी किलकारियों से घर भरा होता कि देखते हैं उसे ससुराल के लिए विदा करने का दिन सामने खड़ा है। मेरी जेठानी ने तो माधवी के लिए एक वर भी ढूँढ़ निकाला—राज खांडवाला। अमेरिका से एम.बी.ए. किया हुआ। जाति से लाड-वणिक परिवार, वसुभाई और उनकी पत्नी स्नेहमुद्राबेन का बड़ा बेटा। लड़के का कहना ही क्या! राज पहली ही दृष्टि में सबको भा गया। हमने लाड-वाडी में आयोजन करके धूमधाम से माधवी की सगाई कर दी। मेरे जेठ के इकलौते पुत्र किरण और इधर बेटी माधवी के विवाह केवल चार-पाँच दिन के अंतर से सुनिश्चित हुए थे। 19 फरवरी, 1981 को माधवी का और 23 फरवरी, 1981 को किरण का विवाह संपन्न हुआ।

जिस दिन माधवी का जन्म हुआ, उसी दिन से मैंने मन में ठान लिया था कि उसकी वर्षगाँठ पर हर साल कम-से-कम पाँच ग्राम सोना जरूर खरीदूँगी, ताकि जब वह बीस वर्ष की हो तब उसके लिए मेरे पास 10 तोला सोना हो। जीवन में योजना बनाकर चलना बहुत महत्त्वपूर्ण है। विशेषत: मध्यमवर्गीय परिवारों के लिए ऐसा नियोजित जीवन आवश्यक है, ताकि शुभ पारिवारिक अवसरों पर किसी के आगे हाथ न फैलाना पड़े और मनुष्य का सिर ऊँचा रह सके। कहावत है कि बूँद-बूँद से तालाब भरता है। इस सत्य के न्यायानुसार छोटी-छोटी बचतें समय आने पर बड़ी मदद साबित होती हैं। जीवन भर मैं सादगी से रही, मितव्ययिता से निर्वाह किया, समय रहते योजनाबद्ध निर्णय लिये, जिनके फलस्वरूप मैं अपनी लाड़ली को श्री-संपन्नता के साथ डोली में बिठा सकी। माधवी के विवाह पर श्री अटल बिहारी वाजपेयी विशेष रूप से दिल्ली से पधारे थे। पार्टी के सब नेता और कार्यकर्ता शामिल हुए थे। फलत: इस विवाह-समारोह में चार चाँद लग गए थे। माधवी के विवाह का स्वागत-समारोह बिड़ला क्रीड़ा केंद्र में आयोजित किया गया था।

दत्तक पुत्री शकुंतला को श्वसुर-गृह के लिए विदा करते समय महर्षि कण्व सम तपस्वी के भी नेत्र आर्द्र थे, तो हम जैसे सामान्य जन की तो क्या बात की जाए? कन्या की विदाई का वह क्षण है ही ऐसा। माता-पिता के दो नयनों में से एक हर्ष से दीप्त है तो दूसरे से गंगा बह रही है। हमारी भी बेटी ससुराल चली गई और घर को सूना कर गई। युग-युग से चली आ रही रीत ही ऐसी है! कलेजे से टुकड़ा काटकर बेगाने हाथों

पर रख देना पड़ता है। गुजराती के महाकवि दाद ने कन्या-विदा की हृदय-विदारकता को शब्दों का जामा पहना दिया—

"चित्त के निर्मल गगन का चाँद कोई ले गया
चटकती है वेणु मेरी घात कैसी दे गया
भाँवरें भी पड़ गईं अब प्राण डोली में चले
मातु-पितु के प्रेम के सब बोल नयनों से ढले
पीछे खड़ा रीता मंडोवा देखता ही रह गया
चित्त के निर्मल गगन का चाँद कोई ले गया"

अभी-अभी जो मेरे हाथों में से फिसलकर गया है, वह मेरे ही जिगर का टुकड़ा था। ममत्व अब केवल रुदन कर सकता है, मानो चटककर बाँसुरी में पड़ी दरार से गाता हो। लाड़-दुलार का खजाना लुट गया और मैं बस देखता रहा। प्राणों की पालकी चली गई। मैं तो बस पीछे खड़ा सूना-सूना मंडप हूँ।

□

हर्ष और शोक की लुका-छिपी

1982 का वर्ष आया था हमारे परिवार के लिए हर्ष की तरंग लिये, मगर गया सदा के लिए शोक की गहरी छाप छोड़कर। मेरे जेठ के पुत्र किरण के यहाँ पुत्र-जन्म हुआ। घर में आनंद छाया हुआ था। नवजात लगभग तीन महीने का हुआ होगा। किरण अपने एक मित्र के साथ जाने को शाम के तकरीबन चार बजे घर से निकला। रास्ते में उसे कुछ घबराहट अनुभव हुई। समझदारी से काम लेते हुए किरण ने तुरंत हमारे डॉक्टर प्रवीण वकील के यहाँ जाने का निर्णय लिया। डॉ. वकील का घर मेरी ननद मधुरीबेन के पड़ोस में था। किरण मधुरीबेन के यहाँ पहुँचा और सीधे सोफे पर पसर गया। मधुरीबेन ने उसे चाय दी तो देखा कि कप उसके हाथों में थरथरा रहा था। मधुरीबेन ने तत्काल डॉ. वकील को बुलवाया। किरण के ऊपर हृदय-रोग का जबर्दस्त आक्रमण हुआ था। दिल का दौरा इतना बड़ा था कि डॉ. प्रवीणभाई और उनके पुत्र डॉ. अतुल दोनों ने तुरंत दिल की मालिश करना शुरू कर दिया। तात्कालिक इंजेक्शन भी दिया और हर तरह की तरकीब आजमाई कि किसी तरह राहत मिले, किंतु कोई यत्न काम न आया। युवा किरण सबको अचानक बिलखता छोड़ अनंत की यात्रा पर निकल गया। वह 25 अगस्त, 1982 का मनहूस दिन था। परिवार पर गाज गिरी थी। सामने थे मात्र एक वर्ष के विवाहित जीवन के बाद वैधव्य का शिकार बन गई युवा पुत्रवधू और उसका तीन महीने का फूल सा शिशु। मेरे जेठ और जेठानी के दु:ख की कोई कल्पना भी नहीं कर सकता था। माता-पिता के देखते-देखते युवा पुत्र काल के गाल में समा जाए, इससे बड़ा दुर्भाग्य और क्या हो सकता है? जिन पर बीती हो, केवल वही जान सकते हैं। ईश्वर की लीला अपरंपार है। हम न उसका पार पा सकते हैं, न शिकवा कर सकते हैं। कौन से अपराध पर वह इतना बड़ा दंड दे डालता है, केवल दंड निर्धारित

करने वाला वह ईश्वर ही जानता है।

दैव-वशात् मैं उसी दिन दोपहर को साढ़े बारह बजे अपनी चाची के साथ बंगालूरु (तब बंगलौर) जाने के लिए निकली थी। चाचाजी का स्थानांतरण बंगालूरु के लिए हो गया था और मुझे स्वयं एक मीटिंग में उपस्थित रहना था। जब घर से निकली थी तो स्वप्न तक में न सोचा था कि पीछे परिवार पर इतना बड़ा संकट मंडरा रहा है। बरसों-बरस सपने सँजोने वाले क्षुद्र मनुष्य को क्या मालूम कि दूसरे ही पल उसपर क्या बीतने वाली है।

मेरे पति ने वाडी जंक्शन के स्टेशन मास्टर को सूचना दे दी, ताकि मुझे खबर हो जाए। मैं और मेरी चाची चैन से ऊँघ रही थीं कि मध्य रात्रि को स्टेशन मास्टर हमारे डिब्बे में आया और मुझसे कहा कि मुझे हैदराबाद स्टेशन पर उतरना होगा। फिर वहाँ से फ्लाईट पकड़कर फौरन मुंबई वापस लौटना होगा।

हैदराबाद पर मुझे लेने कोई पहुँचेगा। फिर बड़े निर्लिप्त भाव से बोला, ''मि. मेहता डाइड।'' उसने किरण का नाम लेने का कष्ट नहीं उठाया। सुनते ही मैं अवाक् रह गई। सुबह तो नवीन ठीक-ठाक थे। अचानक क्या हुआ होगा? मेरी बुद्धि सनाका खा गई और सोचने की शक्ति सुन्न हो गई। अब मेरा और बच्चों का क्या होगा? मन में बस इन्हीं विचारों का घमासान मच गया। रो-रोकर आँखें सूज गईं। वाडी से हैदराबाद तक की यात्रा युगों लंबी हो गई। नवीन इस तरह अचानक मुझे मँझधार में छोड़कर कैसे जा सकते हैं? उस जमाने में मोबाइल फोन तो होते नहीं थे। मुंबई से संपर्क हो पाना असंभव था। समय जैसे थम गया था। कैसे करके भी सुबह नहीं हो रही थी। मेरी जीभ तालू से चिपकी हुई थी। अंततः हैदराबाद स्टेशन आया। बहुत कठिनाई से मैं नीचे उतर पाई। मेरे पाँवों के नीचे मानो धरती ही नहीं थी! जो लोग मुझे लेने आए थे, उनसे पता चला कि मेरा भतीजा किरण गुजर गया है।

मेरा सुहाग सलामत था किंतु कुल-दीपक बुझ गया था। कानों पर विश्वास नहीं हुआ कि किरण नहीं रहा। किरण''' ? कैसे संभव है? एकदम हट्टा-कट्टा, चुस्त-दुरुस्त मेरा जवान भतीजा इस तरह अचानक''' ? आँखों के आगे उसकी पत्नी और बेटे की सूरतें तैरने लगीं। एक ही वर्ष में वैधव्य? तीन महीने के नन्हे बच्चे के सिर पर पिता की छत्रच्छाया न रही? किंतु अब ये सब प्रश्न व्यर्थ थे। होनी थी सो होकर रही।

हैदराबाद से विमान में सवार होने पर मैंने मुंबई एयरपोर्ट पर खबर करवा दी कि सुबह 7.30 तक मैं मुंबई पहुँच जाऊँगी। किंतु अंतिम दर्शन मेरे भाग्य में नहीं था। मेरे घर पहुँचने के आधे घंटे पहले सब लोग किरण को ले जा चुके थे। पूरे घर पर मृत्यु की काली छाया फैली हुई थी। सद्यः विधवा का हृदय-विदारक रुदन कंपित किए दे रहा था। बुढ़ापे की लाठी गँवा चुके जेठ-जेठानी की अवस्था देखी नहीं जा रही थी। मृत्यु ने भयंकर प्रहार किया था।

कहते हैं कि समय दुःखों की परमौषधि है, किंतु कुछ घाव ऐसे होते हैं, जो कभी नहीं भरते और जीवन भर रिसते रहते हैं। किरण की विधवा और नवजात की चिंता हृदय बींधकर सबको खाए जा रही थी। तथापि इसमें संदेह नहीं कि समय निष्ठुर-निर्मोही होता है। वह कभी किसी के लिए रुकता नहीं। कैसी भी दैवी विपदा आन पड़े, तब भी समय अपनी चाल से चलता रहता है, चलता रहता है। समय व्यतीत हुआ और मैं दादर के अपने घर लौट आई।

सन् 1983 की 22वीं जुलाई को माधवी पुत्रवती हुई। नवीन और मैं नाना-नानी बन गए। उसका नाम रखा गया देव। खांडवाला परिवार का पहला-पहला पौत्र होने से वह सबका लाड़ला हो गया। कई बार वह हमारे यहाँ भी रहने आ जाता था। उसे हमारे यहाँ मजा भी बहुत आया करता था। उसकी गंगा-जमुनी बोली से हम लोगों का बहुत मनोरंजन होता था। नवीन की तबीयत में उतार-चढ़ाव होता रहता था। मैं देव को बताती दादा को ऊ हो गया है। लिहाजा देव नवीन को ऊ दादा कहकर पुकारता। मेरा पूरा नाम उच्चारते न बने, सो मेरा नाम हो गया ज दादी। माधवी की सास का नाम था मुद्राबेन। इसलिए देव की बोली में वह कहलाई मो दादी।

नवीन उसे शिवाजी पार्क के समुद्र किनारे घुमाने ले जाते, उसे घोड़े की सैर करवाते। शाम को ऑफिस से लौटते तो नीचे से ही आवाज लगाने लगते और देव भी भागा-भागा नीचे पहुँच जाता। उसे घोड़े पर बैठना बेहद पसंद था। जब तक देव हमारे यहाँ रहता, यह नवीन का नित्य नियम बन जाता—रोज समुद्र के किनारे जाना और देव को घोड़े की सवारी कराना। बालक के लिए मामा अथवा मौसी के घर में होने का अर्थ है उसके सर्वाधिक प्रसन्नता के दिन! उसे साधुवाद, जिसने यह पंक्ति रची—मामा का घर कैसा? दीपित दीपक जैसा।

माधवी के संयुक्त परिवार का अंग होने से देव को सब के साथ हिल-मिलकर रहने की आदत हो गई। उसकी स्कूली शिक्षा जी.डी. सोमाणी स्कूल में हुई और एस.एससी. की परीक्षा में उसने 85 प्रतिशत अंक प्राप्त किए। माधवी के मन में था कि उच्च शिक्षा के लिए देव को विदेश भेजा जाए, इसलिए 1999-2000 में उसे पुणे के यू.डब्ल्यू.सी. कॉलेज में प्रविष्ट करवा दिया गया। इतने छोटे बच्चे को घर से दूर रखने की बात मेरे गले नहीं उतरती थी, किंतु माधवी ने अपना हृदय पाषाण कर लिया। पुत्र के उज्ज्वल भविष्य को देखते हुए उसने अपनी मोह-ममता को अंकुश में रखने का निर्णय ले लिया था। सच्ची बात तो यही है कि जीवन में अनेक निर्णय ऐसे होते हैं, जो भावना में बहकर नहीं, बुद्धि का सदुपयोग करके लिये जाने चाहिए।

देव के साथ

दो वर्ष में बारहवीं कक्षा की पढ़ाई पूरी करके देव ने अमेरिका के वर्जीनिया टॅक (teck) कॉलेज में प्रवेश लिया। चार वर्ष वर्जीनिया में रहकर उसने इंजीनियरिंग का पाठ्यक्रम पूरा किया और बोस्टन जाकर वहाँ साढ़े तीन वर्ष तक नौकरी की। इसके बाद एम.बी.ए. करने के लिए वह भारत लौट आया। यहाँ लौटकर उसने चेन्नई की ग्रेट लेक यूनिवर्सिटी में प्रवेश लिया। लगभग आठ-नौ वर्ष देव घर से दूर और परिवार से अलग रहा। मन उससे मिलने को ललकता था। मुझे उसकी चिंता सताती रहती थी।

फोन पर उसकी आवाज सुनते ही आँखें भर आती थीं। यह बात एकदम सच है कि मूल से ब्याज प्यारा होता है।

इतने लंबे समय तक विदेश में रहने के बावजूद देव जरा भी नहीं बदला। अपने सभी संस्कारों को उसने जीवित रखा। न फिजूलखर्ची सीखी, न अपने अंदर अभिमान आने दिया। किसी प्रकार का कोई कुव्यसन उसे छू तक नहीं गया। संस्कारों की जड़ें गहरी हों और वे रक्त-शिराओं व धमनियों में दौड़ते हों तो संसार के किसी भी कोने में रहकर भी मनुष्य का अंतर्मन बदल नहीं सकता। किसी भी प्रकार के दोष संस्कारों के रक्षाकवच को भेदकर उस तक पहुँच नहीं सकते।

देव सदा से अत्यंत स्नेहसिक्त व प्रेमपूर्ण स्वभाव का है। उसमें मुझे उसके नाना का ही अंश दिखाई देता है। कम उम्र में भी वह पूर्णतः परिपक्व है।

मेरे संसार की वाटिका के पुष्प सदा प्रफुल्लित रहें और आनंद से सुरभित रहें, ईश्वर के चरणों में नित्य मैं यही प्रार्थना करती थी।

"सर्वे भवन्तु सुखिनः सर्वे सन्तु निरामयाः,
सर्वे भद्राणि पश्यन्तु मा कश्चिद दुःखभागभवेत।"

ईश्वर ने अपने दान के अजस्र प्रवाह से मेरा पात्र छलका दिया था। मेरा हरा-भरा संसार था, सुपात्र संतानें थीं, प्रेम से भरा पति था, क्रिया-कलाप उच्चस्तरीय थे, समाज में मान-सम्मान था। इन सबसे बढ़कर किसी मनुष्य को और क्या कामना हो सकती है?

□

दुःख से धैर्य की ओर

इसे मानव-जीवन की नियति ही कहा जाएगा कि सब अच्छा हो जाने के आश्वासन की घड़ी में भी सूचना के सुर खंडित हो जाते हैं। 1984 के लोकसभा चुनावों के बाद से मेरे पति का स्वास्थ्य पलड़ों पर तुल रहा था। चिकित्सा चल रही थी, मगर प्रत्यक्ष लाभ दिखाई नहीं देता था। 'डूबते को तिनके का सहारा' के दृष्टिगत इनकी तबीयत में सुधार लाने का जो भी उपाय जानकारी में आता, मैं उसी को निष्ठापूर्वक आजमाती। किसी भी तरकीब से मुझे नवीन को तंदुरुस्त देखना था। हमारे मित्र-वर्तुल में अनेक जैन मित्र हैं। जैनों में शंखेश्वर पार्श्वनाथ की सेवा-अर्चना का बहुत महत्त्व है। मेरे मित्र श्री राजेंद्रभाई झवेरी ने मुझे शंखेश्वर पार्श्वनाथ की आराधना का सुझाव दिया। मैंने पूर्ण श्रद्धा से सुझाव को सिर-माथे रखा और नौ पूर्णिमा होने तक शंखेश्वर जाने का संकल्प किया। हम दोनों प्रत्येक पूर्णिमा को राजेंद्रभाई के साथ शंखेश्वर-दर्शन हेतु वीरमगाम जाने लगे।

मैं पूरे भक्तिभाव से विधिवत् शंखेश्वर पार्श्वनाथ, गौतम स्वामी और माँ पद्मावती की पूजा करने लगी। रात की शीतल चाँदनी में भाव-जगत् की यात्रा भी कर लेती थी। मन को बहुत शांति मिलती थी। किंतु जैसे ही आयु की सीमा-रेखा आ जाती है, मनुष्य के सब संकल्प धरे रह जाते हैं। नियति ने जितने श्वास हमारे लिए निर्धारित कर रखे हैं, उतने से एक साँस भी अधिक कोई नहीं ले सकता। जब काल का आदेश आता है, हर उपचार, हर पूजा, हर प्रार्थना अर्थहीन हो जाती है। कालदेवता के सामने नतमस्तक होकर उनका आतिथ्य करने के अतिरिक्त अन्य कोई विकल्प नहीं बचता।

नौ पूर्णिमा करने का मेरा संकल्प अधूरा रह गया। सातवीं पूनम होते ही नवीन मुझे रोती छोड़ क्षितिज के पार चले गए। हमारा 27 वर्ष लंबा साथ छूट गया। शेष बचीं दो

पूर्णिमा मैंने अपने पुत्र सुनील के साथ जाकर पूरी कीं। मेरी मनोकामना भले ही पूरी नहीं हुई, किंतु मैं यही प्रार्थना करती हूँ कि शंखेश्वर पार्श्वनाथ सबकी इच्छाएँ पूर्ण करें। वांछित फल न पाकर श्रद्धा और आस्था गँवा देना अनुचित है। अपनी नियति को हमें अवश्य अंगीकार करना चाहिए।

मृत्यु का भले हम कितना भी तिरस्कार करें एवं अमरत्व की परिकल्पनाएँ मन में कितनी भी क्रीड़ा किया करें, किंतु सत्य यही है कि मरने की प्रक्रिया से प्रतिपल हमारा सामना होता रहता है। मृत्यु क्षण-प्रतिक्षण हाथों में हाथ डाले हमारे साथ चल रही है। मृत्यु की कूटलीला चराचर जगत् में व्याप्त है। अंततः मृत्यु ही जीवन के नाट्य में पटाक्षेप करती है। किसी की भूमिका किंचित पहले पूरी हो जाती है और किसी की और देर तक चलती है। बुद्धि इन सब बातों को भली-भाँति समझती है, किंतु जब स्वजन मृत्यु को प्राप्त होता है तो बुद्धि स्तब्ध हो जाती है और केवल हृदय प्रतिक्रिया करता है।

यह अगस्त 1985 की बात है। बंगालूरु में भारतीय जनता पार्टी का राष्ट्रीय अधिवेशन आयोजित किया गया था। नवीन की तबीयत ठीक न होने के कारण मैंने वहाँ जाने से पार्टी से छूट माँगी। मुझे नियमपूर्वक डॉक्टर के पास जाना अथवा कार्डियोग्राम निकलवाना जैसे काम करने होते थे। आहार में नवीन परहेज का कड़ाई से पालन करनेवाले ठहरे, इसका भी ध्यान रखना होता था। डॉक्टर हर बार यही आश्वासन देते थे कि चिंता की कोई बात नहीं है। सब नॉर्मल है। पेट में गैस के कारण दर्द होता है। तब मैंने अन्य डॉक्टर से परामर्श करने का निश्चय किया। कार्डियोलोजिस्ट डॉ. नटुभाई शाह से समय लिया। नवीन को वहाँ ले जाने के लिए गाड़ी की व्यवस्था की। बीच में शनिवार और रविवार आ जाने के कारण सोमवार की शाम को 4.30 बजे का समय नियत हुआ। रविवार पर्याप्त अस्वस्थता में बीता। सोमवार को सुबह सवा चार बजे के आस-पास उठकर नवीन शौचालय गए। मुझसे बोले, मुझे बहुत बेचैनी हो रही है। तुरंत मैंने डॉक्टर की दी दवा की बूँदें इनकी जीभ पर टपकाईं। छाती पर कॉलनवाटर मला। श्रीकृष्ण शरणं मम का जाप शुरू किया। डॉक्टर को फोन करके तुरंत आने को कहा। मेरी सास भी जाग गईं। बालू नवीन के तलुवों पर कॉलनवाटर की मालिश करने लगा।

नवीन ने मेरे कंधे पर सिर टिका दिया। उनकी आँखें बंद थीं। मुझे लगा, शायद उन्हें थोड़ा आराम पहुँचा है। पाँच-एक मिनट में अपने आप उनका बाँया हाथ काँपने लगा। उँगलियाँ मुड़ गईं। मैंने हाथ से पकड़कर उनकी उँगलियाँ सीधी कीं। इतने में डॉक्टर साहब भी आ पहुँचे। डॉक्टर ने नाड़ी देखी, नवीन को मेरी गोद में से बिस्तर पर लिटाया और हार्ट-मसाज देना शुरू किया। मैंने पूछा, डॉक्टर साहब, यह क्या कर रहे हैं? इन्हें क्या हुआ है? डॉक्टर ने कहा, मुझे लगभग पंद्रह मिनट की देर हो गई है। मेरे आँसू टपकने लगे। मेरी गोद में अधलेटे, मेरे कंधे पर सिर टिकाए ये न जाने कब निकल गए, मुझे पता भी न चला। शाम साढ़े चार बजे तो डॉक्टर के साथ अपॉइंटमेंट था और ये सुबह साढ़े चार बजे ही इस नश्वर संसार से विदा ले गए। मैं दिग्मूढ होकर रह गई। डॉक्टर ने ही मेरी पुत्री तथा अन्य संबंधियों को फोन किया। जरा सी देर में सगे-संबंधियों से घर भर गया और मैं नितांत खाली खड़ी रह गई।

26 अगस्त, 1985, श्रावण शुक्ल एकादश, पवित्रा एकादशी, श्रावणी सोमवार, ब्राह्ममुहूर्त एक पवित्र आत्मा ब्रह्मलीन हुई। अंत तक चलते-फिरते, किसी से सेवा करवाए बिना नवीन ने ईश्वर के श्रीचरणों में आश्रय ले लिया।

सुनील शहर से बाहर गया हुआ था, शाम होते तक वह भी आ गया। नवीन को अंतिम विदाई देने की तैयारी की जाने लगी। परिवार के लोग और संबंधी चिर निद्रा में सोये नवीन की देह पर फूलमाला चढ़ा रहे थे। बालू देव को गोद में लिये खड़ा था। उन दिनों दूरदर्शन पर रामानंद सागर का सीरियल रामायण दिखाया जाता था, जिसे देव नियमित रूप से देखा करता था। सबको माला अर्पित करते देखा तो बोला, प्रभु रामचंद्रजी ने जैसे राजा दशरथ पर फूल चढ़ाए थे, मैं भी दादा पर चढ़ाऊँगा। निरीह बालक की बात सुनकर लोगों का हृदय द्रवित हो आया। देव अपने नाना का बेहद लाड़ला था।

नवीन की अंतिम यात्रा में शामिल होने के लिए राष्ट्रीय स्वयंसेवक संघ के कार्यकर्त्ता, पार्टी के नेता, मित्र, सगे-संबंधी और स्नेही जन बड़ी संख्या में एकत्र हुए थे। वीर सावरकर मार्ग पर ट्रैफिक जाम हो गया था। शिवाजी पार्क, दादर की श्मशान भूमि में नवीन की पार्थिव देह का अग्नि-संस्कार किया गया। पंचभौतिक शरीर पंचमहाभूत में विलीन हो गया। मेरे जीवन का एक अध्याय समाप्त हो गया। मेरा

सुहाग और हृदय दोनों भग्न हो गए। जाने वाले के साथ जा नहीं सकते, मगर उसके जाने के बाद जीना बहुत कठिन हो जाता है। मेरे जीवन और घर-संसार पर पूरा-पूरा अधिकार नवीन ने मेरे हाथों में सौंप रखा था और कहते थे, मैंने अपना भी जीवन यहाँ तक कि स्व भी तुम्हीं को सौंप दिया है। हमारे बीच झगड़ा हो जाया करता था, रूठ-मनौवल भी होती थी, मतभेद भी होते थे, किंतु विच्छेद कभी नहीं हुआ। हमारा दांपत्य भरा-पूरा था। जब देह छूटी तो ये मात्र 54 वर्ष के थे। मेरे पल्लू में विरह-व्यथा डालकर काल उन्हें मुझसे झपट ले गया। कविवर कलापी के शब्दों में—अब तो उन्हें स्मरण कर लेने में ही उन्हें पा लेना है। बीते दिनों की स्मृतियों के भँवर उठते हैं और हृदय को विलोड़ित कर डालते हैं। पार्श्व का शून्य व्यथित करता है। किंतु सहन किए चले जाने के सिवा और उपाय भी क्या है?

नवीन गए तब सुनील मात्र 23 वर्ष का था। उसकी शिक्षा भी पूरी नहीं हुई थी। घर में धनोपार्जन करने वाला कोई न था। सामने केवल अंधकार दिखाई पड़ता था। लगभग एक महीना रहकर मेरी सास भूलेश्वर के घर लौट गईं। हम दोनों माँ-बेटा सूने घर में अकेले रह गए। लगभग तीन महीने तक मैंने घर की देहरी तक नहीं लाँघी। मुझ हतबुद्धि को कुछ नहीं सूझ रहा था कि क्या करूँ क्या न करूँ।

नवीन के देहावसान के बाद आदरणीय श्री बालासाहब देवरसजी तथा श्री अटल बिहारी वाजपेयीजी मुझसे मिलने घर पर आए थे। वाजपेयीजी आधा घंटा वहाँ बैठे किंतु कुछ बोल न पाए। मौन के उन क्षणों में वेदना की पारस्परिक अभिव्यक्ति हो गई। मैं भी कुछ कह पाने में असमर्थ रही और वाजपेयीजी भी। बहुत लोगों का कई दिन तक आना-जाना लगा रहा। दिन व्यतीत हो रहे थे। दैनंदिन जीवन का क्रम चल पड़ा था। किंतु भविष्य की ओर दृष्टि-क्षेप के विचार मात्र से मैं भय से थरथरा उठती थी। अब क्या होगा? कैसे होगा? मैं क्या करूँ? कहाँ जाऊँ? मन में केवल इन विचारों का तुमुल कोलाहल मचा हुआ था।

नवीन के परम मित्र देवीदासभाई नित्य शाम को ऑफिस से लौटते में हमारे घर का चक्कर लगा जाते। अपना यह क्रम उन्होंने एक वर्ष तक जारी रखा। शाम के समय कहीं नवीन को याद करके मैं विचलित न हो जाऊँ, इस चिंता में वह शाम को उपस्थित रहते। एक वर्ष तक हर एकादशी पर भूले बिना मुझे फोन करते। देवीदासभाई

की संवेदना निर्मल-निर्व्याज थी, जिससे मुझे बहुत बल मिला। एक वर्ष तक हर एकादशी को अपने हाथों से ताजा फूलों की माला पिरोकर मैं नवीन की तस्वीर पर चढ़ाती रही। कई बार सुनील ने कहा भी—मम्मी, क्यों हार बनाने में इतना समय और श्रम लगाती हो? बाजार से तैयार माला ले आया करो। एक फीकी हँसी के पीछे-पीछे मेरी चुप चली आती। उससे भला मैं क्या कहती? फूलों का मेरे हाथों मालाओं में गुँथना जारी रहा। जिसे मैंने अपना पूर्ण जीवन अर्पित किया था, उसके लिए अपने हाथों हार गूँथने में मुझे क्या सांत्वना और संतोष मिलते होंगे, उसकी कल्पना मेरा बेटा भला कैसे कर सकता था? समर्पण प्रेम का अलंकार है। नवीन को आइस्क्रीम अतिशय प्रिय थी। अत: 25 अगस्त, 1985 के बाद से मैंने कभी आइस्क्रीम न खाने का व्रत धारण किया और आज तक उस व्रत का पालन कर रही हूँ। गयातीर्थ जाकर सुनील ने पिता का तर्पण किया। वहाँ उसने सेब न खाने का व्रत लिया, क्योंकि सेब उसके पिता का प्रिय फल था। जिस व्यक्ति के प्रति हमारा अपार प्रेम होता है, उसके लिए किसी भी प्रकार का त्याग कर पाना हमारे लिए स्वत: सरल हो जाता है। समय की रेत सरकती रही किंतु अथाह वेदना का, पीड़ा का, व्यथा का मस्थल छोटा न हुआ।

लगभग तीन महीने हो गए होंगे कि मैंने घर की दहलीज के दूसरी तरफ पाँव न रखा था। पार्टी के पदाधिकारी जब-तब घर पर आते थे और राजनीतिक गतिविधियों में पुन: सक्रिय होकर भाग लेने का आग्रह कर जाते थे, किंतु मुझे लगता था कि मेरी विचार-शक्ति कुंठित हो चुकी है। मन:स्थिति ऐसी थी मानो जीवन मेरे लिए ठहर चुका हो। सामने न कोई भविष्य था, न आँखों में कोई सपना, न ही कोई महत्त्वाकांक्षा। मेरे समस्त चैतन्य को समेटकर नवीन अपने साथ ले जा चुके थे।

एक दिन कालिंदीबेन रांदेरी और कुमुदबेन पटवा मुझे मिलने आईं। उन्होंने मुझे कुंदनिका कापड़िया की पुस्तक 'परम समीपे' दी और उसे पढ़ने का विशेष आग्रह किया। इस पुस्तक ने मेरी विचार-सरणि की दिशा ही पलट दी। उसे पढ़ना मेरे लिए 'टर्निंग प्वॉइंट' सिद्ध हुआ। मेरे भीतर सत-चित-आनंद का प्रादुर्भाव हुआ। मैं दृढ़-प्रतिज्ञ हो उठ खड़ी हुई कि अब अपनी आंतरिक शक्ति से और स्वाभिमानपूर्वक जीकर दिखाना है, न कि निरुपाय जीवन जीना है। सुविख्यात कवि-मनीषी श्री मकरंद दवे की कविता के भावानुसार मैंने अपने हैये तैरने की ठान ली—

"तैर चलूँ अब अपने हैये, अपनी बंसी गाए गीत,
बहते सुर में डुबकी लेगा, अनचीन्हा हो या हो मीत।
ऐसे हैये वाले हैं जो मरने में जी जाते हैं
मर-मर कर ना जीना होगा, सीखूँगी मैं नूतन रीत।
वेदना की धूल झाड़ कर मैं उठ खड़ी हुई।"

सुनील प्रथम प्रयास में चार्टर्ड अकाउंटेंट की परीक्षा में सफल नहीं हो पाया था। उसने दूसरा प्रयत्न किया और चार्टर्ड अकाउंटेंट की परीक्षा पास कर ली। उसे साधारण वेतन पर नौकरी भी मिल गई। मन ने एक सकारात्मक मोड़ ले लिया। तदनुसार परिस्थितियाँ भी बदल गईं।

श्रीमद्भगवदगीता का वचन मैंने आत्मसात् कर लिया—

॥ जातस्य हि ध्रुवो मृत्युः ध्रुवं जन्म मृतस्य च
तस्मादपरिहार्येऽर्थे न त्वं शोचितुमर्हसि॥

जो जनमा है, उसकी मृत्यु निश्चित है। जो मृत्यु को प्राप्त हुआ है, उसका जन्म निश्चित है। अतः जो अपरिहार्य है, उसके लिए शोक करना अनुचित है।

मैंने सुनील के विवाह के लिए सोचना शुरू किया।

जन्म से गुजराती होते हुए भी मेरे ऊपर महाराष्ट्र की संस्कृति का भरपूर रंग चढ़ा है। मेरी शिक्षा भी मराठी माध्यम में हुई है। महाराष्ट्र के रीति-रिवाज मेरे मन को बहुत भाते हैं। हलदी-कुंकुम और मंगला-गौरी जैसे उत्सव-त्योहारों में मैं बढ़-चढ़ कर भाग लेती रही हूँ। महाराष्ट्र की संस्कृति में मंगलसूत्र स्त्री के सुहागिन होने का सूचक है। विवाहिताओं के लिए मंगलसूत्र पहनना आवश्यक है। महाराष्ट्र की यह मंगलसूत्र परंपरा मुझे बहुत काव्यात्मक लगती है। महाराष्ट्र के व्यंजन, जैसे कि थाली-पीठ, भाजणी-चकरी, मिसल, धनिया-बड़ी, पत्ता-भाजी, हरी मिर्च का पंचामृत, कच्ची अंबिया का पना, मसाला-भात आदि मैं घर में बनाती थी और सबको बेहद पसंद भी थे। महाराष्ट्र मेरी जन्मभूमि और कर्मभूमि दोनों है। मेरी सदा की अभिलाषा थी कि मेरी पुत्रवधू महाराष्ट्र की हो। परम सुंदरी, भूरी आँखों वाली, सुदीर्घ केशराशि से सज्जित, संगीत-प्रेमी, शुद्ध-हृदय ब्राह्मण कन्या मेरी बहू हो ऐसा सपना मैं देखा करती

थी। मेरे बचपन की मेरी कितनी ही सखियाँ महाराष्ट्र की हैं, इसलिए मराठी कन्याओं से मैं निकट से परिचित हूँ। मैं प्रामाणिकता के साथ कह सकती हूँ कि महाराष्ट्र की बाला सुंदर होती है, उसका परिधान अत्यंत आकर्षक होता है, वह सरल स्वभाव, सादगी-संपन्न और उच्च आदर्शों वाली होती है, कार्य-कुशल होती है एवं संगीत व अन्य कलाओं में रुचि रखने वाली तथा पुस्तक-प्रेमी होती है।

मैंने सुनील के लिए लगभग पाँच लड़कियाँ देखीं। तब एक दिन मेरी बड़ी बहन विलासवतीबेन ने अपनी भानजी की बेटी प्रीति का प्रस्ताव मेरे सामने रखा। प्रीति ने सबका मन चुरा लिया, संबंध को स्थायित्व मिला और 1988 की वसंत पंचमी पर धूमधाम से सुनील का विवाह संपन्न हुआ। घर में पुत्रवधू के शुभ चरण पड़े और पूरा घर जगमगा उठा। दु:ख के बादल तितर-बितर हो गए। सुख का सूरज दमकने लगा। जीवन में एक नए अध्याय का आरंभ हो चुका था।

□

वर्ली में गृह-प्रवेश

विधानसभा की मेरी सदस्यता 1985 में समाप्त हो गई। इस कारण दादर का किराए का फ्लैट सरकार को वापस करना अपरिहार्य था। किंतु पति के यकायक देहावसान के कारण सरकार की ओर से मुझे कुछ समय का एक्सटेंशन दे दिया गया। विधानसभा की सदस्य होने के नाते मैं 1983 में वर्ली सागर सोसाइटी की सदस्य बन गई थी। इसके लिए मैंने एक लाख रुपए का ऋण लिया था। इस लोन की भरपाई के लिए किश्तें जारी थीं। जब उस भवन का निर्माण चल रहा था, तो मेरे पति बीच-बीच में उसे देखने जाते थे। मुझ से कहा करते थे, अब मैं नौकरी में समय से पहले निवृत्ति ले लूँगा। फिर समुद्र किनारे के अपने सपनों के इस घर में शेष जीवन सुख से बिताऊँगा। रोज समुद्र के किनारे घूमने जाऊँगा और सागर को निहारते-निहारते पुस्तकों का अध्ययन करूँगा। दुर्भाग्य से उनकी यह मनोकामना उनके मन में ही रह गई। 1988 में इस नए फ्लैट का कब्जा मिलने के बहुत पहले ही नवीन इस नश्वर संसार से दूर जा चुके थे। उनके बिना ही मुझे नए घर में प्रविष्ट होना पड़ा।

पैसे की जरूरत के वक्त श्री सुरेशभाई अग्रवाल मुझे सदा अपने साथ खड़े दिखाई दिए हैं। सुनील के विवाह और वर्ली का घर मिलने पर उसमें सुख-सुविधा जुटाने के लिए मैंने सुरेशभाई से उधार लिया था और जब-जब आसानी होती थी, तब-तब थोड़ा-थोड़ा करके लौटाती रहती थी। सुरेशभाई मुझे अपनी बड़ी बहन की तरह मानते थे। उनकी पत्नी शारदाबेन और परिवार के अन्य सदस्यों से भी मुझे बहुत प्रेम व आदर मिला है। सुरेशभाई जैसा अकारण व नि:स्वार्थ स्नेह-संबंध रख पाना हर किसी के भाग्य में नहीं होता। उनके साथ बहुत बार मुझे कुंभ मेले में जाने का भी अवसर मिला। पूज्य स्वामी श्रीगुरुशरणानंदजी उनके गुरु हैं। सुरेशभाई में अपार श्रद्धा-भक्ति कूट-

कूटकर भरी है। गुरु के प्रति उनमें अनन्य निष्ठा है। पूज्य श्रीगुरुशरणानंदजी और सुरेशभाई के साथ मैं मॉरीशयस और ल्हासा की यात्रा भी कर आई हूँ। मुझे अनेकश: पूज्य गुरुजी के सत्संग का लाभ मिल चुका है। वृंदावन की रमणरेती में श्रीगुरुजी का आश्रम व गौशाला भी मैंने देखी हैं। वहाँ के वातावरण में शब्दातीत शांति है। सुरेशभाई के साथ मैं यूरोप के देश, लंदन, मलेशिया, सिंगापुर, थाईलैंड आदि की यात्रा भी कर चुकी हूँ। सुरेशभाई के परिवार के साथ मेरा अटूट प्रेम-संबंध है। पूर्वजन्म के किसी ऋणानुबंध के बिना ऐसा निष्कपट संबंध संभव नहीं है। सुरेशभाई मेरे लिए सगे भाई से बढ़कर हैं।

वर्ली का मेरा घर अत्यंत सुंदर है। किसी भी कमरे से सामने समुद्र दिखाई पड़ता है। परिपूर्ण हवा है, रोशनी है। वर्ली के इस भाग में अनेक सांसद, विधायक व नेतागण रहते हैं। पक्षियों के कलरव से सुबह आँख खुलती है। खिड़कियों पर तोते आकर बैठते हैं। रसोईघर से सूर्योदय और दीवानखाने से सूर्यास्त देख सकते हैं। पूर्णिमा की रातों में सागर की लहरों पर तैरती चाँदनी को देखकर स्वर्ग में होने का आभास होता है। सायंकालीन आकाश को निहारें तो न जाने कितने रंगों में अल्पना की चित्राकृतियाँ दृष्टि को आकृष्ट करती हैं। समुद्र में दूर-दूर लंगर डाले खड़े पोत व स्टीमर पूरे विश्व की ओर खिड़की खोल रहे होते हैं। हाल ही में बने सी-लिंक सेतु की जगमग ने इस क्षेत्र की शोभा द्विगुणित कर दी है।

ढलती साँझ के क्षितिज पर बनी रंगोलियों में ढूँढ़ती हूँ कि शायद मेरे पति का चेहरा कहीं दीख जाए। इस घर को लेकर उनकी आँखों ने जो सपना सँजोया था, उसे याद करके अकसर मेरी आँखे नम हो जाती हैं। भौतिक शरीर में न सही, अदृश्य रूप से नवीन अब भी मेरे साथ इस घर में रहते हैं। इस घर के वातावरण में उनका अस्तित्व स्पंदित हो रहा है। यह घर यदि मेरे लिए शुभ सिद्ध हुआ है तो उसका कारण यही है कि इसके कोने-कोने से मेरे पति का आशीर्वाद मेरे ऊपर बरसता रहता है। मेरी यह तीव्र अभिलाषा है कि मैं अपने जीवन का अंतिम श्वास इसी घर में अपने पति के पारलौकिक सान्निध्य में लूँ।

मेरी पूज्य सास का 90वाँ जन्मदिन हम पूरे परिवार ने मिलकर हमारे वर्ली के घर में मनाया। उस दिन हमारे परिवार की चार पीढ़ियाँ एक छत के नीचे एकत्र हुईं।

जन्मदिन के कार्ड में बच्चों ने स्वयं बनाकर वंश-वृक्ष अंकित किया था। मेरी सास अपनी हरी-भरी बगिया देखकर अत्यंत प्रसन्न थीं। 1994 में 95 वर्ष की वय में उनका अवसान हुआ। यद्यपि उन्हें स्तन-कैंसर था, किंतु उसकी पीड़ा वह अविचलित भाव से सहन करती रहीं। बाल-वधू के रूप में वह शिरवल से मुंबई आई थीं और 95 वर्ष की दीर्घावधि तक जीवन को देखा। अशिक्षित होने के बावजूद अपनी गहन सूझ-बूझ से उन्होंने परिवार को एक सूत्र में बाँधकर रखा। फिर हमने इसी तरह सपरिवार मेरी ननद बचीबेन का 80वाँ जन्मदिन भी मनाया। मेरी यह ननद हमारे ही साथ रहती थीं और आजीवन अविवाहित रहीं। भारतीय संस्कृति की यह विशेषता है कि पारिवारिक संबंधों का इसमें सर्वाधिक महत्त्व है। समय, संयोग अथवा परिस्थितिवश परिवार के लोगों को भले अलग रहना पड़ जाता हो, तथापि एक अदृश्य डोर पूरे परिवार को एकसूत्र में पिरोए रखती है। सुख-दुःख की घड़ियों में जब पूरा परिवार एक जगह इकट्ठा होता है तो यह डोर और मजबूत हो जाती है। समय के साथ केवल बाह्य कलेवर बदला हुआ दिखाई पड़ता है। बाहरी आवरण के भीतर बसी हुई आत्मा में कोई परिवर्तन नहीं होता। भारतीय संस्कृति की जड़ें इतनी गहरी हैं कि समय भी उसके आत्म-तत्त्व को परिवर्तित नहीं कर पाया है।

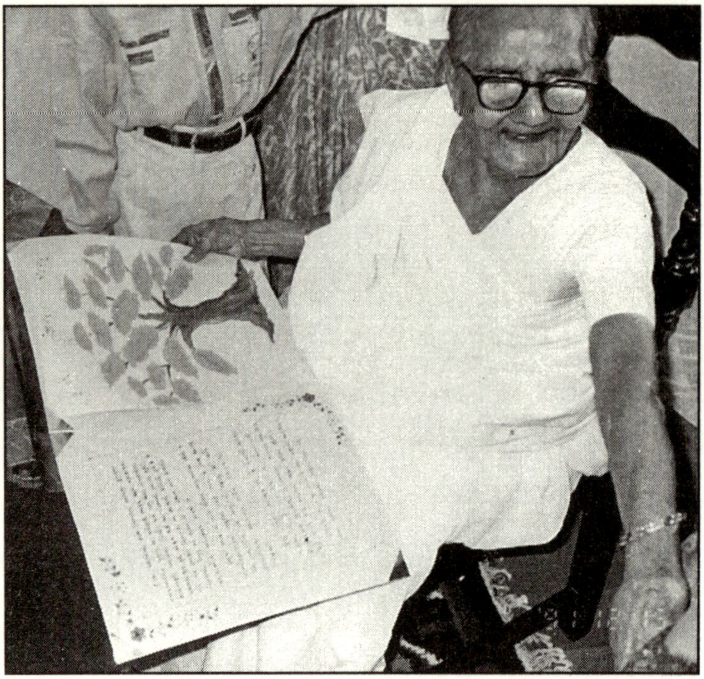

अपने 90वें जन्मदिवस पर सास मोती बेन वंशवृक्ष के कार्ड के साथ

अपने पति की आत्मा की शांति के लिए 1992 में मैंने अपने यहाँ श्रीमद्‌भागवत

श्रीमद्भागवत कथा वाचन करते
श्री कृष्णशंकर शास्त्री महाराज

की कथा का आयोजन करवाया था। व्यास-पीठ पर पू. श्री कृष्णशंकर शास्त्री विराजमान हुए थे। मेरे पू. पिता, पू. चाचा, पू. सास, पू. मौसी सास आदि सब कथा-श्रवण हेतु मेरे ही पास ठहरे हुए थे। श्री अटल बिहारीजी भी आए थे और उन्होंने भी श्री कृष्णशंकर शास्त्री का आशीर्वाद लिया था। मैंने सबके रुकने-खाने का प्रबंध सामने वाले फ्लैट में किया था। कथा सुनने को आए सब लोग शाम को भोजन करने के बाद ही जाते थे। जिस दिन पूर्णाहुति हुई, उस दिन मैंने ब्रह्मभोज की व्यवस्था की थी। एक दिन कथा के बाद शास्त्रीजी ने मेरे पिता से पूछा, भाई, आपने अपनी इस बेटी को कौन सी चक्की का आटा खिलाया है, जो यह कभी थकती नहीं? पूज्य कृष्णशंकरजी का यह प्रश्न मेरे लिए आशीर्वचन था।

मेरे पति की मृत्यु के पश्चात् सुनील ने सुजन चैरिटी ट्रस्ट की स्थापना की। हम इस ट्रस्ट से जरूरतमंद लोगों को शिक्षा अथवा चिकित्सा के लिए सहायता करते हैं। विगत सात वर्ष से हम लोग लगभग 2000 विद्यार्थियों में प्रत्येक वर्ष डेढ़ लाख रुपए की नोटबुक वितरित करते आ रहे हैं।

20 दिसंबर, 1998 को मैंने अपनी आयु के 60 वर्ष पूरे किए। दक्षिण मुंबई के भारतीय जनता पार्टी के अध्यक्ष श्री अतुल शाह ने मेरी षष्टिपूर्ति का शानदार कार्यक्रम आयोजित किया। श्री लालकृष्ण आडवाणीजी इस कार्यक्रम के मुख्य अतिथि थे। बिड़ला मातुश्री सभागृह में आयोजित इस कार्यक्रम में बड़ी संख्या में मेरे मतदाता, पार्टी-कार्यकर्ता, उद्योगपति, व्यापारी भाई, स्नेहीजन एवं मित्रगण उपस्थित थे।

आडवाणीजी ने अपने भाषण में कहा था, श्रीमती जयवंतीबेन मेहता जैसे निष्ठावान् व्यक्ति ही हमारी पार्टी का मजबूत आधार हैं। इस अवसर पर मुझे पार्टी की ओर से अत्यंत सुंदर रंगों में लकड़ी पर नक्काशी हुई एक कृष्ण-प्रतिमा भेंट में दी गई।

मैं कृष्णभक्त हूँ। श्रीकृष्ण के प्रति मुझे सदा से आकर्षण रहा है। श्रीकृष्ण की बाल-लीला के प्रसंग मेरे हृदय को सदा आह्लादित करते हैं। कृष्ण-विषयक साहित्य पढ़ना, चाहे पद्य हो या गद्य, मुझे सदा प्रिय रहा है। श्री हरींद्र दवे की रचना 'माधव क्यांय नथी मधुवन माँ' मेरा अतिप्रिय ग्रंथ है। हरींद्रभाई की यह रचना और काजल ओझा वैद्य की 'कृष्णायन' मेरी प्रिय पुस्तकें हैं। श्रीकृष्ण के विषय में जब भी मुझे पढ़ने को मिलता है, मन स्वयमेव कृष्णमय हो जाता है।

हमारे घर में वर्षों से श्रीनाथजी की पुष्टिमार्गी सेवा चली आ रही है। पहले मेरी सास सेवा करती थीं किंतु बाद में उन्होंने ठाकुरजी को नए मंदिर में स्थापित करवा दिया। मेरे पति की मृत्यु के पश्चात् सुनील ने मुझसे कहा, क्यों न हम अपने ठाकुरजी को मंदिर से अपने घर दादर ले आएँ। मुझे उसकी बात एकदम जँच गई। ठाकुरजी हमारे घर पधारे और घर मंदिर बन गया। ठाकुरजी आज भी हमारे घर में विराजमान हैं। उनकी उपस्थिति घर को आनंद और उत्साह से भरे रखती है। मुझे ठाकुरजी की सेवा में परम आंतरिक संतोष की अनुभूति होती है। मेरी अभ्यर्थना है कि भगवान् श्रीकृष्ण के आशीष सदैव हम पर बरसते रहें।

1999 में मंत्री बनने के बाद मुझे दिल्ली में रहना पड़ता था। इस दौरान सुनील और प्रीति नियम से ठाकुरजी की सेवा-अर्चना किया करते थे। ये दोनों घर के रीति-रिवाज, परंपराएँ, सामाजिक आदान-प्रदान आदि सब भली-भाँति निभाते थे। मुझे मुंबई के घर की जरा भी चिंता करने की कोई जरूरत नहीं थी। मैं निश्चिंत भाव से अपना काम करती रह सकती थी।

अपने मतदाता-क्षेत्र के कार्यक्रमों में शामिल होने और मुंबई ऑफिस का काम देखने के लिए मैं हर शनिवार-रविवार को मुंबई आ जाती थी। इन दो दिनों में मेरी व्यस्तता इतनी अधिक रहती कि घर के लिए समय ही नहीं बचता था। कफ परेड में मेकर टावर के मेरे ऑफिस का काम भी बहुत अधिक होता था। मुंबईवासी मेरे काम से प्रसन्न थे। अपने काम को मैं करती भी खूब निष्ठा से थी। सोमवार की सुबह की

फ्लाइट पकड़कर मैं वापस दिल्ली आ जाती थी।

प्रत्येक राजनीतिक नेता का अपने लोगों के साथ जीवंत संपर्क होना अत्यावश्यक है। राजनीतिज्ञ सत्ता में हों न हों, लोगों से उनका संपर्क टूटना नहीं चाहिए। लोकतंत्र के मार्ग पर कहीं कोई विराम नहीं है। लोकतंत्र एक निरंतर, निर्विघ्न, अखंड रूप से प्रवहमान प्रक्रिया है।

□

जीवन की ढलती साँझ

मैंने जीवन के अनेक रंग देखे हैं, उनमें से गुजरी हूँ, उन्हें अनुभव किया है। मेरा सार्वजनिक और पारिवारिक जीवन ऐसे दो समानांतर किनारे हैं, मैं जिनके बीच की नदी हूँ। इन दोनों किनारों को सिंचित करते हुए मैंने दोनों को समृद्ध करने का प्रयत्न किया है। मेरा आधे से अधिक जीवन राजनीति के क्षेत्र में बीता है। राजनीति मुझे विरासत में नहीं मिली थी। अपने बलबूते स्वानुभव से सीखकर जीवन के 46 वर्ष सक्रिय राजनीति को दिए हैं। इतने अधिक दिनों से राजनीति में होते हुए भी मेरी छवि अत्यंत स्वच्छ है। मुझपर कभी कोई दोषारोपण नहीं हुए, कोई आरोप नहीं लगे। मुझे लगता है कि यही मेरी सबसे बड़ी उपलब्धि है।

2004 के चुनावों में पराजय का मुँह देखने के बाद भी मैं राजनीति में सक्रिय हूँ। भारतीय जनता पार्टी के राष्ट्रीय उपाध्यक्ष का उत्तरदायित्व सँभालती रही हूँ। राजनीतिक गतिविधियाँ कम हो गई हैं, अत: अब घर-परिवार के लिए अधिक समय निकाल पाती हूँ। निजानंद के हिस्से में भी कुछ क्षण आ जाते हैं। रंग-नाटक, सिनेमा अथवा अन्य सांस्कृतिक कार्यक्रमों में जा सकती हूँ।

सन् 2004 के बाद से मैं विश्व के अनेक देशों की यात्रा कर आई हूँ। चीन, सिंगापुर, मिस्र, अलास्का, केनेडियन रॉकीज, श्रीलंका आदि की यात्रा आनंददायक रही। यदि मानें तो निवृत्त जीवन से बढ़कर दूसरा कोई आनंद नहीं। अतीत में समयाभाव के कारण जो कुछ करना रह गया हो, देखने, जानने, अनुभव करने को शेष हो तो उसके लिए निवृत्त जीवन एक स्वर्णिम अवसर लेकर आता है। मैंने इस अवसर को लपक लिया और अपने सब अभीप्सित कार्य कर रही हूँ। आज मैं एक संतुष्ट-परितृप्त इनसान हूँ, जिसे कोई अभाव नहीं है। राजनीतिक क्रिया-कलाप का स्थान अब

सामाजिक एवं सांस्कृतिक गतिविधियों ने ले लिया है। निवृत्त जीवन भी प्रवृत्त करता है, किंतु इसमें स्वेच्छा का परिमाण होने से वह कार्य आह्लादक हो जाता है।

बाबुलनाथ के पास श्री प्रेमपुरी अध्यात्म ट्रस्ट एक सांस्कृतिक एवं आध्यात्मिक केंद्र है, जहाँ वर्ष भर में लगभग चार-साढ़े चार हजार कार्यक्रमों का आयोजन होता है। आरंभ से ही इस संस्था की विस्तृत गतिविधियाँ रही हैं। जहाँ से यह संस्था कार्यरत थी, उस इमारत में जगह कम पड़ने लगी थी। तब श्री प्रेमपुरी अध्यात्म ट्रस्ट के ट्रस्टी श्री हरिभाई ड्रेसवाला ने जो मगनलाल ड्रेसवाला के नाम से जाने जाते थे, एक विधायक होने के नाते मुझ से कहा कि आप इस ट्रस्ट को अधिक एफ.एस.आई. दिलवाने के लिए कुछ कीजिए। उस समय संबंधित मंत्रालय मेरी ही पार्टी के श्री हशु आडवाणीजी के पास था।

मैंने ट्रस्ट का आवेदन-पत्र उन्हें प्रेषित किया और दो महीने के भीतर प्रशासन से अतिरिक्त एफ.एस.आई. की स्वीकृति प्राप्त हो गई। अंततः उस भवन में चौथे और पाँचवें तल का भी निर्माण हो गया। संस्था की गतिविधियाँ और भी बढ़ गईं।

स्वामी श्री प्रेमपुरी महाराज की निर्वाण-स्वर्ण जयंती समारोह के समय भी मैं इस संस्था के सभी कार्यक्रमों में सहयोग प्रदान करती थी। ट्रस्ट में महिलाओं द्वारा संचालित विसामो, ज्योतिषशास्त्र के निःशुल्क वर्ग तथा आयोजित व्याख्यानमालाओं में भी नियमित रूप से भाग लेती हूँ। ट्रस्ट की ओर से छोटे बालकों के लिए बाल-दिवस भी मनाया जाता है। इसी प्रकार चिकित्सा-शिविरों का भी आयोजन होता रहता है। सत्संगियों के लिए संतों के प्रवचन एवं नित्य भजन-संध्याएँ आयोजित होती रहती हैं।

1998 से मैं परोपकार नामक संस्था के साथ भी जुड़ी हूँ। मुंबई में इस संस्था द्वारा सवा पाँच लाख हनुमानचालीसा-पाठ का अनुष्ठान किया गया था। इस आयोजन की सफलता के लिए मैंने भरपूर सेवा व सहयोग प्रदान किया था। तब समस्त हनुमान-भक्त भाव-विभोर हो गए थे।

इसके दूसरे वर्ष इस संस्था ने सवा ग्यारह लाख हनुमानचालीसा-पाठ का आयोजन किया। सब देवी-देवताओं, यथा श्री सालासर बालाजी-हनुमान, श्रीराधा-कृष्ण, माँ जगदंबा, गणेशजी, तिरुपति बालाजी आदि के मंदिरों का निर्माण किया गया था। विधिवत् यज्ञ और आहुति के साथ पूजन-अर्चन सात दिन तक चला था। सातों

दिन महामंडलेश्वर कार्ष्णी पूज्य श्री गुरुशरणानंदजी एक दिन भागवताचार्य पूज्य श्री रमेशभाई ओझा (भाईजी) एवं एक दिन पूज्य श्री रामभद्राचार्यजी का सान्निध्य रहा। मुंबईवासियों ने हर रोज हजारों की संख्या में उपस्थित रहकर लाभ लिया।

तदुपरांत संस्था द्वारा श्रीमद्भागवत की कथा का आयोजन किया गया, जिसे क्रूज-यात्रा में पूर्ण किया जाना था। व्यासपीठ पर भागवताचार्य श्री रमेशभाई ओझा प्रतिष्ठित हुए। बारह दिवस की इस सिंगापुर-मलेशिया-थाईलैंड की आध्यात्मिक यात्रा में लगभग 600 भक्तगण शामिल हुए थे। क्रूज-यात्रा के दौरान मेरा अनेक लोगों से परिचय हुआ। मैंने बहुत कुछ सीखा भी और सेवाकार्य में योगदान का संतोष भी प्राप्त किया।

क्रूज-यात्रा में एकाग्रचित्त होकर कथा-श्रवण का सुअवसर था। घर पर जब भी कथा आयोजित की जाती है तो कोई-न-कोई व्यवधान आ ही जाता है, यथा टेलीफोन का बज उठना, किसी का मिलने आ जाना, और नहीं तो किसी व्यवस्थागत कार्य का आ पड़ना आदि। इन कारणों से कथा मन लगाकर सुन ही नहीं पाते। इसलिए क्रूज-

पूज्य भाईश्री रमेशभाई ओझा के साथ

यात्रा एक तरह से सौभाग्य की बात थी। टिककर कथा सुनने और परदेस में पर्यटन के दोनों सुख एक साथ मिलना दुर्लभ है। फिर रात के समय भी सत्संग हो जाता था। श्री भाईजी के साथ हुए सत्संग में मुझे बहुत-कुछ जानने-समझने को मिला। अनेक प्रश्नों के उत्तर मिले, शंकाओं का समाधान हुआ। श्री भाईजी के श्रीमुख से प्रवाहित होती ज्ञान-गंगोतरी में अवगाहन करके पावन होने का सुवर्ण अवसर प्राप्त हुआ।

भाईश्री का पोरबंदर स्थित सांदीपहनि आश्रम भारतीय संस्कृति का प्रतिनिधित्व करता है। पौराणिक युग के ऋषि-मुनियों के तपोवन के समान इस आश्रम में शिष्य-गण देवभाषा संस्कृत सीखते हैं और निज संस्कृति के संस्कारों को आत्मसात् करते हैं।

भाईश्री ने एक बार अपने प्रवचन में संदर्भ दिया था कि जयवंतीबेन का इतना बड़ा राजनैतिक व्यक्तित्व होते हुए भी स्वयं अपने हाथों भोजन बनाती हैं, अतएव वे साक्षात् अन्नपूर्णा हैं। उनकी यह बात सुनकर वास्तव में मुझे अतीव हर्ष हुआ था। भाईश्री के मुख से अन्नपूर्णा जैसी उपाधि मिलना कोई छोटी-मोटी बात नहीं थी।

परोपकार संस्था द्वारा राधाष्टमी, होली आदि के अवसरों पर भी कार्यक्रमों का आयोजन होता है। रक्तदान-शिविर, अन्न-जल सेवा, शैक्षणिक सहायता, कन्या-विवाह में आर्थिक सहायता देना आदि उल्लेखनीय गतिविधियाँ भी की जाती हैं।

श्री नटुभाई देसाई के कारण फिर मेरा संपर्क बढ़ा भावनगर की पी.एन.आर. सोसाइटी के साथ। इस संस्था के साथ जुड़ी गतिविधियों में प्रज्ञाचक्षु, श्रवण-मंद, मंद-बुद्धि, पोलियोग्रस्त विकलांग, कटे हुए होंठ और तलुवे में छेद जैसे रोगों से ग्रस्त बच्चों के इलाज का प्रबंध आदि विशेष महत्त्व रखते हैं। संस्था सबको उनके अपने पाँवों पर खड़ा करके स्वावलंबी बनाने का भगीरथ कार्य कर रही है। विकलांगता रोकने के लिए रूबेलाके टीके लगाने के शिविरों का आयोजन किया जाता है। ऐसे विकलांग बच्चों पर ट्रस्टियों द्वारा प्रतिवर्ष लगभग 10 करोड़ रुपया खर्च किया जाता है। जब-जब मैं भावनगर की इस संस्था में जाती हूँ, हर बार मुझे यह सेवाकार्य करनेवाले लोग, शिक्षकगण तथा चिकित्सा-दल देवदूत के समान लगते हैं।

ए.के. मुंशी योजना मेरे ही निर्वाचन-क्षेत्र में एक म्युनिसिपल पाठशाला में स्थापित है। यह श्रीमती अतिलक्ष्मीबेन कन्हैयालाल माणिकलाल मुंशी के नाम से स्थापित है। श्रीमती सरलाबेन शेठ ने पचास वर्ष पूर्व अपनी दूरदृष्टि से इस संस्था की स्थापना की

थी, जहाँ आज मंदबुद्धि बालकों के विकास का महत कार्य चल रहा है। जाति-पाँति जैसे आग्रहों का पूर्ण परित्याग करके यहाँ सभी बच्चों को प्रवेश दिया जाता है। ऐसी संस्थाओं के साथ संलग्न होने से मन को अपार तृप्ति मिलती है।

कमला मेहता अंधशाला, दादर, शार्तुल फाउंडेशन, चेंबूर, चिल्ड्रंस होम, चेंबूर जैसी संस्थाओं में भी मैं आती-जाती रहती हूँ।

श्री आदर्श रामलीला समिति और श्री साहित्य कला-मंच जैसी संस्थाओं के कार्यक्रमों में भी जब-तब मेरी उपस्थिति रहती है।

रोटरी क्लब ऑफ साऊथ बॉम्बे के साथ मेरी संलग्नता काफी पुरानी है। विगत 15 वर्ष से मैं इसकी मानद सदस्य हूँ। कभी वक्ता के रूप में तो कभी विशेष अतिथि के रूप में मैं वहाँ अनेक बार आमंत्रित की गई हूँ। क्लब के सब सदस्य मेरे चिर-परिचित मित्र हैं। मुंबई की अन्य रोटरी में भी मुझे कई बार वक्ता के तौर पर बुलाया जाता है। रोटरी क्लब की गतिविधियाँ प्रशंसनीय होती हैं।

गुजराती-मराठी की संगीत-सभाओं और नाटकों में तो मैं सदा से जाती रही हूँ। परिवार और राजनीति की जिम्मेदारियों से थोड़ा-बहुत मुक्त होकर मैं संगीत, साहित्य व नाटकों का आस्वादन करती रही हूँ। कितना भी काम क्यों न हो, पल-दो पल का मनोरंजन अत्यावश्यक है। यह व्यस्त जीवन के लिए संजीवनी का काम करता है।

स्वभावत: मैं साहित्य-रसिक हूँ, आस्था के क्षेत्र में धार्मिक हूँ और निजानंद के लिए सेवा, भक्ति, पूजा आदि के कार्य मुझे भाते हैं। लोक-कल्याण व लोक-सेवा के कार्यों में उमंग से भरकर भाग लेना मुझे आंतरिक संतोष प्रदान करता है। जिन दिनों मुझे राजनीतिक गतिविधियाँ व्यस्त रखती थीं तो चाहते हुए भी साहित्यिक, सामाजिक, सांस्कृतिक एवं धार्मिक कार्य-कलापों के लिए अधिक समय नहीं निकाल पाती थी। अब यह सहज संभव है और उसका अलग ही आनंद है।

सन् 1989 में मैं प्रथम बार संसद्-सदस्य बनी। यह समय मेरी राजनीतिक गतिविधि का उच्चतम शिखर था। इसी दौरान पारिवारिक कारणों से मेरा दुबई जाना हुआ। उस समय मेरी पुत्रवधू प्रीति गर्भवती थी। घर में नया मेहमान आने को था। सबके हृदय उल्लसित थे। बेटा होगा या बेटी की मीठी पहेली सबके मन गुदगुदा रही थी। आने वाले बालक के लिए मैंने दुबई में थोड़ा-बहुत कुछ खरीद भी लिया। कपड़े,

खिलौने, सोने की चेन और इसी तरह की दूसरी छोटी-मोटी चीजें मैंने लीं। अंततः हम लोगों की प्रतीक्षा धन्य हुई और 23 जून, 1990 को प्रीति ने एक सुंदर पुत्री को जन्म दिया। मेरी कलगी में एक पंख और शोभित हुआ। मुझे दादीमाँ की प्रतिष्ठा मिली।

नवजात बालिका के छोटे-छोटे कोमल-कोमल हाथ-पाँव देखकर उसपर बेहद लाड़ उमड़ आता था। गोल-मटोल गालों में जड़ी कौतुक भरी ऐसे निहारती मानो जन्म-जन्मांतर की पहचान को समझने की चेष्टा कर रही हो! उसे खिलाते-पिलाते मैं कभी अघाती न थी। जब वह शांत निद्रा में होती थी तो उसका सुकोमल स्पर्श अत्यंत सुखकर लगता था। समय बीतता गया। बालिका ठुमक-ठुमक डग भी भरने लगी।

उसने जब पहला डग भरा तो मेरे आनंद की सीमा नहीं थी। किन्नरी जब डगमग पग रखती हमारी ओर को चलती तो मन होता कि उसकी फैली हुई बाँहों में स्वर्ग उतारकर धर दें।

इसके बाद 4 फरवरी, 1993 को कृष्ण का जन्म हुआ। कृष्ण के आगमन के साथ ही मेरे सुख का वर्तुल पूर्ण हो गया। कृष्ण इतना आकर्षक बालक था कि बार-बार उसकी नजर उतारनी पड़ती थी। उसके सिर पर रेशम जैसे नरम काले-स्याह बाल थे। हमारे यहाँ रिवाज है कि बालक का मुंडन माँ-बाप से छिपाकर चोरी-चोरी करवा दिया जाता है। कृष्ण की बुआ माधवी एक दिन मुहूर्त देखकर चोरी-छिपे उसका मुंडन करवाने ले गईं। उसके सब सुंदर बाल गायब हो चुके थे मगर वह फिर भी उतना ही आकर्षक दीख रहा था। बाल उतारते वक्त ऐसा ज्यादा रोया-धोया भी नहीं।

सुनील और प्रीति सिर मूँड़े कृष्ण को देखकर अवाक् रह गए। माधवी उसके लिए नए कपड़े भी लाई थी। उसने उसे नहलाया-धुलाया, नए वस्त्र पहनाए और मंदिर में दर्शन करवाने ले गई। इस तरह एक संस्कार बहुत अच्छे ढंग से संपन्न हो गया।

कृष्ण को उसके नाम के अनुरूप कन्हैया की भाँति मधुर आस्वाद अति प्रिय था। कुछ भी मीठा बहुत शौक के साथ खाता था। किन्नरी और कृष्ण की बाल-लीलाओं से हमारा घर साक्षात् गोकुल बन गया। दोनों बालक हमारे जीवन का केंद्र-बिंदु बन गए। मेरा जीवन तो इसी केंद्र के इर्द-गिर्द परिक्रमा करते बीतने लगा। उम्रदार अवस्था में पुत्र के बच्चों के साथ खेलते-खिलाते मैं भी बच्चा हो गई।

फोटो एलबम में इन लोगों के अनगिनत चित्र हैं, जिनमें इनकी ये सब मधुर

स्मृतियाँ समाई हुई हैं। फुरसत के क्षणों में मैं इन चित्रों को पुनः-पुनः देखकर उन मधुर क्षणों को खँगाल लेती हूँ।

समय का चक्र घूमता रहा। दिन सुख-शांति से व्यतीत हो रहे थे। बच्चे कब बड़े हो गए, पता ही नहीं चला। किन्नरी आज 20 वर्ष की है। उसने बी.एम.एस. के दो वर्ष पूरे कर लिये हैं। कृष्ण ने 90 प्रतिशत अंक लेकर दसवीं पास की है। दोनों बच्चे समझदार, सुसंस्कारवान् एवं स्नेहशील हैं। इनकी बदौलत मेरा घर हरियाला है। केवल एक बात का शोक है कि ये सुख भोग पाने को नवीन जीवित नहीं हैं।

जीवन की लंबी यात्रा नाप लेने के उपरांत अब जबकि मैं यह सब लिखने बैठी हूँ तो मैं अनुभवों की पूँजी से संपन्न हूँ, दु:ख को साहसपूर्वक सहन करने के गौरव से मंडित हूँ, सुख को पचा ले जाने के सुख से भूषित हूँ, अपने बलबूते सफलता के शिखर जय करने के गर्व से उन्नत-भाल हूँ एवं स्वाभिमान से जीने की सार्थकता से संतृप्त हूँ। अतीत स्मृतियों में तरोताजा है, वर्तमान सुख-संतोष से भरा छलछला रहा है और भविष्य की ओर से निश्चिंतता है।

पुत्री, पत्नी, गृहिणी, माँ अथवा एक जन-प्रतिनिधि की जो भी भूमिका मुझे मिली, उसे मैंने सुचारु रूप से निभाया है। मैंने जो भी उद्यम किया, उसे ऊपरवाले के आशीर्वाद का बल प्राप्त हुआ। मैंने अनथक परिश्रम, घुट्टी में मिले संस्कार और देश व समाज से उऋण होने के भाव का त्रिवेणी संगम रचा और इस प्रकार मेरी जीवन-यात्रा ने सार्थकता का वरण किया। मेरा जीवन एक विचार-यात्रा है, कर्म-यात्रा है, भाव-यात्रा है, स्नेह-यात्रा है, कल्याण-यात्रा है और अब ढलती साँझ के पलों में अंतिम पड़ाव पर एक अध्यात्म-यात्रा है। मैं जीवन का अर्थ जान सकी, हेतु समझ सकी और उचित दिशा पा सकी, यह मेरा सौभाग्य और ईश्वर की कृपा रही।

औरंगाबाद जैसे छोटे नगर में जन्म लेने वाली एक सामान्य कन्या सामाजिक-राजनीतिक प्रभा में रूपांतरित हो गई, जिसे विशाल जन-समुदाय का प्रेम और विश्वास उपलब्ध हुए। परिवार, समाज और देश—तीनों के प्रति अपना कर्त्तव्य यथाशक्ति निर्वाह किया। जीवन के अतिंम पड़ाव पर जब आज मैं अपने क्रमिक विकास की सूची उलट-पलट करती हूँ तो कृतज्ञता के बोझ से मेरा माथा झुकने लगता है। मैं उन सबकी चिर-ऋणी रहूँगी, जिन्होंने मेरी इस विकास-यात्रा में प्रेरणा दी, साथ दिया, सहयोग

दिया, साहस दिया, हिम्मत दी।

हीरे की काट-छाँट के बाद उसकी द्युति में असंख्य गुना वृद्धि हो जाती है। उपर्युक्त गतिविधियाँ मनुष्य-जीवन के हीरे को तराशकर उसे उज्ज्वल बनाती हैं। ऐसे क्रिया-कलाप में भाग लेने का अवसर मिलने से मेरा जीवन सार्थक हो गया एवं मयूरपंखी रश्मियों से जगमगा उठा। अंतर्मन प्रकाशमान हुआ व जीवन-सरिता के दोनों तट आनंद-पूरित हो गए।

परिवर्तन जीवन का नियम है। सबकुछ सदा एक सा नहीं रहता। इनमें कुछ परिवर्तन मन को उदास कर जाते हैं। राजनीति में आमूल परिवर्तन हो चुके हैं। मात्र लोकसेवा अथवा देशसेवा का भाव लेकर राजनीति में अब कोई प्रवेश नहीं करता। स्वार्थ, सत्ता-लोलुपता, भ्रष्टाचार व अपराध राजनीति की पहचान बन गए हैं। सुशिक्षित व संस्कारशील लोग राजनीति से दूर भागते हैं।

समाज में मूल्य भी बहुत तेजी से बदल रहे हैं। युवा पीढ़ी बड़ों की अवहेलना करने वाली हो गई है। वृद्धों को नित्यप्रति अपमान, निरादर व उपेक्षा सहन करनी पड़ती है। वार्धक्य एक मुसीबत बन चुका है। हमारी संस्कृति पर पश्चिमी प्रभाव हावी हो चुके हैं। देश का युवा कुव्यसनों में लिप्त है। स्वतंत्र आचार-विचार एवं स्वैराचार के बीच की भेद-रेखा संभ्रमित हो गई है। दोनों पीढ़ियों के बीच की खाई दिन-दिन चौड़ी होती जाती है। पैसा और नाम सबसे बड़े जीवन-मूल्य बन बैठे हैं। संबंधों के भीतर से प्रेम हवा हो गया है। शुष्क व्यवहार शेष बचा है और उसके केंद्र में भी कोरा स्वार्थ निहित है। जब आज की स्थिति ऐसी है तो दो-ढाई दशक के बाद का भारतीय समाज कैसा हो जाएगा, उसकी कल्पना कर पाना भी कठिन है।

यह अरण्य-रुदन सा लगता है न! ठीक भी है। जब कुएँ में ही भाँग पड़ी हो तो कोई क्या करे? तथापि वस्तुस्थिति को स्वीकारे बिना छुटकारा भी नहीं है, किंतु भीतर-ही-भीतर मन सिहर उठता है।

अपने जीवन के कठिन-से-कठिन चढ़ाव मैंने आत्मबल, पति की प्रेमपूर्ण स्मृतियों और ईश्वर की कृपा से पार किए हैं। जिस तरह मैं अपनी शक्तियों से परिचित हूँ, उसी तरह अपनी दुर्बलताओं के प्रति भी सचेत हूँ। मनुष्य-मात्र अपूर्ण है। हर किसी की अपनी सीमाएँ होती हैं। मैंने दूसरों की सीमाओं को खेल की भावना के साथ देखा है।

मेरा मन सदा निरपेक्ष रहा है। मैंने कभी किसी से कोई अपेक्षा नहीं रखी, तो अपेक्षा के भग्न होने का दु:ख भी झेलना नहीं पड़ा। मैं एक मानवी हूँ और मेरा प्रयास मनुष्य ही बने रहने का रहा है। महाकवि उमाशंकर जोशी ने कहा था—

''मानव जो मानव बन पाए, बहुत हुआ''

जीवन का दाँव मैंने मन लगाकर खेला है। कविवर प्रेमशंकर भट्ट याद आते हैं—

''पराजय के पल की कहीं पीर आए,
स्मिता हो अधर पर, हरा दूँ उसे मैं।
प्राणों का खेला तो खुलकर ही खेलूँ,
भले चाह कर भी न चाहूँ उसे मैं॥''

वास्तविक स्वर्ग मनुष्य के मन में बसा है। मैं अपने स्वर्ग के पट खोल पाई, यह मेरा अहोभाग्य!

पौत्री किन्नरी तथा पौत्र कृष्ण के साथ

OUR LOVING GRANDMA

In this beautiful journey of life,
My Grandma you have been the perfect mother as well an adoring wife.
You have fulfilled your each and every responsibility,
Through your service and love,
you have made possible every impossibility.
Every time I look at you, my head goes high in pride,
Even as you walk with poise, they all respect your stride.
Your glories have raised the family name,
under your guidance and supervision, forever we'd like to train.
We are honoured with a Grandma who loves us so much,
For you blessings and holy wishes, your revered feet we tough.
We thank you for nurturing us so well,
Your words and speeches are as soothing as a holy bell.
On this birthday, We'd just like to say we love you forever,
We'll smile and cry and prosper together,
and that I promise we'll leave you never.

LOTS OF LOVE & LUCK
KINNARI & KRISHN

भाग-दो

राजनैतिक जीवन

संघ एवं जनसंघ का संपर्क व राजनीति में प्रवेश

संघ का प्रभाव

अपने पति के साथ मैं सदा आदरणीय गुरुजी, माननीय अटलजी, श्री दत्तोपंत ठेंगड़ीजी और संघ-जनसंघ के अन्य नेताओं के भाषण सुनने के लिए जाती थी। संघ जब गुरुपूर्णिमा, शरदपूर्णिमा, होली आदि त्योहार मनाने के कार्यक्रम आयोजित करता था, तब भी मैं जाती थी। औरंगाबाद में ऐसे किसी कार्यक्रम में जाने का मुझे कभी कोई सुअवसर नहीं मिला था। कभी किसी राजनीतिक विचारधारा के विषय में मुझे कुछ सुनने को भी नहीं मिला था। मेरे मन की कोरी तख्ती के ऊपर संघ और जनसंघ की विचारधारा की लिखावट अपना रंग जमाती चली गई। मेरे पति नवीन की दृष्टि में संघ के नेता ही आदर्श थे। नवीन के विचार एकदम स्पष्ट थे और अंग्रेजी भाषा पर उनका अच्छा अधिकार था। वह पेरी मेसन की पुस्तकों के शौकीन थे। अंग्रेजी और गुजराती में उनके हस्ताक्षर बहुत सुंदर और मुर्रीदार थे। हिंदुत्व के प्रति नवीन की आस्था गजब की थी। सत्यमेव जयते उनका जीवन-मंत्र था। वह संघ का कार्य अत्यंत निष्ठापूर्वक करते थे। ईश्वर की सत्ता में उन्हें अडिग विश्वास था। नीतिवान, आचरण एवं कर्तव्य-परायणता उनके रक्त-प्रवाह में रच-बस गए थे।

धीरे-धीरे मैं भी पति के रंग में रँगती चली गई। मेरे ऊपर संघ के विचारों का प्रभाव बढ़ता चला गया। संघ की विचारधारा के बीज मेरे मन में बहुत गहराई तक पैठ गए। हमारे घर का दीवानखाना बहुत बड़ा था, अत: जब-तब संघ की बैठकें हमारे घर पर हुआ करती थीं। मैं इन बैठकों में खुलकर भाग लेती थी। संघ के अधिकांश पदाधिकारी महाराष्ट्र के थे। उनके साथ मेरा वैचारिक आदान-प्रदान मराठी में ही होता था।

पू. डॉ. केशव बलीराम हेडगेवारजी

पू. माधवराव सदाशिवराव गोलवलकरजी—गुरुजी

एक बार हम लोग श्री किशन छाबड़िया के साथ दक्षिण भारत की यात्रा पर गए थे। कोचीन, रामेश्वरम, कन्याकुमारी आदि सभी स्थानों पर जाने को मिला। कन्याकुमारी ने मुझे सर्वाधिक आकर्षित किया। जहाँ स्वामी विवेकानंद को आत्मज्ञान हुआ था, वह विवेकानंद शिला एक अद्‌भुत व रमणीक स्थल है।

स्वामी विवेकानंदजी 1881 में श्री रामकृष्ण परमहंस के संपर्क में आए थे। लगभग पाँच वर्ष पश्चात् श्री रामकृष्ण परमहंस ब्रह्मलीन हो गए और स्वामी विवेकानंदजी ने उत्तराधिकार में मिले उनके ज्ञान को आगे बढ़ाया। स्वामीजी कहा करते थे, हिंदू कहलाने में मुझे कोई संकोच नहीं। दरिद्रनारायण की सेवा ही वास्तविक मानव-धर्म है। धारण किए हुए वस्त्र मनुष्य की पहचान नहीं हैं। मनुष्य की महानता उसके ज्ञान में है, पहरावे में नहीं।

स्वामी विवेकानंदजी एवं डॉ. केशव बलीराम हेडगेवारजी के विचारों में बहुत साम्य था। स्वामी विवेकानंदजी ने संन्यासी की परिभाषा ही बदल डाली थी। समाजसेवा ही सच्चे संन्यासी का वेश है। रामकृष्ण मिशन के संन्यासी दरिद्रनारायण की सेवा को ही प्रभुसेवा मानते हैं। डॉ. हेडगेवारजी ने एक वैचारिक क्रांति की सृष्टि करते हुए संघ में प्रचारक-परंपरा आरंभ की। समूचे सांसारिक सुखों का परित्याग करके मात्र राष्ट्र और समाज की सेवा में सर्वस्व न्योछावर करने वालों का एक पूरा वर्ग उठ खड़ा

हुआ, जिसने संघ का निर्माण किया। ऐसे ही सेवा-वेशधारी प्रचारकों में से एक थे श्री एकनाथजी रानडे, जिनसे मैं आमने-सामने मिल चुकी हूँ। कन्याकुमारी में स्वामी विवेकानंद शिला पर स्वामीजी के स्मारक के निर्माण का स्वप्न व संकल्प इन्हीं का था।

19 नवंबर, 1914 को अमरावती जिले में श्री रामकृष्ण रानडेजी के यहाँ जनमे श्री एकनाथजी रानडे 1936 में स्नातक हुए थे। 1938 में श्री एकनाथजी राष्ट्रीय स्वयंसेवक संघ के प्रचारक बन गए। उनको 1956 में संघ का सह-सरकार्यवाहक बनाकर मध्य प्रदेश भेजा गया था। सन् 1962 में जब स्वामी विवेकानंद जन्म-शताब्दी मनाई गई थी, तब श्री एकनाथजी रानडे द्वारा संपादित सुप्रसिद्ध पुस्तक Rising Call To Hindu Nation प्रकाशित हुई थी, जिसका हर भाषा में अनुवाद हुआ था। श्री एकनाथजी रानडे ने 1962 में कन्याकुमारी में स्वामी विवेकानंद स्मारक बनाने की योजना का सूत्रपात किया। उनके अनथक प्रयासों से साम्यवादी दल, मुसलिम लीग, द्रविड़ मुन्नेत्र कड़गम, नेशनल कॉन्फ्रेंस व अनेक ईसाई सांसदों में से 326 संसद्-सदस्यों ने हस्ताक्षर करके एक ज्ञापन सरकार को दिया, जिसे 1964 में स्वीकृति मिली। 1970 में जाकर यह स्वामी विवेकानंद स्मारक बनकर खड़ा हो गया, जिसका उद्घाटन तत्कालीन राष्ट्रपति श्री वी.वी. गिरि ने किया। यह विवेकानंद केंद्र केवल एक स्मारक नहीं है, बल्कि आज भारतीय सांस्कृतिक एवं आध्यात्मिक गतिविधियों का मिशन भी बन गया है।

उस समय देश की प्रधानमंत्री श्रीमती इंदिरा गांधी थीं। इस कार्य में उनका भी सहयोग मिला। स्वामी विवेकानंद भारतीय संस्कृति के प्रतिनिधि एवं प्रतीक थे। उनके व्यक्तित्व के इर्द-गिर्द कुछ ऐसा आभामंडल था कि सभी राज्यों की सरकारों ने चाहे वे कांग्रेस की थीं या गैर-कांग्रेसी, इस योजना के लिए करोड़ों रुपए का अनुदान दिया। इस योजना की विस्तृत जानकारी देने के लिए श्री एकनाथजी रानडे ने मुंबई में एक विशेष सभा का आयोजन किया और हम सब को कन्याकुमारी की यात्रा पर आने का भाव-भीना निमंत्रण भी दिया। इस प्रकार इस स्मारक के बनने के बहुत पहले ही मैं इस विशाल शिला को प्रणाम कर आई थी, वहाँ के स्पर्श की अनुभूति ले आई थी और स्वामीजी के विचारों का स्पंदन अनुभव कर आई थी। आज इस विवेकानंद-शिला की यात्रा करके देश-विदेश के लाखों पर्यटक स्वयं को धन्य मानते हैं। हिंद महासागर के बीच बना यह स्मारक आपको दिव्य अनुभूति करवाता है। इस स्थल पर एक महामानव

ने आत्मज्ञान हेतु चरण रखे थे, अतएव हो ही नहीं सकता कि आप यहाँ दिव्य अनुभूति की तरंगें न अनुभव करें। सचमुच, यह स्मारक अत्यंत अद्‌भुत है।

राजनीति में मेरा प्रवेश भले ही भारतीय जनसंघ से हुआ हो, किंतु मैंने सदा संघ की ही निष्ठा का अनुसरण किया है। इसी निष्ठा के कारण मैं राजनीति की तमाम बुराइयों से बची रह सकी। राजनीति के माध्यम से मैंने सदा केवल समाज-सेवा ही की है। स्वार्थ-सिद्धि मुझे स्पर्श तक न कर सकी। नगर-सेविका रही हूँ, विधायक अथवा सांसद हर बार पद का सदुपयोग मैंने लोक-कल्याण व लोक-सेवा के ही लिए किया। मैंने सदा अपने पति के विचारों का अनुकरण किया। केवल सांसारिक-घरेलू अर्थ में ही नहीं, पत्नी-धर्म मैंने राजनीतिक जीवन में भी नहीं छोड़ा।

मातृस्वरूपा भारतमाता

संघ की प्रार्थना प्रत्येक राष्ट्रभक्त भारतवासी की प्रार्थना है। इस प्रार्थना के एक-एक शब्द को मैंने अपने जीवन में उतारने का प्रयत्न किया है। प्रार्थना इस प्रकार है—

"हे प्रेम करनेवाली मातृभूमि! मैं आपको सदा नमन करता हूँ।
हे हिंदूभूमि! आपने सुखों में मेरा पालन-पोषण किया है।
हे महामंगलमयी पुण्यभूमि! आपकी सेवा में मेरा यह शरीर अर्पित हो। मैं आपको बार- बार नमस्कार करता हूँ।
हे सर्वशक्तिमान परमेश्वर! हम हिंदू राष्ट्र की संतानें आपको सादर प्रणाम करती हैं।
मैं आपके कार्य हेतु कटिबद्ध हूँ। उसकी पूर्ति के लिए मुझे शुभाशीष दीजिए।

हे प्रभु! मुझे ऐसी शक्ति दीजिए, जिसे विश्वभर में कोई चुनौती न दे पाए।
ऐसा शुद्ध चारित्र्य दीजिए, जिसके समक्ष पूर्ण विश्व नतमस्तक हो जाए।
ऐसा ज्ञान दीजिए, जिसके द्वारा यह कंटकाकीर्ण मार्ग जो मैंने अपने लिए चुना है, सुगम बन जाए।
त्वरायुक्त वीरवृत्ति की भावना मुझमें जाग्रत् रहे, जो उच्चतम आध्यात्मिक सुख एवं महत्तम ऐहिक समृद्धि प्राप्त करने का एकमात्र तथा श्रेष्ठतम साधन है।
तीव्र और अखंड ध्येय-निष्ठा मेरे अंत:करण में सदैव जाग्रत् रहे।
आपकी कृपा से हमारी विजयशालिनी व संगठित कार्यशक्ति अपने धर्म का संरक्षण करते हुए इस राष्ट्र के वैभव को उच्चतम शिखर पर पहुँचाने में समर्थ हो!
भारत माता की जय!!"

राष्ट्रीय स्वयंसेवक संघ

सन् 1959 में मैं राष्ट्रीय स्वयंसेवक संघ के साथ जुड़ी और उसकी विचारधारा से प्रभावित हुई तथा यह निर्णय कर लिया कि संघ के कार्य में पूरा-पूरा योगदान करूँगी। यह विश्व का सबसे बड़ा सामाजिक और राष्ट्रीय संगठन है। संघ का प्रमुख मंत्र है कि राजनीति के माध्यम से ही क्यों न तो देश की संस्कृति का रक्षण करना है। अत: संघ मात्र राजनीति में रचा-बसा कोई संगठन नहीं है अपितु इसकी सृष्टि देश, धर्म और संस्कृति की रक्षा में न्योछावर हो जाने की भावना के साथ हुई है। संघ की यह दृढ़ मान्यता है कि संस्कृति के प्रति निष्ठावान् होने से ही एक स्वस्थ समाज निर्मित होता है और लोकतंत्र सफल होकर स्वराज्य में सुराज साकार होता है।

राष्ट्रोत्थान, समाज-कल्याण व संस्कृति के संरक्षण के हेतु असंख्य लोगों ने घर-बार, सुख-सुविधाएँ और मोह-माया के बंधन त्याग दिए। उन्होंने व्यक्तिगत आशा-आकांक्षाओं को तिलांजलि देकर संघ के कार्य हेतु अपना सर्वस्व बलिदान कर दिया। न जाने कितने ही युवक अपनी युवावस्था के चपलता के दिन बिसराकर सुख-भोग व विलासिता में रमने के स्थान पर दीन-दु:खियों की सेवा के कामों में जुट गए। आज भी न जाने कितने युवक कितनी ही सेवा-योजनाओं में कार्यरत हैं। वे दीन-हीन, क्षुधाग्रस्त, दिशाहीन, निर्धन व निराश लोगों के जीवन को प्रकाश से भर देने का महत्कार्य कर रहे हैं। आदिवासियों, वन-प्रांतर के निवासियों तथा देश के दुर्गम स्थानों

के लोगों तक वे शिक्षा की ज्योति ले गए हैं और वहाँ अलख जगाई है। सामाजिक बुराइयों के मूल में जो बीमार मानसिकता रहती है, उसका खरा निदान करके, उसका उपचार करके लोगों को सही दिशा में ले जाने को कटिबद्ध हुआ यह संगठन इस कार्य में जी-जान से लगा हुआ है। शुद्ध व निष्कलंक चरित्र मनुष्य का सबसे बड़ा आभूषण है। वही उसकी शक्ति है, वही उसका सर्वस्व है। केवल वही समाज सुसंगठित तथा सामर्थ्यवान् होता है, जो चरित्रवान मनुष्यों से बना हो। ऐसे ही समाज के निर्माण का बीड़ा संघ ने उठाया है। राष्ट्रीय स्वयंसेवक संघ की शाखाएँ देश भर में स्थान-स्थान पर कार्यरत हैं। ये शाखाएँ संघ की विचारधारा का संवर्धन करती हैं, समाज को अनुशासन का पाठ पढ़ाती हैं, चरित्र-निर्माण करती हैं। इस प्रकार संघ एक सुदृढ़ व स्वस्थ समाज की रचना के लिए प्रतिबद्ध है।

सन् 1925 में डॉ. केशव बलीराम हेडगेवार ने संघ की स्थापना की थी। तब से आजतक यह संगठन अपने निर्धारित लक्ष्य के मार्ग पर निरंतर अग्रसर है। अगणित स्वयंसेवकों ने निजी स्वार्थ तजकर इस महायज्ञ की समिधा बनने का व्रत धारण किया है।

डॉ. हेडगेवारजी के निधन के पश्चात् 1940 में सरसंघचालक का उत्तरदायित्व परमपूज्य गुरुजी श्री माधवराव सदाशिवराव गोलवलकरजी को सौंपा गया। उस समय उनकी वय मात्र 34 वर्ष की थी। 33 वर्ष तक अविरत निरंतर परिश्रम करते हुए उन्होंने इस उत्तरदायित्व को श्रेष्ठ ढंग से निभाया। विराम अथवा विश्राम जैसे शब्द उनके शब्दकोश में नहीं थे। उनके जीवन का मूलमंत्र था—हम करें राष्ट्र-आराधन। पूज्य गुरुजी गोलवलकरजी को मैंने सुना है और उनसे प्रत्यक्ष भेंट का अवसर भी पाया है। उनका व्यक्तित्व एक तपस्वी ऋषि जैसा था। उनकी तेजस्विता ऐसी थी कि उन्हें देखते ही प्रणाम करने की प्रेरणा होती थी। दुर्भाग्य से उन्हें कैंसर हो गया और 5 जून, 1973 को उनका देहावसान हो गया। उस समय इस महामानव को संसद् के दोनों सदनों ने विशेष रूप से श्रद्धांजलि अर्पित की थी। देश भर के प्रमुख समाचार-पत्रों में भी उन्हें श्रद्धांजलि देते हुए संपादकीय प्रकाशित हुए थे।

राष्ट्रीय स्वयंसेवक संघ जैसे संगठन का उत्तरदायित्व सँभालने वाले सरसंघचालक को न तो पद का लोभ होता है, न कोई व्यक्तिगत महत्त्वाकांक्षा होती है। अत्यंत सहज रूप से वह अपना यह उत्तरदायित्व अपने किसी भी साथी को सौंप सकता है। पूज्य

गुरुजी ने भी अपनी मृत्यु के पहले ही से संघ का उत्तरदायित्व पूज्य बालासाहब देवरसजी को सौंपने का निर्णय एक बंद लिफाफे में रख छोड़ा था। इस प्रकार तीसरे सरसंघचालक पूज्य बालासाहब देवरसजी हुए। उनसे मिलने का अवसर भी मुझे अनेक बार मिला।

जिस समय माननीय अटल बिहारी वाजपेयीजी प्रधानमंत्री बने, उस समय पू. देवरसजी अस्वस्थ होने के कारण नागपुर में थे। उनपर पक्षाघात का आक्रमण हुआ था। वे उस समय बोल पाने में भी असमर्थ थे। जब वे दूरदर्शन पर वाजपेयीजी का शपथ-ग्रहण समारोह देख रहे थे, तो उस समय हर्ष से गद्‌गद होकर उनके नेत्रों में अश्रु छलक आए थे। संघ के एक स्वयंसेवक को देश का प्रधानमंत्री बने देख उनके आनंद का ठिकाना न रहा। अपने जीते जी पू. देवरसजी ने सरसंघचालक का दायित्व माननीय रज्जूभैया को सौंप दिया। मधुमेह के कारण मा. रज्जूभैया की तबीयत भी ठीक नहीं रहती थी, इसलिए उन्होंने यह जिम्मेदारी सुदर्शनजी को सौंप दी। और अब सुदर्शनजी के उत्तराधिकारी श्री मोहनजी भागवत छठे सरसंघचालक हैं।

संघ को अनेकानेक अवरोधों का सामना करना पड़ा है; किंतु हर बार यह संगठन पहले से भी अधिक बलवान होकर पुनः सज्ज हो उठ खड़ा हुआ है। संघ पर सांप्रदायिक और रूढ़ग्रिस्त होने के आरोप लगाए जाते हैं। संघ को अनेक अन्य आरोपों का सामना भी करना पड़ा है। इन समस्त आरोपों को स्वयं में आत्मसात् करके संघ राष्ट्रसेवा और लोकसेवा के अपने कार्यों में लीन रहता है।

गुजरात में जब मोरबी का बाँध टूटा था, तब खाकी नेकर वाले स्वयंसेवकों ने ही दुर्गंध छोड़ रहे शवों को हटाने का काम किया था। देश में जब भी कभी कहीं कोई आपदा आ पड़ती है तो संघ के स्वयंसेवक सबसे पहले घटनास्थल पर पहुँचते, हैं। पाकिस्तान के साथ युद्ध के दिनों में दिल्ली के ट्रैफिक को सँभालने की जिम्मेदारी तत्कालीन प्रधानमंत्री श्री लालबहादुर शास्त्री ने राष्ट्रीय स्वयंसेवक संघ को सौंपी थी। संघ-शक्ति एक विराट् शक्ति के रूप में आज भी अस्तित्व में है। मुझे इस बात पर गर्व है कि मेरे पति संघ के एक स्वयंसेवक थे।

संघ की विचारधारा का अनुसरण करनेवाली एक महिलाओं की संस्था भी है, जो राष्ट्र सेविका समिति के नाम से जानी जाती है। इसकी स्थापना वंदनीय मौसी श्रीमती लक्ष्मीबाई केलकर ने की थी। उनके बाद लोकमान्य तिलक की भानजी ताई आप्टेजी

के कर्तृत्व को देखते हुए उन्हें इस समिति की संचालिका का पद दिया गया था। राष्ट्र सेविका समिति की संचालिका आजकल सुश्री प्रमिलाताई मेढ़े हैं।

देश-विदेश में इस संस्था की अनेकों शाखाएँ कार्यरत हैं। इस समिति के आयोजनों में मैं दिल खोलकर भाग लेती रही हूँ। संघ का साहित्य पढ़कर और थोड़ा अभ्यास करके प्रसंगानुकूल भाषण भी देती रही हूँ। इस समिति के साथ संलग्न महिलाओं का अपना स्वतंत्र व्यक्तित्व है। कोई भी स्त्री जब राजनीतिक अथवा सामाजिक कार्यक्षेत्र में प्रवेश करती है तो सबसे पहले उसका सामना उसकी पारिवारिक एवं कार्यक्षेत्र की जिम्मेदारियों के बीच चलने वाले संघर्ष से होता है। जिसे जन-सेवा और राष्ट्र-सेवा करनी हो, उसे अपने परिवार से ही आरंभ करना पड़ता है। सबसे पहले घर, फिर पति, बालक और परिवार, तब उनके बाद समाज और राष्ट्र इस क्रम में उसे प्राथमिकताएँ बनानी पड़ती हैं। घर का आर्थिक आधार-स्तंभ भले ही पुरुष होता हो, भावनात्मक आधारस्तंभ तो स्त्री ही है। सार्वजनिक जीवन में उतरने के बाद उसे अनेक चुनौतियों का सामना करना पड़ता है, किंतु स्त्री के पास एक अत्यंत सुदृढ़ मनोबल होता है। दुविधा की स्थितियाँ हों तो उसकी निर्णायक-क्षमता और निखर कर आती है तथा आत्मविश्वास अधिक दृढ़ हो जाता है। मेरे संपर्क में ऐसी अनेक महिलाएँ आई हैं, जिन्होंने अपने पारिवारिक सुख-सौंदर्य को सुरक्षित रखते हुए समाज और राष्ट्र की सेवा का धर्म भी निभाया है। मैंने स्वयं इसी सिद्धांत का अनुकरण किया है। ऐसा कर पाने की क्षमता केवल स्त्री में है।

आगे चलकर संघ के रंग मे रँगे हुए अनेक महानुभावों के साथ मेरा प्रगाढ़ परिचय हुआ। मैं स्वयं को अत्यंत भाग्यशाली मानती हूँ, जो मुझे श्री दत्तोपंत थेंगड़ी, रज्जूभैया, लक्ष्मणराव ईनामदार, सुंदरसिंह भंडारी, कुशाभाऊ ठाकरे, जगदीश माथुर, नानाजी देशमुख, रामभाऊ म्हालगी, वसंतराव भागवत, रामभाऊ गोडबोले, मधुकरराव मंत्री, डॉ. परूलेकर, केदारनाथ साहनी जैसे अनेक महानुभावों के साथ मिलकर काम करने का अवसर मिला। संघ की विचारधारा को जीवन अर्पित करने में महिलाएँ भी इतनी ही सक्रिय थीं। मालतीबाई परांजपे, सुमतिताई सुकलीकर, कुमुद रांगणेकर, निर्मला आप्टे, क्षेमाताई थत्ते, सुशीलाताई महाजन, सिंधुताई फाटक, निशिगंधा मोगल, सुशीलाताई आठवले, कुसुमताई देशपांडे, प्रमिलाताई मेढ़े, सुश्री गीता गुंडे, बकुलताई देवकुळे आदि असंख्य महिलाओं ने संघ के कार्य को आगे ले जाने में बहुत बड़ा योगदान दिया है।

भारतीय जनसंघ

सन् 1962 में लोकसभा और विधानसभा के चुनाव एक साथ कराने की घोषणा हुई। दक्षिण मुंबई से भारतीय जनसंघ के लोकसभा के उम्मीदवार के रूप में डॉ. सी.एस. अग्रवाल और विधानसभा के उम्मीदवार के रूप में एडवोकेट श्री सूरजभानजी गर्ग का चयन किया गया। उस समय पूरे देश में केवल कांग्रेस पार्टी ही सत्ता में थी। हमारी पार्टी के उम्मीदवार दीपक का प्रकाश घर-घर पहुँचाने के लिए कठोर परिश्रम कर रहे थे। दीपक हमारी पार्टी का चुनाव-चिह्न था। जीतने की संभावना न के बराबर थी। चुनाव-संबंधी बैठकें हमारे घर पर हो रही थीं। बैठक में आने वाले पार्टी के अधिकारियों और सदस्यों के बैठने के लिए दरी-चादर बिछाने और चाय-पानी की व्यवस्था करने की जिम्मेदारी मेरी थी। बीच-बीच में मैं चर्चा में भी भाग ले रही थी। बैठक का विवरण (मिनट्स) भी मैं ही लिखती थी।

एक दिन भारतीय जनसंघ की ओर से मुझे चुनाव-प्रचार के लिए भाषण करने का आमंत्रण मिला। इसके पूर्व मैंने कभी कोई भाषण नहीं दिया था। माईक पर बोलने की मुझे जरा भी आदत नहीं थी। मैं आनाकानी करती रही, किंतु अंततः अपने पति के आग्रहवश मुझे यह निमंत्रण स्वीकार करना पड़ा। जनसभा कालबादेवी की विट्ठलवाड़ी में थी। श्रोतागण मराठी-भाषी थे। शाम बीतने पर श्री विनोद गुप्ता मुझे ले जाने को आए। भूलेश्वर से कालबादेवी का अंतर बमुश्किल नौ मिनट का था। इतने अरसे में गुप्ताजी ने हिंदी में मुझे भाषण के मुद्दे समझा दिए। इतनी सी निरर्थक तैयारी के बल पर मुझे भाषण करना था। उस समय मेरी वय मात्र 24 वर्ष की थी और मैं नितांत अनुभव-शून्य थी। न तो कभी हाथ में माईक लिया था, न भाषण किया था। फिर भी मेरा आत्मविश्वास आकाश छू रहा था। 'लगा दे छलाँग, आगे जीत मिलेगी' कहकर मैं चुनौती में कूद पड़ी। उधर कांग्रेस के लोगों ने मेरी जनसभा को निष्फल बनाने की नीयत से बिजली का कनेक्शन काट दिया। लाउडस्पीकर सब बंद। लोग असमंजस में। मेरा कोप जाग उठा और जैसे एक जुनून सिर पर सवार हो गया। मैंने माईक के बिना ही बोलना शुरू कर दिया और लगभग आधे घंटे तक शुद्ध मराठी में धाराप्रवाह भाषण दे डाला। तालियों की गड़गड़ाहट गूँज उठी। विरोधी उल्लू सरीखे ताकते रह गए। सभा सफल रही। एक अनुभवहीन गुजराती गृहिणी को मराठी में बोलता सुन सब अवाक् रह

गए। मेरा अनवरत भाषण हर किसी ने मंत्रमुग्ध होकर सुना। मेरे ऊपर अभिनंदन की बौछार हो गई। पहले ही प्रयत्न में मुझे इतनी अद्‌भुत सफलता मिली कि मेरा आत्मविश्वास कई गुना बढ़ गया। नियति ने सन् 1962 को राजनीति में मेरे प्रवेश का वर्ष नियत कर रखा था। मैंने जिसकी कल्पना तक न की थी, वह मेरे जीवन में घटित हो चुका था। एक सर्वथा नूतन दिशा में मेरे पग आगे से आगे बढ़े जा रहे थे। इसके बाद तो मैं मराठी हो या हिंदी, इसी प्रकार अविकल भाषण देना सीख गई।

एक बार मैं किसी जनसभा में मंच से भाषण कर रही थी और मेरे पति भी श्रोतावृंद में उपस्थित थे। उनकी बगल में बैठे एक व्यक्ति ने उनसे पूछा, क्या आपने कभी इस महिला को मराठी में बोलते सुना है? नवीन ने अत्यंत गंभीर मुखमुद्रा में उत्तर दिया, नहीं। मैं तो इसे आज पहली बार सुन रहा हूँ। उन सज्जन ने नवीन से कहा, कभी आप इस महिला को मराठी में बोलते सुनिएगा। आप मंत्रमुग्ध हो जाएँगे। क्या अद्‌भुत मराठी बोलती है! घर आने पर नवीन ने यह सब मुझे बताया। फिर बोले, तुम्हारे प्रशंसकों की संख्या बढ़ती जा रही है। उन बेचारे सज्जन को कैसे मालूम होता कि मैं कौन हूँ। हम दोनों बहुत देर तक हँसते रहे।

चुनाव तो आए और चले गए, किंतु राजनीति में मैं सक्रिय हो चुकी थी। मुझे अपनी पार्टी की छोटी-मोटी जिम्मेदारियाँ सौंपी जाने लगीं, जिन्हें मैं कौशल से पूरा कर डालती। पति का साथ और परिवार का सहयोग ऐसे मिले कि मैं राजनीति की बारहखड़ी घोंटकर पी गई। धीरे-धीरे राजनीतिक गतिविधियों में मेरी रुचि बढ़ने लगी और मेरे क्रिया-कलाप वेग से आगे बढ़ चले।

भारतीय जनसंघ की स्थापना 21 अक्तूबर, 1951 को डॉ. श्यामाप्रसाद मुखर्जी ने की थी। डॉ. मुखर्जी पं. नेहरू के साथ उनके मंत्रिमंडल में थे। वहाँ अपने पद से त्यागपत्र देकर उन्होंने भारतीय जनसंघ की नींव रखी। भारतीय जनसंघ की मुंबई शाखा का कार्यालय दादर के कत्थक भवन में था। 1965 में पार्टी ने भारतीय जनसंघ की मुंबई शाखा की उपाध्यक्ष के तौर पर मुझे नियुक्त कर दिया। सन् 1962 से प्रत्येक सोमवार को शाम साढ़े छह बजे से दस बजे तक दादर कार्यालय में पार्टी की मीटिंग का नियम चला आ रहा था। मैं श्री विनोद गुताजी के साथ शाम की बस में दादर जाया करती थी। इस बैठक में श्री जी.बी. कानेटकर, श्री मधुकरराव मंत्री, श्री

बब्बनराव कुलकर्णी, श्री वसंतकुमार पंडित, श्री हशु आडवाणी, श्री वेदप्रकाश गोयल, श्री राम नाईक और सौ. मालती नरवणे जैसे अग्रगण्य कार्यकर्ता उपस्थित रहते थे। इस बैठक में पार्टी की गतिविधियों के विषय में विस्तार से विचार-विमर्श होता था। मेरे पति अपना ऑफिस पूरा करके मुझे लेने दादर पहुँच जाते थे। जब तक हमारी मीटिंग चलती, वह बाहर बैठे प्रतीक्षा किया करते। कई बार तो वह ऑफिस से छूटने के बाद शाम को छह से नौ के शो में फिल्म देख आते और तब मुझे लेने पहुँच जाते। बहुत दिनों तक मेरी सास को पता तक न चला कि मैं पार्टी की मीटिंग में जाती हूँ। बाद में तो मैंने यह बात उनकी जानकारी में ला दी थी, मगर उन्होंने कभी इसका विरोध नहीं किया।

सन् 1965 का भारतीय जनसंघ का राष्ट्रीय अधिवेशन दिसंबर महीने में पटना में आयोजित किया गया था। मैं और नवीन अपने ढाई वर्ष के पुत्र सुनील को लेकर उसमें भाग लेने के लिए पटना गए थे। पुत्री माधवी तब पीलिया से ग्रस्त थी, इसलिए उसे घर पर ही छोड़ना पड़ा था। दिसंबर के महीने में पटना में बेहद ठंड थी। तिस पर हमें तंबू में रहना पड़ रहा था। ठंड से बचाने के लिए जमीन पर घास फैलाई जाती थी और उसपर दरी-चादर बिछाकर हम लोग सोया करते थे। सुनील को भी ठंड से बचाना बहुत जरूरी था।

अधिवेशन के दूसरे दिन आर्थिक प्रस्ताव प्रस्तुत किए जाने थे। माननीय अटलजी अध्यक्षता कर रहे थे। आर्थिक प्रस्ताव में संशोधन देते हुए मैंने अपने विचार प्रस्तुत किए। मेरे उस भाषण से सब प्रभावित हुए। अटलजी ने मुझे बुलाकर पूछा, मंच से आपने जो कहा वह स्वत: कहा या किसी ने आपको लिखकर दिया था? मैंने उन्हें बताया, ये सब मेरे मौलिक विचार हैं और किसी ने भी लिखकर नहीं दिए हैं। अटलजी अत्यंत प्रसन्न हुए। उनके साथ यह मेरा पहला प्रत्यक्ष परिचय था, इसलिए मैं भी आनंदित हुई। अधिवेशन में अपनी वक्तृत्व-कला के निदर्शन का मेरा यह पहला प्रयास इस प्रकार पूर्णत: सफल रहा।

अधिवेशन की समाप्ति के बाद हम लोग मोटर में निकले और राजगृह, नालंदा, तक्षशिला, गया, बनारस आदि होते हुए ठेठ काठमांडू, नेपाल तक की यात्रा कर आए। हम लोग दो गाड़ियाँ लेकर निकले थे। श्री नारणभाई, श्री गोवर्धनभाई दूतिया

और सपरिवार श्री किशनभाई छाबड़िया भी हमारे साथ थे। पटना का वह अधिवेशन मेरे लिए अविस्मरणीय बन गया।

इस प्रकार मेरे राजनैतिक जीवन की गतिविधियाँ आरंभ हो गईं। मेरे पति के एक निष्ठावान् कार्यकर्ता होने के कारण संघ के अनेक नेताओं के साथ मेरा परिचय हो गया। मैं अपने पति के साथ उन सबके भाषण सुनने के लिए तो जाती ही थी, पति के साथ भी विचारों का आदान-प्रदान होता रहता था। हमारे घर पर संघ की जो मीटिंगें होती थीं, मैं उनमें भी सक्रिय भाग लिया करती थी। धीरे-धीरे संघ की विचारधारा का प्रभाव मुझ पर पड़ता रहा आगे चलकर तो मैं पूर्णत: संघ के ही रंग में रँग गई और जनसंघ में आगे बढ़ती रही।

उस समय देश में अनाज की बहुत किल्लत थी। राशन में भी लोगों को पूरा अनाज नहीं मिल पाता था। उसपर भी अनाज व अन्य कृषि-उत्पादनों की खरीद-फरोख्त क्षेत्र के अनुसार ही की जा सकती थी। पंजाब-हरियाणा का गेहूँ महाराष्ट्र में नहीं लाया जा सकता था और महाराष्ट्र की चीनी अन्य राज्यों में नहीं ले जाई जा सकती थी। परिणामस्वरूप जीवन की नित्य-प्रति की जरूरत की चीजों की भारी कमी हो गई। हमारी पार्टी ने इस जोनबंदी को समाप्त करने के लिए आंदोलन छेड़ दिया। मैंने हुतात्मा चौक पर सत्याग्रह किया और नियत दाम पर अनाज बेचने के तत्कालीन कानून का उल्लंघन किया। लिहाजा सरकार ने मुझे गिरफ्तार कर लिया। मुझे सात दिन के कारावास की सजा सुनाई गई और आर्थर रोड जेल भेज दिया गया।

सौ. मंगलाताई लोंढे, सौ. स्नेहलता साठे, सौ. भिड़ेताई, सौ. लक्ष्मीबाई कानिटकर, सौ. बर्वेताई आदि महिला कार्यकर्त्री मेरे साथ जेल में थीं। जेलयात्रा का यह मेरा पहला अनुभव था किंतु सब संगिनियों के साथ होने से कारावास कब बीत गया, इसका पता ही नहीं चला। कारागृह क्या होता है, इसका पहली बार मुझे प्रत्यक्ष अनुभव हुआ। दरी पर सोना, अल्युमिनियम की थाली-कटोरी में अधपका अनाज खाना, जेल के नियमों का कड़ाई से पालन करना आदि जेल-जीवन का हिस्सा हैं। जेल के दिनों में बच्चों और पति की बहुत याद आती थी। बच्चे तब बहुत छोटे थे। मेरी अनुपस्थिति में नवीन को ही उनका पूरा-पूरा ध्यान रखना पड़ता था।

कुछ दिनों बाद मुंबई में केरोसिन के घोर अभाव की स्थिति उत्पन्न हो गई।

लोग बुरी तरह त्रस्त हो गए। हमारी पार्टी ने इंडियन ऑयल के कार्यालय के सामने धरना दिया। कंपनी के जनरल मैनेजर को ज्ञापन सौंपा। उन्होंने केरोसिन की आपूर्ति बढ़ाने का आश्वासन दिया और आपूर्ति बढ़ाई भी।

उस समय दूध की भी बहुत दिक्कत थी। दूध कालाबाजार में बिकता था। मध्यम वर्ग के लोग औने-पौने दामों पर दूध नहीं खरीद पाते थे, लिहाजा बच्चे दूध से वंचित रह जाते थे। मध्यमवर्ग की आपदा का कोई अंत न था। तब हमने सस्ते में दूध का विक्रय आरंभ किया।

गुलालवाड़ी के थोक बाजार से दूध के क्रेट खरीदकर सस्ते दाम पर हर परिवार को एक लीटर दूध देना प्रारंभ कर दिया। एक लीटर दूध के लिए भी लोगों की लंबी-लंबी कतारें लग जातीं। मेरे पति सुबह चार बजे उठकर दूध खरीद लाने के लिए जाते। हम महिलाएँ दूध का विक्रय करतीं। रुपए-पैसे का सब हिसाब मेरे पति रखते। सुबह साढ़े आठ बजे तक दूध के वितरण का यह आयोजन चलता। इस व्यवस्था पर लोग हमारे प्रति बहुत आभार-व्यक्त करते थे।

अनाज, केरोसिन, दूध आदि आवश्यक वस्तुओं का इस प्रकार अभाव हो जाने से मध्यम एवं निर्धन वर्ग के लोगों में भारी आक्रोश था। लोगों की कठिनाइयों का कहीं अंत नहीं था। सरकार निष्क्रिय बनी हुई थी। मैंने सोई हुई सरकार को जगाने के लिए घंटानाद-कार्यक्रम का आयोजन किया। कालबादेवी और भूलेश्वर क्षेत्र में घर-घर जाकर पत्रिकाएँ वितरित कीं। लोगों से शाम को ठीक छह बजे थाली पर बेलन से घंटानाद करने की अपील की। मेरे इस कार्यक्रम को बहुत अच्छा सहयोग मिला। लोग घर की खिड़कियों से, गैलरी में, छत पर अथवा सड़क पर आकर ठीक छह बजे घंटानाद करने लगे। पूरा क्षेत्र जोरदार घनघनाहट से गूँजने लगा। रास्तों पर भीड़ उमड़ आई और वाहनों का आवागमन प्रभावित हो गया। पुलिस ने भीड़ को तितर-बितर करने का प्रयास किया। पल भर के लिए लोग इधर-उधर हुए, मगर फिर इकट्ठे हो गए। हारकर पुलिस ने गोली चला दी। किसी पूर्व-सूचना अथवा चेतावनी के बिना अचानक शुरू हो गई इस गोलीबारी से कालबादेवी, भूलेश्वर, डॉ. आत्माराम मर्चेंट रोड और सी.पी. टैंक क्षेत्रों के छह निवासियों की मृत्यु हो गई। पूरे इलाके में श्मशान की सी शांति छा गई। सब तरफ सन्नाटा था। मैं घटनास्थल पर

गई, शवों को कब्जे में लिया, उनके पोस्टमार्टम का बंदोबस्त किया और अंततः उन्हें मृतकों के सगे-संबंधियों के हवाले किया। पुलिस के इस कठोर आचरण और दमन-वृत्ति से लोगों के बीच उत्तेजना बढ़ गई।

मृतात्माओं को श्रद्धांजलि अर्पित करने के लिए शोकसभा में विशाल जन-समुदाय उमड़ पड़ा। मृतकों के परिवारों के लिए मैंने शहीद-फंड इकट्ठा किया। सी वार्ड की जनता और पुलिस कर्मचारियों को यह घंटानाद कभी भूलेगा नहीं।

मुंबई महानगर में राशन की दूकानों पर अनाज, शक्कर, केरोसिन कभी एक साथ उपलब्ध नहीं होते थे। हर चीज के लिए जनता को बार-बार राशन की दूकानों पर जाना पड़ता था। कभी दो-दो महीने तक शक्कर मिलती ही नहीं थी। अतः हम भारतीय जनसंघ की बहनों ने तत्कालीन मुख्यमंत्री श्री वसंतराव नाइकजी से मंत्रालय में भेट माँगी और मंत्रालय जाकर उन्हें चूडियाँ भेंट की। मुख्यमंत्रीजी को बहुत गुस्सा आया।

इसी बीच, मुबंई में समाजवादी महिलाओं द्वारा 'महँगाई प्रतिकार समिति' के आंदोलन भी चलते थे। बेलन मोर्चा, मंत्रियों का घेराव, रास्ता रोको जैसे कार्यक्रमों के कारण सरकार और मंत्रीवर्ग हमेशा चिंतित रहता था कि कहाँ, कब महिलाएँ उनका घेराव करेंगी।

गो-हत्या के विरोध में विश्व हिंदू परिषद् ने रोज सुबह प्रभात-फेरी निकालना शुरू किया। भूलेश्वर और कालबादेवी के जन-साधारण के साथ इस प्रभात-फेरी में मैं भी शामिल रहती थी।

□

मुंबई महानगरपालिका में प्रवेश

सात वर्ष के अंतराल के बाद 1968 में मुंबई महानगरपालिका के चुनावों की घोषणा हुई। उस समय चारों ओर कांग्रेस का बोलबाला था। भारतीय जनसंघ के साथ सामान्य जनता का निकट का परिचय नहीं था। तिसपर जो लोग थोड़ा-बहुत जानते भी थे, वे जनसंघ का विरोध करते थे।

चुनाव की तैयारियाँ शुरू हो चुकी थीं। भारतीय जनसंघ के अखिल भारतीय मंत्री के रूप में श्री नानाजी देशमुख मुंबई आए हुए थे। उन्होंने मुझसे आग्रह किया कि वार्ड नं. 17, भूलेश्वर से मैं महापालिका का चुनाव लड़ूँ। मैंने उन्हें बताया कि मैं एक संयुक्त परिवार में रहती हूँ। ऐसा दुस्साहस करने के पूर्व मुझे अपनी सास से अनुमति लेनी पड़ेगी। उनकी सहमति के बिना मैं यह चुनाव कदापि न लड़ूँगी। नानाजी ने कहा, वह सब तुम मुझपर छोड़ दो। कल रात मैं तुम्हारे यहाँ भोजन के लिए आऊँगा और तुम्हारी सास से अनुमति ले लूँगा।

दूसरे ही दिन श्री नानाजी देशमुख हमारे यहाँ भोजन पर पधारे और चुनाव के विषय में मेरी सास से बात की। मेरी सास ने उनसे कहा, मेरी बहू मुंबई से बाहर की है। इसे तो बंबई की सड़कें तक ठीक से नहीं मालूम। फिर इसको यहाँ कोई जानता भी नहीं। चुनाव में खड़ी होगी तो निश्चित ही हार जाएगी। किंतु नानाजी का आग्रह था कि मैं अवश्य ही चुनाव लड़ूँ। मेरे पति की भी यही इच्छा थी। अंततः मैं चुनाव में कूद पड़ी। इस दौरान मेरा परिश्रम चरम सीमा पर पहुँच गया। दोपहर के एक बजे से शाम छह बजे तक मैं घर-घर घूमा करती। घर का जो कोना महिलाओं के शासनाधीन होता है—रसोईघर मैं वहाँ तक जा पहुँचती। अपने प्रचार में मैं एक ही बात कहती कि एक बार मुझे भी मत देकर आजमा देखिए। यदि मैं आपकी सेवा में असफल रहूँ तो इसके

बाद मुझे हरगिज वोट नहीं देना, लेकिन एक मौका मुझे दीजिए। आप निराश नहीं होंगे। मेरे प्रचार-कार्य में महिलाओं ने मेरा बहुत साथ दिया। श्रीमती संतोकबेन पटेल, श्रीमती हीराबेन तन्ना, सुश्री चंद्रकांताबेन सोनी और सुश्री लाभूबेन निरंतर मेरे साथ बनी रहकर प्रचार-कार्य में मेरी सहायता करती थीं। मेरा वार्ड कांग्रेस का गढ़ माना जाता था। यहाँ साबरकांठा के ब्राह्मणों की घनी आबादी थी। मेरे प्रतिस्पर्धी श्री करुणाशंकर त्रिवेदी स्वयं साबरकांठा के ब्राह्मण थे। हम दोनों के बीच कड़ा मुकाबला था।

चुनाव प्रचार के लिए हमारी पार्टी ने शिवाजी पार्क में एक विशाल जनसभा का आयोजन किया था। इसमें पं. दीनदयाल उपाध्यायजी मुख्य वक्ता थे। सब उम्मीदवारों को मंच पर बुलाकर जनता के साथ उनका परिचय करवाया गया। पं. दीनदयाल उपाध्यायजी ने प्रत्येक उम्मीदवार को विजयी भव का आशीर्वाद दिया।

भूलेश्वर वार्ड में मैंने छोटी-बड़ी अनेक जन-सभाओं का आयोजन किया। मैं तीन भाषाओं मराठी, गुजराती और हिंदी में धारा-प्रवाह भाषण दिया करती थी। लोगों के हृदय पर अच्छा-खासा असर होता जान पड़ता था। 26 मार्च, 1968 के दिन मतदान हुआ। शाम को लगभग साढ़े छह बजे परिणाम आया। मैं 140 मतों से विजयी हुई थी। आनंद की लहर में बह चले कार्यकर्ताओं ने मेरे पति को कंधों पर बैठा लिया। कांग्रेस के गढ़ में सेंध लग गई थी। विरोधी दल की उम्मीदवार की विजय कांग्रेस को सहन न हुई। उसके कार्यकर्ताओं ने तीखी प्रतिक्रिया के तौर पर दंगा-फसाद और तोड़-फोड़ शुरू कर दी। जीवणजी महाराज कंपाउंड में उन्होंने मारा-मारी की और कुरसियाँ तोड़ डालीं, लेकिन बाद में सब शांत हो गया।

इस चुनाव में सर्वश्री पुरुषोत्तमभाई पटेल, वासुदेवभाई आचार्य, किशनभाई झवेरी, घनश्यामभाई लखोटिया जैसे संघ के अनेक स्वयंसेवकों ने जी-तोड़ मेहनत की। उस समय चुनाव लड़ने हेतु मैंने मात्र 4500 रुपए व्यय किए थे। सब लोगों ने निःस्वार्थ भाव से अपनी सेवाएँ अर्पित की थीं। अब ऐसा समय आ गया है कि चुनाव पैसे के बल पर ही लड़ा जाता है।

रात को विजय-यात्रा निकालने की तैयारी हो रही थी। फूलगली के फूलवालों ने ट्रक सजाने के लिए फूल दिए, लोग अभिनंदन करने के लिए मिठाई और मालाएँ लेकर घर पर आए, एक सज्जन तो हरे अंगूर और फलों से तैयार किया हार लेकर आए, तो

कोई इलायची, बादाम और काले अंगूरों की मालाएँ लेकर आया। पूरा घर फलों और फूलों से भर गया। घर का हर सदस्य खुशी से फूला नहीं समा रहा था। मेरे पति के आनंद की तो कोई सीमा ही नहीं थी। मुझे पार्षद बनाने की उनकी इच्छा फलवती हुई थी। वह दिन मेरे जीवन में एक नया मोड़ लेकर आया। अपने राजनीतिक जीवन के क्रियान्वयन की पहली सीढ़ी पर मैंने उसी दिन पाँव रखा। मेरे उद्यम को प्रारब्ध का साथ एवं ईश्वर के आशीष उपलब्ध हुए।

चुनावों के बाद निगम की पहली बैठक आठ अप्रैल को थी। ब्रिटिशकाल में बने कॉर्पोरेशन के भवन का अत्यंत गौरवशाली इतिहास है। जहाँ कभी सर फीरोजशाह मेहता जैसे महानुभाव विराजमान हुए थे, वहाँ एक नगर-सेविका बनकर जाना मेरे लिए गौरव की बात थी।

मेरे पति और उनके साथ श्री नारणभाई तथा श्री देवीदासभाई मुझे कॉर्पोरेशन तक पहुँचाने के लिए आए। कॉटन एक्सचेंज से बस पकड़कर हम लोग कॉर्पोरेशन के स्टॉप पर उतरे। नीचे बेहद भीड़ थी। पाँच-सात मिनट तक तो हम वहीं खड़े बातें करते रहे। मेरे पति ने मुझसे कहा, मौका मिले तो तुम जरूर बोलना। तुम्हारी वक्तृत्व-कला का परिचय सबको मिलना चाहिए। पहला प्रभाव अत्यंत महत्त्वपूर्ण होता है। मैंने भी मन-ही-मन निर्णय किया कि पहले ही दिन की बैठक में छा जाना है। आज ही झंडा गाड़ देना है।

सभागृह में जाने के पूर्व मैं पार्टी के कार्यालय में गई। उस दिन का कार्यक्रम जान लिया और निवेदन किया कि मेरे लायक कुछ बोलने जैसा हो तो कृपया मुझे अवसर दें। सभा शुरू होने के थोड़ी देर बाद हमारे नेता श्री हशु आडवाणी ने मुझसे कहा, आज मुंबई की पहली महिला मेयर श्रीमती सुलोचना मोदी के लिए शोक-प्रस्ताव प्रस्तुत किया जाना है। श्रद्धांजलि-रूप में आप दो शब्द कह सकती हैं। मैंने इस अवसर को हस्तगत कर लिया। श्रीमती मोदी के विषय में मुझे बहुत अधिक जानकारी तो नहीं थी, किंतु भाषा पर मेरा जो अधिकार था, उसके सहारे शुद्ध मराठी में मैंने एक युक्तियुक्त भाषण दे डाला। नगरसेवक, अधिकारी-गण व प्रेस गैलरी में बैठे पत्रकार मुझे सुनकर आश्चर्य में डूब गए। गुजराती साड़ी पहने साधारण गृहिणी-सी दीखती एक महिला इतनी सुंदर मराठी में किस तरह बोल सकती है! सभा पूरी होने पर अन्य सभी

नगरसेविकाओं ने मुझे गले लगा लिया। सबसे पहला प्रश्न जो उन्होंने मुझसे किया, वह था कि मैं गुजराती हूँ या मराठी? एक ने तो यह भी पूछ डाला कि क्या आपने अंतर्जातीय विवाह किया है? ऐसे विभिन्न प्रश्न मुझसे पूछे गए। लगभग सबने यह मान ही लिया था कि मैं कांग्रेस पार्टी की प्रतिनिधि हूँ। जब उन्हें पता चला कि मैं भारतीय जनसंघ की प्रतिनधि हूँ तो उनके आश्चर्य का ओर-छोर न रहा।

सन् 1968 के वे चुनाव मील का पत्थर बनकर रह गए। अनेक नई प्रतिभाओं का राजनीति में अवतरण हुआ। मनोहर जोशी, प्रमोद नवलकर, दत्ताजी नलावडे, मुरली देवड़ा, मृणाल गोरे, प्रमिला दंडवते, अहिल्या रांगणेकर, हशु आडवाणी, वामनराव परब, प्रेमजीभाई ठक्कर, बाल धारप, गोरधनभाई दूतिया जैसे अनेक प्रतिभाशाली व्यक्ति इस चुनाव में चुने गए और सामने आए। आगे चलकर मनोहर जोशी महाराष्ट्र के मुख्यमंत्री बने और लोकसभा का अध्यक्ष-पद भी सुशोभित किया। प्रमोद नवलकर महाराष्ट्र में मंत्री बने, दत्ताजी नलावडे स्पीकर बने, मुरली देवड़ा केंद्रीय पेट्रोलियम मंत्री बने, मृणाल गोरे, प्रमिला दंडवते, अहिल्या रांगणेकर संसद् सदस्य बनीं; हशु आडवाणी महाराष्ट्र में मंत्री बने, मुझे स्वयं केंद्र में ऊर्जा राज्य मंत्री का पद प्राप्त हुआ। 1968 में जितने नगरसेवक और नगरसेविकाएँ चुनकर आए, आगे चलकर उन सभी ने राजनीति के क्षेत्र में बहुत उन्नति की।

मुंबई एक कॉस्मोपॉलिटन महानगर है। इसके विकास में विविध प्रांतों के लोगों का योगदान है। यह एक बहुरंगी शहर है। यहाँ विभिन्न भाषा-भाषी, विभिन्न धर्मानुयायी व अनेक जातियों के लोग बसते हैं। गुजराती, पारसी, सिंधी, ईसाई, सिख, उत्तर भारतीय नागरिकों के साथ मुंबई के मूल निवासी कोली समाज के लोगों का बरसों-बरस का लेन-देन है। महानगरपालिका में मेरे दस वर्ष की गतिविधियों के दौरान मुझे अलग-अलग मेयरों का अनुभव देखने को मिला। श्री बमन बहराम—पारसी, डॉ. शांति पटेल—मजदूर यूनियन के नेता, श्री रवजीभाई गणात्रा—कच्छ समाज के अग्रणी, डॉ. रवींद्र कुलकर्णी—व्यवसाय से डॉक्टर और बुद्धिजीवी, श्री जमीयतराम जोशी—प्रखर गांधीवादी—ये सब ऐसे मेयर थे, जो देशभक्ति को समर्पित निष्ठावान् सेवक थे। अनेकश: मतभेद और विवाद के अवसर उत्पन्न हुए, किंतु अंत में इनका निर्णय सदा जनहित में होता था।

वक्तृत्व-कला मुझे एक सहज वरदान की तरह प्राप्त हुई थी। मैं महापालिका में विविध विषयों पर वक्तव्य दिया करती थी। मेरे हस्तलिखित मराठी पत्र आदि देखकर अधिकारी-गण चकित रह जाते थे। मेरे सुंदर और घुमावदार हस्ताक्षर एवं मराठी भाषा पर मेरा अधिकार देखकर किसी को विश्वास नहीं होता था कि मैं गुजराती हूँ। अपने वार्ड में भी मैं अत्यंत सक्रिय थी। पानी का कनेक्शन दिलवाना, गलियों की सफाई करवाना, पुराने भवनों की देखभाल करना-करवाना, शाक-भाजी विक्रेताओं को लाइसेंस दिलवाना, चोरी-चकारी के मामलों का निबटारा करवाना, अस्पताल में इलाज हेतु आर्थिक सहायता का प्रबंध करना, स्कूल-कॉलेज में छात्रों के प्रवेश की व्यवस्था करना, जन्म-मृत्यु प्रमाण-पत्र दिलवाना आदि अनेक कार्यों में मैं जन-साधारण की खूब मदद करती थी। फलस्वरूप उसी परिमाण में मुझे लोकप्रियता भी अधिक प्राप्त हुई। लोगों के मन में मुझपर अधिक विश्वास जम गया। भारतीय जनसंघ के २०७ कालबादेवी स्थित कार्यालय में मैं हर मंगल और शुक्रवार को रात को नौ बजे से ग्यारह बजे तक बैठा करती थी। हर रोज लगभग 50 शिकायतें मिला करती थीं। मैं कार्यकर्ताओं को साथ लेकर जितना बन पड़े, उतनी शिकायतों के समाधान के भरसक प्रयत्न में लग जाती थी।

कॉर्पोरेशन के अनुभव

महापालिका में मैं भूलेश्वर से नई-नई चुनकर गई थी। कॉरपोरेशन के अधिकारियों के साथ शनिवार को मुझे वार्ड का दौरा करना होता था, साफ-सफाई करवानी होती थी और वार्ड का निरीक्षण करना होता था। यह मेरा हर शनिवार का बँधा हुआ नियम था। एक शनिवार को मैं तीसरा भोईंवाड़ा की श्री स्वामीनारायण बिल्डिंग के पास राउंड ले रही थी कि चार-पाँच लड़के वहाँ आए और मुझसे बोले, हमारे नलों में कुछ दिनों से जो पानी आ रहा है, उसमें शराब मिली होती है। इस पानी को हम लोग कैसे पीएँ? हम शिकायत लिखवाने गए तो कोई सुनता नहीं। अब आप ही कुछ कीजिए। मैंने उनसे कहा, कल सुबह साढ़े आठ बजे मैं यहाँ आऊँगी। आप सब मुझे बिल्डिंग के बाहर मिलना।

दूसरे दिन निर्धारित समय पर मैं वहाँ पहुँच गई। श्री स्वामीनारायण बिल्डिंग एक

चार-मंजिला विशाल इमारत है। उसमें पाँच सौ रूम हैं। बिल्डिंग की पानी की टंकी वहाँ सबसे निचले तल पर थी। उस तल के एक रूम में रहनेवाला एक व्यक्ति गैरकानूनी दारू का धंधा करता था। उसने दारू के अपने ड्रम पानी की टंकी में छिपा रखे थे। उन ड्रमों में से दारू टपकने के कारण पूरे-के-पूरे पानी में शराब की गंध समा गई थी। मैं निचली मंजिल के उस अँधेरे से रूम के दरवाजे पर जा खड़ी हुई और सख्ती से पूछा, कौन है अंदर? काले रंग का एक आदमी अंदर से बाहर आया और मुझे देखकर पूछने लगा, आप कौन? क्या काम है ? मैंने शांतिपूर्वक उसे बताया, मैं इस क्षेत्र की नगरसेविका हूँ। मुझे पता चला है कि आप यहाँ दारू का गैरकानूनी व्यापार करते हैं और दारू के ड्रम आपने पानी की टंकी में छिपा रखे हैं। मैं चाहूँ तो अभी पुलिस में आपकी शिकायत करके आपको रँगे हाथों पकड़वा दूँ। लेकिन ऐसा न करके मैं आपको सुधरने का एक अवसर देना चाहती हूँ। आप हाल की हाल अपने सब ड्रम पानी की टंकी से निकालिए। मेरी कठोर और दृढ़ मुद्रा का उस मनुष्य पर गहरा असर हुआ। उसने तुरंत सब ड्रम टंकी से हटवा दिए। मैंने पूरी टंकी खाली करवाई, उसे साफ करवाया और हाइड्रॉलिक इंजीनियर को फोन करके पानी की आपूर्ति शुरू करवाई। दोपहर के लगभग डेढ़ बजे पानी आया। चारों मंजिलों के निवासी गैलरी में निकलकर मेरी यह कार्यवाही देख रहे थे। सब अत्यंत प्रसन्न हुए। बड़ी उम्र की कुछ महिलाएँ नीचे आईं और मेरे सिर पर दुलार भरा हाथ फेरकर कहने लगीं—बेटी, आज से यह बिल्डिंग तुम्हारा मायका हुआ। तुम हमारी पुत्री हो। बल-प्रयोग के बिना आराम से काम हो गया।

तीसरा भोईवाड़ा में यह बात चर्चा का विषय बन गई कि एक महिला ने साहस किया और दारू का धंधा करनेवाले बिगड़ैल इन्सान को सीधा करके दिखा दिया। उस धंधादारी की गिरफ्तारी भी टल गई। वह इसके बाद से मेरे साथ सम्मानपूर्वक व्यवहार करने लगा और मेरे काम में सहयोग करने लगा। मुझे महान् गुजराती कवि कलापी की ये पंक्तियाँ याद हो आईं—

दुराचारी के पापों से बढ़ेगा बोझ धरती का—उसे रोको,
चुपचाप सा बल जो मनों में बस रहा ललकारने को कम नहीं है।

जब कभी कॉर्पोरेशन के सार्वजनिक कार्यक्रम होते तो आमंत्रण-पत्र ' श्रीमती एवं

श्री···' के संबोधन से आते थे। बहुत बार हम पति-पत्नी कार्यक्रम में जाया करते थे। तब मित्रगण मेरे पति से कहा करते थे, हमें तुमसे बहुत ईर्ष्या होती है। वाकई तुम बहुत भाग्यशाली हो कि तुम्हें ऐसी सुंदर व बुद्धिमान पत्नी मिली है। कभी कोई मित्र नवीन से ठिठोली करता, घर जाकर अपनी माँ से भाभी की नजर उतारने को कहना, याद रखना। मित्रों के ऐसे मजाक से नवीन का मन खिल उठता था। मेरी उन्नति देखकर वह सदा और अधिक प्रसन्न हो जाते थे। कॉर्पोरेशन के पाँच वर्ष देखते-ही-देखते बीत गए।

कालांतर में देश की राजनीतिक परिस्थिति में अनेक परिवर्तन हुए। 1969 के बाद से देश में गठबंधन की सरकारें बनने लगी थीं। गुजरात राज्य में स्थिति बहुत तेजी से बदल रही थी। 1973 के अंत में गुजरात में नव-निर्माण आंदोलन का आरंभ हुआ। इस आंदोलन में स्त्रियाँ भी बड़ी संख्या में शामिल हुईं। श्रीमती इंदिरा गांधी का सिंहासन डोलना शुरू हो चुका था।

सन् 1973 में फिर एक बार कॉर्पोरेशन के चुनाव आए। भूलेश्वर के उसी क्षेत्र से फिर एक बार मुझे चुनाव लड़ने को कहा गया। कांग्रेस ने मेरे मुकाबले में डॉ. रतुभाई मसराणी जैसे अनुभवी व वरिष्ठ गायनेकोलोजिस्ट को खड़ा किया। मैंने पहले पाँच वर्ष की अवधि में जो काम कर दिखाया था, लोग उसे भूले नहीं थे। लोगों ने फिर एक बार मेरे प्रति अपने विश्वास का प्रमाण दिया और इस बार मैं प्रचंड बहुमत से विजयी हुई। मैंने लोगों का स्नेह और विश्वास अर्जित कर लिया था। यह सफलता मुझे मेरे काम ने दिलवाई थी।

मुझे महानगरपालिका की स्थापत्य-समिति का सदस्य बना दिया गया। इस समिति का कार्यक्षेत्र पूरी मुंबई था। बोरीवली स्थित कोरा केंद्र जल-आपूर्ति की विकट समस्या से जूझ रहा था। मैंने इस समस्या को चुटकी बजाते हल कर दिखाया। अपने क्षेत्र में बेस्ट की विद्युत्-आपूर्ति के नए खंभे गड़वाकर पूरे इलाके को भरपूर प्रकाशमान करवा दिया। पुराने जीर्ण-शीर्ण मकानों के गिरने की हालत में वहाँ रहनेवाले किराएदारों को ट्रांजिट कैंप में जगह दिलवाने की व्यवस्था भी मैं करती थी। पुलिस और जन-सामान्य के बीच पैदा हो जाने वाली नित नई समस्याओं का समाधान भी ढूँढ़ निकालना पड़ता था। किसी दुर्घटना में कोई मृत्यु हो जाए तो पोस्टमॉर्टम हेतु कोरोनर कोर्ट में भी जाना होता था। नित्य-प्रति नए-से-नया काम, नए-से-नया अनुभव। काम तो अनुभव से ही आता है। इस प्रकार मैं रोज-ब-रोज कुछ-न-कुछ नया सीखती गई। नए-नए नियमों

और कानूनों की जानकारी होती गई। किसी गंभीर समस्या को हल करने के लिए धैर्य और दूरदृष्टि से काम लेना आ गया।

मैं अपना काम निष्ठापूर्वक करती थी और अधिकारियों के साथ सम्मानपूर्ण व्यवहार करती थी। अधिकांश अधिकारी भले ही महाराष्ट्रीय थे, किंतु मेरे साथ सभी पूरा-पूरा सहयोग करते थे। अपना स्वयं का व्यवहार यदि विवेकपूर्ण और संस्कारशील है तो सहयोग भी मिलता है और सफलता भी। लोग मुझे जयवंतीबेन कहकर संबोधित करते थे। मुंबई की पुत्रवधू जनता की बहन बन गई। सत्ता पाने के बाद व्यक्ति की शोभा अकड़ में नहीं, स्नेह और विनय में है।

तीसरा भोईवाड़ा में अग्रणी कांग्रेसी नेता श्री मगनलाल मगदाणी ने नवरात्रि में देवी माँ की चाँदी की मूर्ति एवं गरबी मेरे हाथों स्थापित करवाई। इस अवसर पर अपने वक्तव्य में उन्होंने कहा, यह बहन तो भूलेश्वर की भवानी है। बस उसी दिन जनता ने मुझे 'भूलेश्वर की भवानी' की उपाधि दे डाली। दूसरे दिन मीडिया ने भी इस बात को उछाल दिया। तब से मैं इसी नाम से जानी जाने लगी। जनसाधारण का प्रेम ही मेरी सबसे बड़ी पूँजी है। चुनाव तो आते-जाते रहते हैं, जय-पराजय का चक्र घूमता रहता है, किसी का शासन सदा टिका नहीं रहता, मगर जनता के हृदय में बिछा आसन स्थायी हो जाता है।

सबसे बड़ा शिक्षक अनुभव है। मुझे अनुभव ने बहुत सिखाया। मनुष्यों को पहचानने की क्षमता दी। यदि आपको यह पहचानना आ गया कि कौन व्यक्ति सच्चा है, कौन मिथ्याभिमानी और दंभी है, कौन स्वार्थी है और कौन व्यक्ति आपको मूर्ख बना रहा है, तो आप सही निर्णय लेने में सक्षम हो जाते हैं। यदि आप में सत्यनिष्ठा है और निःस्वार्थ-भाव है तो आपको मान-सम्मान स्वयमेव मिल जाते हैं, आपको इनकी चिंता करने की आवश्यकता नहीं रह जाती। अंग्रेजी का वह सुवाक्य एकदम सही है कि सम्मान अर्जित किया जाता है, वह झपटा नहीं जा सकता —'Respect is always commanded and is never demanded.' कोई भी मनुष्य कभी केवल धन अथवा पद से बड़ा नहीं हो जाता। वास्तविक बड़प्पन आचरणगत है, संस्कारगत है।

पार्टी की चयनित नगरसेविका होने के नाते मुझे अनेक जिम्मेदारियाँ निबाहनी पड़ती थीं। मेरी पार्टी में एक वक्ता के रूप में मेरा नाम था। इस रीति से केवल महाराष्ट्र में ही नहीं, गुजरात, राजस्थान, हरियाणा, दिल्ली, उत्तर प्रदेश, पंजाब, हिमाचल प्रदेश आदि सभी

प्रांतों के चुनाव-प्रचार में जाना होता था। मैंने अनेक भाषण दिए हैं। मुंबई में जब भी अटलजी की जनसभा होती थी तो उन्हें सुनने के लिए एकत्र जन-मेदिनी से धरती पट जाती थी। अटलजी के पहुँचने तक लोगों को व्यस्त रखने के लिए मेरा भाषण जारी रहता था। कभी-कभी ये जनसभाएँ रात के ढाई-तीन बजे तक चलती थीं। उत्तर-पूर्व मुंबई के उम्मीदवार श्री मुकुंदराव आगस्कर, डॉ. वसंतकुमार पंडित और डॉ. सुब्रह्मण्यम स्वामी की प्रचार-सभाओं में मैंने महत्त्वपूर्ण भूमिका अदा की थी। मेरा अपना मतदाता क्षेत्र भूलेश्वर, दक्षिण मुंबई में था, किंतु मेरा काम संपूर्ण मुंबई में फैला होने से पूरी मुंबई को मेरा कार्यक्षेत्र कहा जा सकता था। मेरी लोकप्रियता दिनोदिन बढ़ती जा रही थी।

पार्टी की ओर से कोई-न-कोई आंदोलन भी चलता रहता था। महँगाई के विरुद्ध मोर्चा निकलता, धरना होता, छोटी-मोटी सभा का भी आयोजन किया जाता। हमारे मोर्चों पर अनेक बार लाठी चार्ज हुआ, अश्रुगैस भी छोड़ी गई। मेरी भूमिका सदैव विपक्ष की ओर से होने के कारण मुझे बहुत कुछ सहन करना पड़ता था; किंतु चूँकि जनता मेरे साथ थी, जो कि मेरी सबसे ठोस जमापूँजी थी तो सब सहन हो जाता था। कच्छ-संधि और शिमला-समझौता के विरुद्ध भारतीय जनसंघ ने राष्ट्रीय स्तर पर आंदोलन आयोजित किए थे, जो बहुत सफल रहे थे। मैं भी उनमें सहभागी रही थी।

1965 के भारत-पाक युद्ध के पश्चात् पाकिस्तान ने कच्छ की हमारी भूमि पर कब्जा जमाया था। युद्ध के पश्चात् भारत सरकार ने पाकिस्तान के साथ कच्छ करार किया। जिसमें भारत की कच्छ की भूमि पाकिस्तान के लिए छोड़ दी थी। इसलिए भारतीय जनसंघ ने 16 आगस्त, 1965 को दिल्ली में विशाल रैली का आयोजन कर सरकार का विरोध किया था। सब राज्यों से रैलियाँ राजधानी दिल्ली पहुँची थीं। गुजरात से आई हुई रैली का नेतृत्व भाई महावीरजी ने किया था।

एक बार श्रीमती इंदिरा गांधी को कालबादेवी से होकर फोर्ट पहुँचना था। मैंने कॉटन एक्सचेंज की इमारत पर 30 फीट लंबा बैनर लगवाया, जिस पर लिखा था—

'इंदिरा गांधी आई हैं, गद्दारों को लाई हैं'

उनके सामने काले झंडों के प्रदर्शन की भी हमारी योजना थी, मगर हमारी तैयारी देखकर इंदिराजी ने अपना मार्ग बदल लिया। वह कालबादेवी के बजाय मुहम्मद अली रोड होकर फोर्ट के क्षेत्र में प्रविष्ट हुईं।

दक्षिण मुंबई में जर्जर हो गए पुराने मकान बहुत हैं। मानसून की बरसात के बाद जब सामान्य धूप निकलती है तो इनमें से कई मकान ढहने शुरू हो जाते हैं। एक बार प्रिंसेस स्ट्रीट की केसर बिल्डिंग अलस्सुबह धराशायी हो गई। मलबे में दबकर सात लोगों की मृत्यु हो गई। मैं तुरंत घटना–स्थल पर पहुँच गई। मलबे में दबे शवों को निकालने का काम काफी मुश्किल था और उससे भी मुश्किल था मृतकों के स्वजनों को ढाढ़स बँधाने का काम वहाँ एक स्त्री बहुत बीमार थी। इस दुर्घटना में उसके पति की मृत्यु हो गई थी। उसकी तबीयत ऐसे नाजुक मोड़ पर थी कि उसके पति के बारे में उसे तत्काल सूचना देना किंचित् ठीक नहीं था। मेरी समझ में नहीं आ रहा था कि क्या किया जाए। मैंने उसे कुछ इस तरह समझाना चाहा कि उसके पति को अस्पताल ले गए हैं। वह एक जैन परिवार था। मैंने उस स्त्री को 'ॐ नमो अरिहंताणम' का जाप करते रहने को कहा। उस महिला को मुझ पर इतना पक्का भरोसा था कि वह बोली, मुझे जयवंतीबेन के शब्दों पर पूरा विश्वास है। अगर वह कह दें कि मेरे पति ठीक हैं तो मैं मान लूँगी कि मेरे पति को कुछ नहीं हुआ। अब मैं धर्मसंकट में पड़ गई। सत्य कह भी नहीं सकती थी और सत्य को बहुत देर तक छिपा भी नहीं सकती थी। ऐसे विकट अवसर अकसर आ जाते हैं और तब बहुत कठिन परीक्षा होती है।

मकान ढह जाने की ऐसी घटना होने पर आधी रात हो तब भी मैं घटनास्थल पर पहुँचती थी। मेरे पति हमेशा मेरे साथ आते। उनकी नींद खराब होती, पर उन्होंने कभी आलस्य नहीं किया और न ही कभी साथ आने से मना किया। मेरे हर कार्य में मुझे उनका साथ मिलता था। उनके सहयोग और उत्साहवर्धन के बिना मैं अपने कार्यक्षेत्र में कदाचित् इतनी सफल नहीं हो सकती थी। किसी भी सफल पुरुष के पीछे उसकी पत्नी होती है, किंतु एक सफल महिला के पीछे उसका पति इस तरह अडिग खड़ा हो, ऐसे उदाहरण बिरले ही मिलते हैं। मेरे पति ऐसे ही बिरले व्यक्ति थे।

मई 1975 में जनसंघ का अखिल भारतीय अधिवेशन दिल्ली में आयोजित किया गया था। इस अधिवेशन में श्री जयप्रकाश नारायण, राजमाता विजयाराजे सिंधिया और श्री अटल बिहारी वाजपेयी जैसे अग्रगण्य नेता उपस्थित थे। देश भर से आकर लाखों लोगों ने इस अधिवेशन में भाग लिया था। मंच से संदेश जा रहा था—'सिंहासन खाली करो, जनता आती है।' श्री जयप्रकाश नारायण ने अपने भाषण में कहा, लोग जनसंघ को फासिस्ट कहते हैं तो मुझे कहना पड़ेगा कि मैं भी फासिस्ट हूँ।

1970 के दशक के आरंभिक दौर में विद्यार्थियों द्वारा चलाया गया 'नवनिर्माण आंदोलन' अत्यंत प्रभावशाली था। इन्हीं दिनों बिहार में भी भ्रष्टाचार-विरोधी आंदोलन ने उग्र रूप धारण किया था। इन दोनों आंदोलनों का नेतृत्व श्री जयप्रकाश नारायणजी ने सँभाला और भारत के नवयुवकों को देश के भविष्य के लिए नई दिशा दी।

यह वह दौर था जिसमें देश का एक अत्यंत महत्त्वपूर्ण मुकदमा इलाहाबाद के उच्च न्यायालय में चल रहा था। श्रीमती इंदिरा गांधी देश की प्रधानमंत्री थीं। समाजवादी नेता श्री राजनारायणजी ने श्रीमती गांधी के विरुद्ध एक याचिका दाखिल की थी कि श्रीमती गांधी ने अपने चुनाव-प्रचार के दौरान सरकारी तंत्र व साधनों का दुरुपयोग करते हुए भ्रष्टाचार किया है, अतः उनका चुनाव रद्द होना चाहिए। 12 जून,1975 को जस्टिस सिन्हा ने अपना फैसला सुनाते हुए श्रीमती गांधी के चुनाव को असंवैधानिक ठहराया और छह वर्ष तक उनके चुनाव लड़ने पर पाबंदी लगा दी, हाईकोर्ट के इस फैसले के बहुत गंभीर परिणाम निकले।

उधर 13 जून को गुजरात विधानसभा के चुनाव-परिणाम भी घोषित हुए, जिनमें कांग्रेस बुरी तरह पराजित हो गई। केंद्र सरकार के लिए यह भी एक बड़ा धक्का था। श्रीमती गांधी के तमाम तत्कालीन निर्णय इसी राजनीतिक पृष्ठभूमि में लिये जाने वाले थे। विपक्ष की ठोस और व्यापक भूमिका तथा उसके प्रति लोगों का उत्साह देखकर इंदिराजी का आसन डोल चुका था। उन्होंने आपातकाल की घोषणा का फैसला किया।

इमरजेंसी 25 जून, 1975 को घोषित की गई, इसके कारण नागरिकों के मौलिक अधिकारों पर प्रतिबंध लग गया। समाचार-पत्रों और आकाशवाणी जैसे प्रचार माध्यमों को कड़े नियंत्रण में ले लिया गया। नागरिकों के लेखन और भाषण बंधनों में जकड़ गए। अन्याय को चुनौती देने की किसी भी प्रक्रिया पर रोक लग गई।

'मीसा' के अंतर्गत बंदी बनाए गए। लोगों के लिए न्यायालय के द्वार बंद हो गए। आधिकारिक सूत्रों के अनुसार उस समय तकरीबन सवा लाख लोग जेलों में बंद थे।

आपात स्थिति यानी संविधान, संसदीय क्रिया-कलाप, लोकतंत्र, नागरिकों के मौलिक अधिकार, अभिव्यक्ति की स्वतंत्रता—सबकुछ समाप्त!

यह एक व्यापक ऐतिहासिक दुर्घटना थी। □

1975—आपात काल में जेलयात्रा : कड़ुवी-मीठी यादें

हम लोग भूलेश्वर की जिस इमारत में रहते थे, वह बहुत पुरानी हो चुकी थी और रिपेयर बोर्ड की ओर से उसकी मरम्मत होनी थी। उस दौरान हमें वह घर खाली करके थोड़े समय के लिए नेमाणीवाड़ी और वालकेश्वर के सेनेटोरियम में रहने के लिए जाना पड़ा था। जिन दिनों हम सेनेटोरियम में रह रहे थे, उन्हीं दिनों 25 जून, 1975 को श्रीमती इंदिरा गांधी ने देश में आपात काल की घोषणा कर दी। समाचार-पत्रों पर सेंसरशिप लगा दिया गया। सेनेटोरियम में रेडियो न होने के कारण यह समाचार मुझे दूसरे दिन सुबह मिला। उस सुबह जब एमरजेंसी के विरोध में मैं कालबादेवी की दूकानें बंद करवाने के लिए गई तो पुलिस ने कालबादेवी कॉटन एक्सचेंज के पास मीसा कानून के तहत मुझे गिरफ्तार कर लिया। मुझे फोन करके अपने परिवारवालों को सूचित करने तक की अनुमति नहीं दी गई। मेरे पति को किसी कार्यकर्ता के माध्यम से मेरे गिरफ्तार होने की खबर मिली। मेरे कपड़े और अन्य आवश्यक वस्तुएँ लिये जब मेरे पति पुलिस स्टेशन पहुँचे तो शाम हो रही थी। उसी शाम मुझे आर्थर रोड जेल ले जाया गया। कम्युनिस्ट पार्टी की श्रीमती अहिल्याताई रांगणेकर और भारतीय जनसंघ, मुंबई के अध्यक्ष श्री झमटमलजी वाध्वानी मुझसे भी पहले वहाँ मौजूद थे। हम तीनों को एमरजेंसी के पहले ही दिन पकड़ लिया गया था।

आपात काल ने एक गंभीर रूप ले लिया था। परिवार के लोगों को हम से मिलने की इजाजत नहीं थी। घर में सब लोग घोर चिंता में पड़ गए। एमरजेंसी कब खत्म होगी, इसके बारे में कुछ कहा नहीं जा सकता था। देशभर में लाखों लोगों को मीसा के अधीन गिरफ्तार किया जा चुका था। सर्व श्री जयप्रकाश नारायण, अटलजी, आडवाणीजी, मोरारजीभाई देसाई, राजमाता विजयराजे सिंधिया, जयपुर की महारानी

गायत्री देवी, बालासाहब देवरसजी और राष्ट्रीय स्वयंसेवक संघ के अन्य कई स्वयंसेवकों सहित सबको जेल में ठूँस दिया गया था।

पाँच-सात दिनों बाद अचानक हमें चुपचाप पुणे की यरवदा जेल में स्थानांतरित कर दिया गया, ताकि हमारे घरवालों को पता तक न चले। यरवदा में महिलाओं और पुरुषों की जेल अलग-अलग और आमने-सामने हैं। महिलाओं की जेल की सुपरिंटेंडेंट का नाम था श्रीमती रसालबाई। मीसा के अंतर्गत गिरफ्तार की गई हम कुल 33 महिलाएँ यरवदा जेल में थीं। सौ. अहिल्याताई रांगणेकर, सौ. सुमतिताई सुकलीकर, श्रीमती मृणाल गोरे, सौ. प्रमिला दंडवते, सौ. मंगला परीख, श्रीमती हंसा राजडा, कमल देसाई, सुंदरताई नवलकर, निर्मलाताई शेंडे, मंगला कुलकर्णी आदि सब मेरे साथ यरवदा जेल में थीं। अहिल्याताई व अन्य कुछ महिलाओं को इसके पहले भी कारावास का अनुभव हो चुका था, मगर यदि अनाज की जोनबंदी के विरोध में हुतात्मा चौक से मेरी गिरफ्तारी के बाद आर्थर रोड जेल के संक्षिप्त बंदी-जीवन को छोड़ दें तो वास्तविक कारावास का मेरा यह पहला ही अनुभव था। उसपर भी मैं सब महिलाओं में सबसे कम उम्र की थी।

तत्पश्चात् अन्य महिलाएँ एवं अनेक विद्यार्थिनियाँ भी आपातकाल के विरोध में सत्याग्रह करने के कारण सजायाफ्ता होकर जेल में आने लगीं। किसी को तीन महीने तो किसी को छह महीने की सजा हुई थी। लगभग 1200 तो छात्राएँ रही होंगी, जो सत्याग्रह करने के कारण जेल में लाई गई थीं। बहुत सी लड़कियों ने तो घर में बताया ही नहीं था कि वे सत्याग्रह करने जा रही हैं। युवावर्ग में देशप्रेम का ज्वार उमड़ पड़ा था और समाचार-पत्रों की सेंसरशिप के कारण लोगों में भारी रोष था। दूसरी ओर, अन्य सभी राजनीतिक दलों की तुलना में उन लोगों में एमरजेंसी का विरोध अधिक था, जो या तो आर.एस.एस. के स्वयंसेवक थे या जिनका झुकाव संघ की विचारधारा की ओर था।

सत्याग्रही छात्राओं को शाम को 6.30 तक बैरकों में बंद कर दिया जाता था। हम मीसा-बंदियों को रात 9.30 के बाद बैरकों में कैद किया जाता था। बैरक में बंद लड़कियाँ जाली में से हाथ बाहर निकालकर मेरा हाथ पकड़ लेती थीं और उनके साथ अंताक्षरी खेलने का आग्रह करती थीं। सभी लड़कियाँ प्रेम से मुझे जया मौसी कहकर पुकारती थीं। आज भी वे मुझे जया मौसी ही कहती हैं। राष्ट्रप्रेम के कारण घर से दूर

कारागृह में चली आई इन बच्चियों के प्रति मेरे मन में अतीव स्नेह उमड़ आता था। यह उनका देशाभिमान ही था कि मौज-मस्ती की उम्र में उन्हें कारागार का कठोर जीवन स्वीकार था। इन बालिकाओं में से यदि कभी कोई बीमार हो जाती तो मैं उसका विशेष ध्यान रखती थी। उसके लिए मैं साबूदाने की खीर, चाय की हरी पत्ती, पुदीना और अदरक डालकर दूध में उकाला और मूँग की दाल व चावल की पतली खिचड़ी बना दिया करती थी। हम लोगों ने रसोई बनाने की इजाजत ले रखी थी। कभी कोई उपवास करती तो उसके लिए भी साबूदाने की खिचड़ी एवं फल की व्यवस्था करती थी। इन सब लड़कियों की ओर से मुझे भरपूर प्रेम मिला। इन लड़कियों में ही एक थी अरुणा ढेरे, आज की ख्यातनामा मराठी लेखिका और कवयित्री। एक थी मेधा द्रविड़, आज की प्राची जावडेकर, जिसने शिक्षा-जगत् में कीर्ति अर्जित की है। भारती पाटणकर और अंजलि आज 'दृष्टि' नाम की गैर-सरकारी संस्था (एन.जी.ओ.) में कार्यरत हैं। उन सब लड़कियों में से अनेक आज बड़े-बड़े पदों पर आसीन हैं और देशसेवा कर रही हैं। कुछ हैं जो अपना सुंदर घर-संसार सँभालने वाली कुशल गृहिणियाँ हैं। स्त्री चाहे गृहिणी हो, चाहे घर के बाहर काम सँभालती हो, समाज का स्तंभ स्त्री ही है। नारीशक्ति का दर्शन मुझे अनेकशः अनेक रूपों में हुआ है और आज मेरी यह निश्चित धारणा है कि सुशिक्षित, बुद्धिमती और सुसंस्कृत स्त्रियों के ही बल पर हमारा यह समाज टिका हुआ है, हमारी परंपराएँ जीवित हैं और हमारी संस्कृति सुरक्षित है।

इमरजेंसी के विरोध में सत्याग्रह करके 60- 65 साल से अधिक उम्र वाली दस बीड़ी-मजदूर भी कोल्हापुर से यरवदा जेल में आई थीं। ये महिलाएँ न तो जेल का खाना खाती थीं और न हमारा बनाया भोजन ग्रहण करती थीं। हम में से किसी को इस बात की जानकारी नहीं थी, सो बेचारी दो-तीन दिन तो भूखी ही रहीं। जैसे ही हमें इस बात का पता चला, तुरंत हमने उनके लिए अलग से एक स्टोव और दाल, चावल, सब्जी आदि की व्यवस्था की। वे महिलाएँ केवल अपने हाथ का बना ही खाती थीं। वे सब काफी दृढ़निश्चयी भी थीं।

जेल में हम हर रोज भिन्न-भिन्न कार्यक्रमों का आयोजन करती थीं। विभिन्न विषयों पर भाषण दिए जाते थे, परिसंवाद होते थे, गीतों और अंताक्षरी की प्रतियोगिताएँ होती थीं। सामूहिक सभा भी होती थी। 15 अगस्त को ध्वजारोहण का

कार्यक्रम आयोजित किया गया था। 26 जनवरी, तिलक-जयंती, गांधी-जयंती जैसे राष्ट्रीय पर्व भी हमने जेल में उत्साह के साथ मनाए थे। उधर पुरुषों की जेल में भी विभिन्न कार्यक्रमों का आयोजन होता था। सरसंघचालक आदरणीय बालासाहब देवरसजी भी यरवदा जेल में ही थे।

परिवार के लोग पंद्रह दिन में एक बार घंटे भर के लिए हमें मिल सकते थे। नौकरी के कारण मेरे पति के लिए यह मुश्किल था कि वह हर पंद्रह दिन में यरवदा तक की दौड़ लगाते, इसलिए वह एक महीने में एक बार दो घंटे के लिए मुझसे मिलने आते थे। बच्चे भी साथ में आते थे। एक दिन मेरा बेटा बोला, पप्पा, मम्मी पर तो दिनोदिन गुलाबी रंग निखार ला रहा है! मेरी हँसी छूट गई। यों एक तरह उसकी बात सच भी थी। जेल में थी, सो धूप में भटकना नहीं पड़ता था। इससे त्वचा का रंग तो निखरना ही था। काम भी ऐसा कुछ नहीं था, इसलिए आराम-ही-आराम था। फिर हर सुबह अन्य महिलाओं के साथ मुझे व्यायाम करने को भी मिलता था। शाम के समय हम सब इकट्ठी मिलकर जेल के कंपाउंड में घूमने को भी निकलती थीं। इस एक बात को छोड़कर कि हम परिवार से दूर थीं, जेल में आनंद-ही-आनंद था।

एक बार जब नवीन बच्चों के साथ यरवदा आए तो माधवी मैट्रिक की परीक्षा से निबटकर आई थी। उसके पेपर बहुत अच्छे हुए थे तो वह खुश भी थी। मन फूल सा हलका लग रहा था। उस हलकेपन की निश्चिंतता में उसने मेरे साथ ढेर सारी बातें कीं। मम्मी, पापा मुझे सेंटर तक छोड़ जाते थे। दोपहर की छुट्टी में मंगलाताई लोंढे (जनसंघ की स्वयंसेविका) मेरे लिए कॉफी और नाश्ता लेकर आती थीं। मंगलाताई बहुत बार रविवार को हमारे घर भी आ जाती हैं। कभी मेरे बाल धुलवा जाती हैं, कभी बाल सुलझा जाती हैं। वह सब बच्चों के लिए खाने-पीने की चीजें भी लाती हैं। उसकी ये बातें सुनकर मेरा मन भावुक हो आया। मैं जेल काट रही हूँ, इसलिए मेरी सखी मेरे बच्चों के लिए निस्स्वार्थ भाव से कितना कुछ कर रही है! मौसी मानो माँ की दूरी का आभास न होने दे रही हो! ऐसा सखाभाव, इतना प्रेम, यों नितांत निस्स्वार्थ भावना अब तो भाग्य से ही देखने को मिलेगी। आज के संबंधों में से ऊष्मा मानो स्वयं वाष्प बन गई है।

मेरे जेल-प्रवास के दिनों में संघ के गुजरात प्रदेश के वरिष्ठ नेता श्री वसंतभाई गजेंद्रगडकर बॉम्बे हॉस्पिटल में विभिन्न मेडिकल टेस्ट करवाने के लिए दाखिल हुए थे।

उन्हें हृदय रोग था, किंतु अचानक तबीयत बहुत बिगड़ जाने से 15 फरवरी, 1976 को उनका देहावसान हो गया। यह समाचार मुझे मेरे पति से ही मिल पाया। वसंतभाई के निधन के समय उनकी पत्नी श्रीमती विद्याबेन अहमदाबाद में थीं। वसंतभाई के पार्थिव शरीर को अहमदाबाद ले जाने की जिम्मेदारी संघ ने मेरे पति को सौंपी थी। मेरे पति स्वर्गीय वसंतभाई की देह लेकर अहमदाबाद गए और अंतिम संस्कार हो जाने के बाद मुंबई वापिस लौटे। इन कारणों से उन्हें मुझसे मिलने यरवदा जेल आने में विलंब हो गया। किंतु मेरे पति संघ द्वारा सौंपे गए हर उत्तरदायितत्व का निर्वाह पूर्ण निष्ठा से करते थे।

इधर मैं मुलाकात के दिन की आतुरता से प्रतीक्षा करती थी। बातों के लिए समय कम पड़ता था, अतः बहुत बार तो मैं मन की बात लिखकर रखती थी, ताकि ये आराम से उन्हें पढ़ सकें। मन तो सभी के बेचैन थे, क्योंकि कोई नहीं जानता था कि एमरजेंसी कब समाप्त होगी। सब जेल में मिलने भी नहीं आ सकते थे, इसलिए परिवार के अन्य लोगों और सखी-सहेलियों, मित्रों को लिखे पत्र भी डाक में डालने के लिए मैं नवीन को ही दे दिया करती थी। मेरे पति के जो पत्र मेरे नाम आते थे, वे गुजराती में हुआ करते थे। जेलर पहले उन पत्रों को मुझसे पढ़वाती थी और सेंसर करके मुझे सौंपती थी। उस समय उस जेलर महिला की बात मुझे सदा याद रहेगी। उसने कहा था, आप कोई सामान्य स्त्री नहीं जान पड़तीं। आप आधुनिक समाज की असाधारण नारी के प्रभावशाली व्यक्तित्व से मंडित हैं। आपके पति भी आपका बहुत ध्यान रखते हैं।

मेरी मुलाकात के समय अहिल्याताई नियमपूर्वक बैरक के बाहर आकर मेरे पति और बच्चों से मिलती थीं। वह नवीन के साथ अंग्रेजी में पत्र-व्यवहार भी करती थीं। अहिल्याताई के प्रति मेरे मन में अत्यधिक आदर है। उनका स्वभाव था कि वह अन्य सबके साथ भी पार्टी के मतभेद एक ओर रखकर प्रेमपूर्ण व्यवहार करती थीं। वह किसी की भी सहायता के लिए सदा तत्पर दिखाई पड़तीं। अहिल्याताई एक विशाल हृदय की स्वामिनी थीं। उन्हें बीती ताहि बिसार कर जीना आता था। यह उनके स्वभाव में ही नहीं था कि बीती बातों को लेकर किसी को ताना मारें या उलाहना दें।

मेरे बच्चे वास्तव में बहुत समझदारी से आचरण कर रहे थे। सुनील उन दिनों मुझे आश्वासन देते हुए कहा करता था, मम्मी, आप एकदम खुशी-खुशी यहाँ रहिए। हमारी चिंता मत कीजिए। हम दोनों समझदारी से रहेंगे। सुनील के इन शब्दों को सुनकर मेरी

आँखें नम हो जाती थीं।

सौ. सुमतिताई सुकलीकर जेल में हृदय रोग का शिकार हो गईं। उन्हें अस्पताल में दाखिल करवाना पड़ा। लगभग सप्ताह भर वह अस्पताल में रहीं और उन्हें फिर जेल में ले आया गया। उन्हें आराम की सख्त जरूरत थी। मैं उनकी देखभाल किया करती थी। आज भी वह मुझे मेरी बिटिया कहकर पुकारती हैं। जेल-यात्रा के दौरान मेरे अनेक आत्मीय संबंध बन गए, जिन्हें हम सब आज तक निभा रही हैं। मैंने जीवन भर मनुष्यों को मनुष्यों से जोड़ने का काम किया है, मानवधर्म को प्रमुखता दी है। कारावास के दिनों ने मुझे बहुत कुछ सिखाया। इस सत्य का साक्षात्कार मुझे जेल में हुआ कि कैसी भी परिस्थिति हो, योगानुयोग हों, सच्ची आध्यात्मिकता जीवन को प्रफुल्ल बना लेने में है। जो स्वयं प्रसन्न रहना जानते हैं, वे दूसरों को भी आनंदोत्फुल्ल कर देते हैं।

दिवस पर दिवस बीत रहे थे। मुझे नवीन की और बच्चों की चिंता बनी रहती थी। दोनों ही बच्चे हाई स्कूल में पढ़ रहे थे। माधवी का तो वह मैट्रिक का साल था। उसे जब सबसे अधिक मेरी आवश्यकता थी तभी मैं उससे दूर थी। मेरे पति दोहरी जिम्मेदारी निभा रहे थे। घर, नौकरी, बच्चे सबको सँभालने में अवश्य उन्हें अनेक कठिनाइयों का सामना करना पड़ता होगा। निरंतर मानसिक तनाव में रहना पड़ता होगा। किंतु वह सबकुछ शांतिपूर्वक सहन कर जाते थे। मुझसे मिलने को आते तो इस विषय में एक बोल मुख से न निकालते। संघ की विचारधारा में उन्हें अपार श्रद्धा थी। देशहित में मैं जेल काट रही हूँ, इस बात का उन्हें मान था। सुनील और माधवी की वर्षगाँठ के दिन मुझे बहुत कष्ट होता था। उनकी बेहद याद आती रहती थी; किंतु नवीन और मैं जीवन का एक ध्येय निर्धारित कर चुके थे। हम संघ को समर्पित रहकर देश और समाज की सेवा का व्रत ले चुके थे। अतएव कोई भी कष्ट सहन कर लेना हमारे लिए सहज और सरल बन गया था। स्वेच्छा से स्वीकार की गई पीड़ाएँ आती हैं तो उन्हें सहन करने में एक विशेष प्रकार का सुख मिलता है।

इमरजेंसी के दौरान गुप्त रूप से सक्रिय रहने वालों की संख्या भी काफी बड़ी थी। जान का खतरा उठाकर भी संघ के स्वयंसेवक आवश्यक संप्रेषण यहाँ से वहाँ पहुँचाने में जुटे रहते थे। एक बार पुलिस को सूचना मिली कि किसी मंदिर में संघ की मीटिंग आयोजित की गई है, किंतु उन्हें ठीक-ठीक यह सूचना नहीं थी कि बैठक कौन से

मंदिर में है। लिहाजा उन्होंने चार-पाँच मंदिरों में एकसाथ तलाशी-अभियान चलाया, मगर उनके हाथ कुछ नहीं लगा। कुछ देर बाद उनकी नजर एक मंदिर की जाँच करते हुए बाहर एक लाईन में रखी चप्पलों पर पड़ी। पुलिस को पक्का विश्वास हो गया कि बैठक इसी मंदिर में है, क्योंकि चप्पलों को इस तरह सुव्यवस्थित ढंग से संघ के स्वयंसेवकों के अतिरिक्त और कोई रख ही नहीं सकता। तुरंत और कुमुक को बुला ली गई और मंदिर से संघ के तमाम स्वयंसेवकों को गिरफ्तार कर लिया गया।

जेल में हमारे साथ मीसा के अधीन गिरफ्तार ऐसी महिलाएँ भी थीं, जो बहुत गरीब पर से थीं। उनके पास पहनने को पूरे कपड़े भी नहीं थे। मैंने उनके लिए मुंबई से दो-दो जोड़ी कपड़े मँगवाए। मुलाकात के लिए आते हुए मेरे पति अपने साथ टोकरियाँ भर नमकीन, बेडेकर-अचार के डिब्बे, अंगूर की पेटियाँ, फलों का टोकरा आदि रख लाया करते थे। सब बहुत खुश होतीं और सभी स्वाद से खाती थीं।

पुणे की श्रीमती सुशीलाताई आठवले भी जेल के बाहर से बहुत काम किया करती थीं। हम लोगों की जरूरत की चीजें पहुँचा दिया करतीं। वह महिला-जेल के साथ-साथ पुरुष-जेल में भी मुलाकात के लिए जाती थीं। गुड़ी पड़वा के दिन पुणे के नागरिकों के यहाँ से पूरण पोली इकट्ठी कीं और हम लोगों को भिजवा दीं। मकर संक्रांति आई तो घरों से तिल के लड्डू जमा किए और ला दिए। कई बार तो मन में यह विचार आता था कि जेल में पड़े सत्याग्रही शायद बाहर सक्रिय सत्याग्रहियों की तुलना में अधिक सुखी हैं!

मीसा में बंद सत्याग्रही जब जेल में दिन काट रहे थे तो बहुतों के परिवार में मृत्यु भी घटित हुई। किसी के घर का पुरुष मुखिया चल बसा तो किसी के यहाँ पत्नी का अवसान हो गया। बहुत से परिवारों का जीवन अस्त-व्यस्त हो गया। किसी की नौकरी जाती रही तो किसी का विवाह अधर में लटक गया। किंतु सत्याग्रहियों का हौसला बुलंद रहा। क्षमा-याचना करके छूट जाने का विचार तक किसी के मन में नहीं आया। हम लोग करो या मरो के भाव के साथ इस संग्राम में कूदे थे। दमन के सामने सिर पर कफन बाँधे सब निकल पड़े थे।

संघ परिवार में अनेक ऐसे घर थे, जिनका पुरुष मुखिया, जो रोजी-रोटी का आधार था, जेल में बंद था। धनोपार्जन करनेवाला घर में और कोई नहीं था। मेरे पति ऐसे

कुटुंबों के लिए भी सक्रिय थे और हर महीने उन्हें आर्थिक सहायता पहुँचाया करते थे।

जेल के शुरुआती दिनों में तो हम लोग जेल का ही भोजन ग्रहण कर रही थीं, किंतु बाद में हमने तय किया कि अपना भोजन हम स्वयं ही बनाएँगी। इसके लिए हमने अनुमति भी प्राप्त कर ली। जेल के नियमानुसार एक व्यक्ति के लिए 55 ग्राम गेहूँ का आटा, 35 ग्राम चावल, 30 ग्राम चीनी, पीसा हुआ मसाला, जिसमें हलदी, मिर्च, धनिया, जीरा सब मिले हुए रहते थे, दो-ढाई चम्मच खाने का तेल, सस्ते से सस्ती सब्जी, बारी-बारी अलग-अलग दालें, अरहर की दाल केवल गुरुवार को, रविवार को मीठे के तौर पर गुड़ का टुकड़ा दिया जाता था। बालों में लगाने को नारियल का तेल भी मिलता था। चूल्हा करने को तौलकर लकड़ी भी मिलती थी। पुरुषों की जेल से सीधा लेकर वार्डन हमारी जेल में आता था। हम आतुरता से उसकी राह देखा करती थीं, क्योंकि पुरुष सत्याग्रही राशन के साथ छिपाकर अनेक समाचार भी हम तक पहुँचा दिया करते थे। प्रतीक्षा उनकी छिपी हुई चिट्ठियों की रहती थी। यह बात वार्डन संकेत में हमें बता जाता था और बाद में हम अंदर जाकर छिप-छिपाकर इन चिट्ठियों को पढ़ती थीं।

रसोई करने में हमारी सहायता हेतु उम्रकैद की सजा काट रही दो स्त्रियाँ आ जाती थीं। यह सुविधा हम लोगों के लिए जेलर ने ही कर दी थी। हम दो-दो की जोड़ी में बारी-बारी खाना बनाने का काम करती थीं। इस तरह हमें अलग-अलग स्वाद का भोजन खाने को मिल जाता था। अपनी बारी आने पर मैं प्रमुख रूप से गुजराती ढब का खाना बनाती थी। कभी-कभार मुंबई से शाक-भाजी मँगवाकर ऊधिँयुँ नामक मिश्र शाक भी बनाती थी। कभी करेले की सब्जी बनाती तो सामने की जेल में देवरसजी के लिए भी भिजवाती, क्योंकि उन्हें मधुमेह था। सुबह की चाय और नाश्ता भी हम स्वयं ही तैयार करती थीं।

कुल मिलाकर जेल का जीवन हम लोगों के लिए बहुत अधिक कष्टकारक नहीं था। हर नया दिन हमारे लिए पिकनिक जैसा था। मगर कोई भी मनुष्य घर-परिवार से बहुत दिन तक दूर नहीं रह सकता। आखिर तो जेल जेल है और घर घर। हम भी सब आकुलता से घर लौटने की राह देख रही थीं।

□

कारावास में सजायाफ्ता स्त्रियाँ : करुण कथाएँ

रसोई करने में हमारी मदद को आने वाली दोनों स्त्रियों को आजीवन कारावास का दंड मिला हुआ था। एक दिन मैंने उनसे पूछा, किस कारण से तुम्हें यह उम्रकैद हुई है? उनमें से एक चेहरे पर हँसी ओढ़कर बोली, मैंने अपने पति को कुल्हाड़ी से काट दिया था। अपने पति को मार डालने का जरा भी खेद उसे नहीं था। मैंने पूछा, ऐसा क्या हो गया था कि तुमने अपने ही पति को मार डाला? उत्तर मिला, वह आदमी नहीं जानवर था। उसे जीने का कोई अधिकार नहीं था। मेरी छोटी बहन कुछ दिनों के लिए मेरे पास रहने को आई थी। उस राक्षस ने मेरी सगी छोटी बहन से बलात्कार किया। उसकी वह करतूत मैंने अपनी इन आँखों से देखी। मैं सिर से पाँव तक सुलग उठी और आपे से बाहर हो गई। बस उठाई कुल्हाड़ी और टुकड़े कर डाले उसके।

कौन जानता है कि ऐसी कितनी कहानियाँ जेल की बैरकों में मुँदी हुई हैं।

कैदी स्त्रियों के बच्चे भी जेल के वातावरण में पल रहे थे। पाँच वर्ष से अधिक वय के बच्चों के लिए वहाँ स्कूल भी था। बहुत से बच्चों का जन्म ही जेल में हुआ था। माँ के हाथों हो गए अपराध का दंड बच्चे भी भुगत रहे थे। जेल के बाहर के संसार से ये बालक पूर्णत: अपरिचित थे। आकाश में उड़ते वायुयान की आवाज सुनते ही ये उसे देखने को दौड़ पड़ते थे। विमान इन्होंने देख रखा था, मगर बाइसिकल, रिक्शा, कार अथवा ट्रेन कैसी होती है, उन्हें मालूम नहीं था। सप्ताह में एक बार मिलने वाले गुड़ के अलावा और कोई मिठाई उन्होंने चखी तक नहीं थी। मैं जब कभी उन्हें पूरणपोली, नमकीन या लड्डू आदि कोई चीज खाने को देती तो वे आश्चर्य से ताकते रह जाते। तिल का लड्डू हथेली पर रखकर गोल-गोल घुमाते और पूछते, यह क्या है? मैं उनके चेहरों पर थोड़ा आनंद लिख सकी, कभी न खाई किसी चीज का स्वाद

उनकी जिह्वा पर उतार सकी, यह अनुभूति मुझे थोड़ा सा सुख दे जाती है।

महिला कैदियों की गाथा अत्यंत पीड़ा भरी थी। ग्रामीण क्षेत्रों से आई हुई उन अशिक्षित, अर्धशिक्षित या नासमझ स्त्रियों का जीवन अनेक समस्याओं के भँवर में फँसा हुआ था। उनकी अधिकांश समस्याओं के मूल में थी उनकी बेहद पिछड़ी आर्थिक हालत। जरा-जरा सी बातों पर उत्तेजित होकर वे अपराध कर बैठी थीं। हमने उन्हें अक्षर-ज्ञान देना शुरू किया। स्त्री-शिक्षा के बिना समाज का उत्कर्ष असंभव है। 'एक माँ सौ गुरुओं के समान' जैसी उक्तियाँ तभी सार्थक होंगी जब माँ शिक्षित, समझदार और संस्कारी होगी।

तथाकथित प्रगतिशील समाज में भी महिलाओं पर भाँति-भाँति के धार्मिक-सामाजिक प्रतिबंध लाद दिए जाते हैं, तब भला पिछड़े ग्रामीण समाज की स्त्रियों का किस्सा क्या कहा जाए? औरत की तो कहानी बस इतनी है कि स्त्री शिक्षित हो कि अशिक्षित, शहर की रहने वाली हो कि गाँव की, उसकी सिर्फ एक जात है—औरत जात! स्त्री-जाति की समस्याएँ, उसकी भावनाएँ, उसके दुःख और पीड़ाएँ सर्वत्र एक सी हैं। मातृत्व, त्याग, बलिदान, करुणा जैसे गुण सब स्त्रियों में एक समान हैं। शहर और गाँव की जीवन-शैलियाँ भिन्न हो सकती हैं, किंतु स्त्रीत्व सब जगह एक ही होता है।

स्त्री के उत्थान के बिना समाज के विकास की कोई संभावना नहीं रह जाती। हमारे ऋषि-मुनि कह गए हैं, देवता वहीं निवास करते हैं जहाँ नारी की पूजा होती है—यत्र नार्यस्तु पूज्यन्ते रमंते तत्र देवताः। जो समाज इस बात की समझ पैदा करने को तैयार नहीं और इस क्षुद्र विचार में रचने-पचने से आगे नहीं बढ़ता कि विधवा बिंदी लगाए या नहीं अथवा सामाजिक-धार्मिक अनुष्ठानों में भाग ले या नहीं, वह समाज भौतिक धरातल पर चाहे जितना समृद्ध दीखता हो, संस्कारों में वह विपन्न ही कहलाएगा। नारी का जीवन कैसे अधिक सुखी बन सके, भयरहित हो सके, नारी कैसे स्वावलंबी बन सके, इसका चिंतन और जतन करनेवाला समाज ही उन्नति करता है, अधिक संगठित होता है, स्वस्थ व निरोगी बनता है।

एक बार मुलाकात के लिए आए मेरे पति ने मुझे समाचार सुनाया कि सांसद डॉ. सुब्रह्मण्यम स्वामी भेस बदलकर संसद में गए, रजिस्टर में हस्ताक्षर किए और लौट भी आए, लेकिन किसी को कानो-कान खबर तक न हुई। जब यह बात मैंने और सब

महिलाओं को बताई तो किसी को विश्वास न हुआ, क्योंकि डॉ. स्वामी उन दिनों जनसंघी थे। सबको लगा कि यह बात किसी ने घड़कर उड़ा दी है। बाद में पड़ताल करने पर सुनिश्चित हुआ कि खबर सही थी। तब कहीं जाकर सब बहनों को विश्वास हुआ।

नवीन के पत्र से मुझे पता चला कि सुनील के हाथ में फ्रैक्चर हो गया है और कमर में दाद हो गई है। ट्रेन की भीड़-भाड़ में उसे पुणे तक ला पाना संभव नहीं था, अत: मेरे पति ने मुझे तीन दिन के पैरोल पर छोड़ने का आवेदन किया। उसी आवेदन, पत्र में उन्होंने यह निवेदन भी किया कि मुझे पुणे से मुंबई की आर्थर रोड जेल में स्थानांतरित कर दिया जाए। सौभाग्य से मुझे पैरोल भी मिल गया और मुंबई जेल में तबादला भी।

पैरोल के तीन दिन पलक झपकते बीत गए। पार्टी के कार्यकर्ता और मित्रगण मिलने के लिए आए। राजनीति को लेकर ढेरों बातें हो गईं। इस संभावना पर भी चर्चा हुई कि शायद एमरजेंसी जल्दी ही हटा दी जाएगी। पैरोल के बाद मैं आर्थर रोड जेल में आ गई। मराठी की वरिष्ठ लेखिका श्रीमती दुर्गाताई भागवत भी आर्थर रोड जेल में थीं। हम दोनों एक ही कोठरी में थीं। दुर्गाताई बहुत वृद्ध थीं, पर स्वास्थ्य फिर भी अच्छा था। वह अपनी साड़ी खुद ही धोया करती थीं। सूखने के लिए मैं डाल देती थी। वह सुबह साढ़े चार बजे सोकर उठ जातीं और लिखने बैठ जातीं। मैं उन्हें चाय बनाकर देती थी और फिर सो जाती थी। दुर्गा भागवत मराठी की सुविख्यात लेखिकाओं में अग्रणी थीं। ऐसे व्यक्तित्व के साथ रहने को मिला, इसको मैं अपना गौरव एवं सौभाग्य मानती थी और उनकी सेवा करने का प्रयत्न करती थी।

हमारी कोठरी की सफाई और कपड़े धोने जैसे कामों के लिए मेरी नाम की एक ईसाई बाला का प्रबंध कर दिया गया था। वह एक चंचल लड़की थी और जेब काटने के अपराध में जेल में आई थी। काम पूरा करके वह मेरे पास आ बैठती थी। मैं यदि कुछ पढ़ती होऊँ तो उससे पूछे बिना रहा नहीं जाता था, क्या पढ़ रही हैं? कढ़ाई काम करती होऊँ तो कहती, लाइए मैं करूँ। एक बार मैंने उससे पूछा, तू यह पॉकेटमारी का धंधा किस तरह करती है? उसने बताया, हमारा एक ग्रुप है। हम बन-ठनकर अमरसंस के बस-स्टॉप पर खड़ी रहती हैं। अमरसंस में बड़ी-बड़ी अमीर महिलाएँ, सेठानियाँ शॉपिंग करने के लिए आती हैं। उनके पर्स में नोटों की गड्डियाँ पड़ी रहती हैं। कई बार ये महिलाएँ बस-स्टॉप के सामने खड़ी-खड़ी बतियाया करती हैं। तब हमें मौका मिल

जाता है। किसी भी कारण से जब ये पर्स खोलती हैं तो हम बड़ी होशियारी से नोटों की गड्डी उड़ा लेती हैं और अपनी साथिन को थमाकर खुद भाग लेती हैं। हमें कोई पकड़ नहीं पाता। और मान लीजिए कभी, पकड़ी गईं तो जेल में चली आती हैं। यहाँ दो जून की रोटी तो मिल ही जाती है। सजा पूरी हो गई तो बाहर जाकर फिर धंधे पर लग जाती हैं। मैंने जिज्ञासा की, इतने सब पैसे का तुम लोग क्या करती हो? बोली, मौज करती हैं मौज। एक दिन में दो-तीन तो फिल्में ही देख मारती हैं। अच्छे से होटल में खाना खाती हैं। शौकीनी की चीजें खरीद डालती हैं। मैंने पूछा, घर में कोई नहीं है? उत्तर में हँसी के साथ सुनने को मिला, है ना! पति है, चार बरस का लड़का है। लड़के को पति सँभालता है। वह मुसलमान है। हमने किसी रीत से शादी नहीं की। बस यूँ ही साथ रहते हैं। पति अच्छा है। मुझे बहुत चाहता है। मैंने पूछा, तुझे अपने बेटे की याद नहीं आती? आती है, ना। मैं उसके लिए कपड़े और खिलौने खरीदती हूँ। उसे तो मैं अच्छे-से-अच्छे स्कूल में पढ़ाऊँगी। मैं अपलक उसकी आँखों के सपनों को देखती रह गई। चोरी करना और जेल चले आना उसके आसमान का कितना सहज हिस्सा था!

एक सुबह साढ़े आठ बजे के आस-पास जेलर मि. बिजलानी राउंड पर आए। वहाँ खड़े-खड़े वह मुझसे बात करने लगे। उस समय मैरी बगीचे के पौधों में पानी डाल रही थी। जेलर को देखते ही भागी-भागी आई और पूछने लगी—सर, सर, मेरी कितनी सजा और है? मैं बाहर कब जाऊँगी? 'रजिस्टर देखकर बताऊँगा' कहते हुए जेलर साहब आगे निकल गए। दो मिनट में मैरी वहाँ आई और मुझे पर्स दिखाते हुए बताया, देखिए, मैंने जेलर साहब की पॉकेट मार ली है। मैं हैरान हुई और कपाल ठोंक लिया। मैरी हँस रही थी और कह रही थी, आप पूछ रही थीं न कि मैं पॉकेट कैसे मारती हूँ। मैंने जेलर साहब की जेब आपको अपना हुनर दिखाने के लिए कतरी है। मैंने गुस्से से उसे कहा, चल जा, जेलर साहब से माफी माँग और उनका पर्स उन्हें देकर आ। यह तो केवल एक उदाहरण हुआ। जेल में ऐसे कितने ही किस्से मुझे जानने को मिले।

बीस-इक्कीस वर्ष की एक कॉलेज-छात्रा की कथा बहुत करुण थी। एक दिन शाम के साढ़े पाँच बजे मैं टहलने के लिए बाहर निकली। उसे मैंने बरामदे के एक कोने में सिर झुकाए घुटनों के बल बैठे देखा। वह जहाँ बैठी थी वहाँ से बहुत दुर्गंध आ रही थी। बाहर जाकर मैंने महिला वॉर्डन से उसके विषय में पूछताछ की। वॉर्डन ने जो

बताया, उससे मेरे रोंगटे खड़े हो गए। उसपर संतान-हत्या का आरोप था। वह अभागी अनब्याही माँ बन गई थी। दो दिन पहले ही उसने पुत्र को जन्म दिया था। अभी उसका रक्तस्राव भी बंद नहीं हुआ था। वह दुर्गंध इसी कारण आ रही थी। उसे आवश्यक कपड़े देने तक की किसी ने जरूरत नहीं समझी थी। मुझे उसपर एकदम दया उमड़ आई। बेचारी नव-प्रसूता थी। अशक्त और भूखी थी। अपनी लाज ढाँप ले, उतने वस्त्र भी उसके पास नहीं थे। मैंने महिला वॉर्डन से प्रार्थना करके उसे नहलवाया-धुलाया, जरूरी कपड़े दिलवाए और कुछ खाने को दिलवाया। थोड़ी ही देर में वह पट से सो गई। मेरे मन में विचार उमड़ने-घुमड़ने लगे—यह बेचारी बालिका आखिर ऐसे दुष्कर्म का शिकार कैसे बनी होगी? मैंने फैसला किया कि उससे बात जरूर करूँगी।

उसके साथ हुई बातचीत से मैंने जाना कि वह एक पवित्र ब्राह्मण-कुल की कन्या थी और डोंबीवली की रहने वाली थी। उसके पिता एक शिक्षक थे। माँ सामान्य गृहिणी थी। उसकी एक छोटी बहन, एक छोटा भाई था। कॉलेज में उसकी जान-पहचान एक मुसलिम लड़के से हो गई। धीरे-धीरे वह उसके साथ घूमने-फिरने भी लगी। उस लड़के ने मीठी-मीठी बातें करके उसे भरमा लिया। वह छोटे-मोटे होटलों में कमरा लेकर उस लड़की को ले जाने लगा। अंततः वही हुआ जो होना था। लड़की गर्भवती हो गई और वह नराधम अदृश्य हो गया। घर की स्थिति अत्यंत साधारण थी। तीन महीने तक तो लड़की के घर में किसी को कुछ आभास नहीं हुआ। चौथे-पाँचवें महीने में जाकर उसकी माँ को कुछ संदेह हुआ। पूछने पर लड़की ने सब स्वीकार कर लिया। उसे गर्भपात हेतु डॉक्टर के पास ले जाया गया, मगर समय बहुत जा चुका था। डॉक्टर ने गर्भपात करने से साफ मना कर दिया। आखिर उसे घर में ही बंद रखा गया। समय आने पर उसके पुत्र हुआ। बालक मरा हुआ पैदा हुआ या जन्म के बाद उसे मार डाला गया, यह किसी को नहीं मालूम। घर की इज्जत बचाने के लिए बालक की शव को रात के अँधेरे में पास के कूड़ेदान में फेंक दिया गया। सुबह होने पर वह शव सफाई-कर्मचारियों के हाथ पड़ गया। उन्होंने इसकी रिपोर्ट पुलिस में लिखवा दी। शक के आधार पर पुलिस ने उनके घर की भी जाँच की और लड़की को पकड़ लिया गया। अदालत में पेश करने के बाद उसे जेल में लाया गया था। अब तक लड़की के आँसू सूख चुके थे। वह घबराई हुई अवश्य थी, अन्यथा पूर्णतः निर्विकार थी। बाद में उस लड़की का क्या हुआ,

मुझे मालूम नहीं, किंतु उस समय जेल में उसके साथ ज़ो अमानुषी व्यवहार किया गया था, उसे मैं आज तक नहीं भूल पाई हूँ। दो दिन पहले की नई-नई जच्चा, जिसका स्राव भी अभी बंद नहीं हुआ था, उसे ज्यों-का-त्यों वहाँ पटक दिया गया। उसकी पहनी हुई धोती पूरी तरह खराब हो चुकी थी, जिसमें से दुर्गंध आ रही थी। इस ओर किसी स्त्री वार्डन का भी ध्यान कैसे नहीं गया होगा? अपराध छोटा हो चाहे बड़ा, मगर अपराधी है तो इनसान ही, जेल के अधिकारी इस बात को कैसे भूल जाते हैं?

वास्तव में तो अपराध किया था लड़की को फुसला लेने वाले लडके ने, किंतु सजा भोग रही थी बेचारी लड़की। उसका तो पूरा जीवन ही नष्ट हो चुका था। मैंने उससे पूछा भी था, उस लड़के से शारीरिक संबंध स्थापित करते समय तूने परिणाम का कुछ भी विचार नहीं किया? उत्तर में उसने बताया था, हम लोग बहुत निर्धन हैं। पिता को जो वेतन मिलता है, उससे घर का काम नहीं चलता। घर में सदा निराशा का वातावरण छाया रहता है। मैं उस लड़के के साथ मस्ती करने और घूमने-फिरने का लोभ सँवरण नहीं कर पाई। परिणाम का विचार भला कहाँ से करती? दोष किसका था? लड़की का? घर की गरीबी का? लड़की की मासूमियत का? उसके यौन-विषयक अज्ञान का? मेरी विचार-शृंखला का कहीं अंत न था। क्या उचित यौन-शिक्षा ऐसी घटनाओं को रोक पाएगी? प्रश्न, प्रश्न और केवल प्रश्न। उत्तर कहीं नहीं।

उमा नाम की एक अन्य लड़की की व्यथा देखी तो मन द्रवित हो आया। लगभग अठारह वर्ष की उमा जाने किस अपराध में जेल में आई थी। अदालत में तारीख पड़ती थी तो जेल से उसे अदालत ले जाया जाता था। एक बार कोर्ट से होकर शाम को जेल में वापिस लौटी तो हमेशा की तरह महिला पुलिस ने उसकी तलाशी ली। वह अपने साथ चार बटाटा-वड़ा चोरी से ला़ई हुई थी। पुलिस ने ये वड़ा जब्त कर लिये। उमा ने बहुत कहा कि उसे वड़ा खाना है, मगर पुलिस ने उसे खाने नहीं दिया। आखिर उमा ने पुलिस को गंदी-गंदी गालियाँ देना शुरू कर दिया। सब ने उसे बहुत समझाने की कोशिश की कि जेल में कोई भी खाने की चीज बाहर से लाना मना है, मगर वह कुछ सुनने को तैयार नहीं थी। गुस्से में बिफरकर वह अनाप-शनाप बकने लगी। अंततः जेलर ने उसे एक अलग कोठरी में बंद कर दिया और उसे रात का खाना न देने की ताकीदकर दी। वह वहीं से बहुत देर तक गालियाँ बकती रही और अंत में थक-हार कर सो गई।

रात में दो-ढाई बजे उसकी नींद खुली। भूख से व्याकुल होकर वह खाली थाली को जोर-जोर से वहाँ पड़े एक टब के ऊपर बजाने लगी। रात की खामोशी में गूँजती इस आवाज को सुनकर सबकी नींद उचट गई। जेलर भी जाग गए। पाँच-छह सिपाहियों को लेकर जेलर नीचे आए। उन्होंने हमारी बैरक में आकर हमसे साथ आने का निवेदन किया, लड़की पगला गई है। जवान छोरी है। कोठरी में अकेली पड़ी है। मुझे देखकर न जाने क्या कर बैठे। मेरे ऊपर बलात्कार का आरोप भी लगा सकती है। आप लोग साथ आएँ तो ठीक रहेगा। मैं और दुर्गाताई जेलर के साथ उमा की कोठरी की ओर गए। जब तक सिपाही ताला खोलें उतनी देर में तो उमा ने अपने सब कपड़े उतार फेंके और निर्वस्त्र खड़ी हो गई। दो सिपाही भागकर चादर लाए और उसे चारों तरफ से लपेट कर पकड़कर खड़े रहे। अन्य दो सिपाहियों ने कोठरी में से थाली, कटोरी, टब वगैरह बाहर निकाले, उमा को अंदर धकेला और कोठरी को ताला मार दिया। उसकी गंदी गालियाँ चलती रहीं। बैरक में लौटकर मैंने सोने का बहुतेरा यत्न किया किंतु, मेरी नींद गायब हो चुकी थी। यह लड़की इतनी अधिक विकृति का ग्रास क्योंकर बनी होगी?

सुबह मैंने महिला वॉर्डन से उमा को चाय और डबलरोटी देने को कहा। वॉर्डन आनाकानी करने लगी तो मैंने उसे कहा, घबराओ मत, मैं जेलर साहब से बात कर लूँगी। क्षुधा मनुष्य के क्रोध की तीव्रता में वृद्धि करती है। क्रोधाग्नि से पहले जठराग्नि को शांत करना आवश्यक है। लड़की विकृत-मनस अवश्य थी, किंतु दया की पात्र थी।

थोड़ी देर बाद जब मैं उमा की कोठरी के सामने से गुजरती हुई टहलने को जा रही थी तो उसने ताई-ताई चिल्लाकर मुझे आवाज दी। मैं अनसुनी करके आगे बढ़ गई। वापिस लौटते में उसने फिर मुझे बुलाया। मैं उसके पास गई और उसे डाँटते हुए कहा, रात को कपड़े उतारकर नंगी होते हुए तुझे शर्म नहीं आई? एक स्त्री होकर तूने पुरुषों के सामने कपड़े उतार डाले? तुझ में रत्ती भर भी अक्ल है या नहीं? और ये गंदी गालियाँ तूने कहाँ से सीखीं? उसका जो उत्तर मिला उसमें थी उमा की जीवन-कथा!

उमा का जन्म फुटपाथ पर हुआ। पिता कौन था उसे पता नहीं। छोटी थी तभी माँ क्षयरोग में चल बसी थी। सड़कों पर भटकती-भटकाती वह बड़ी हो गई। भीख में जो मिल जाता खा लेती। फुटपाथ पर पड़े-पड़े लोगों की खूब गालियाँ कानों में पड़तीं, सो गालियाँ सीख लीं। कई रातों को भूखे ही सो जाना पड़ता था। इसी तरह धीरे-धीरे वह

उठान लेने लगी। आते-जाते लोग उसके शरीर के साथ अभद्रता भी कर लिया करते। खाने को कुछ मिलेगा, ऐसा लालच भी देने लगे। पेट का गड्ढा भरने के लिए वह चोरी करना भी सीख गई। पकड़ी जाती तो लोग उसकी धुनाई कर डालते। उसे पुरुषों के डर लगना बंद हो गया। भूख एवं दु:ख उसकी नारी-सुलभ लज्जा कभी से लूट चुके थे। भूख से अधिक अश्लील और कुछ नहीं। एक संस्कृत सुभाषित है—बुभुक्षु किं न करोति पापं—भूखा क्या अधर्म न कर डाले? उमा के अंदर भूख समा चुकी थी। वह खाने की लोभी हो चुकी थी। उस दिन उसका बटाटा-वड़ा छिन जाने से वह बिफर उठी थी। चोरी के आरोप में वह जेल में आई थी। जेल से छूटने की उसे कतई इच्छा नहीं थी, क्योंकि यहाँ रोज उसे दो वक्त का खाना मिल रहा था।

यह सब सुनकर मेरा गुस्सा काफूर हो गया। क्रोध की ज्वाला के स्थान पर करुणा की आर्द्रता पसर गई। उस दुखियारी को भला मैं क्या उपदेश दे सकती थी?

जेल के ये अनुभव मेरे मन पर इतनी गहरी छाप छोड़ गए कि फुटपाथ पर बसने वाले मैले-कुचैले, गंदे, चीथड़ाहाल लोगों को देखकर मुझे कोई घिन नहीं आती। इन्हें देखते ही मन करुणा से छलछला जाता है। सिग्नल पर भीख माँग रही हर छोटी बच्ची में मुझे उमा का चेहरा दिखाई देता है।

सरकार द्वारा चलाई जा रही महिला-विकास और बाल-विकास की योजनाएँ कितने लोगों को छू पाएँगी? फुटपाथ पर जन्म लेकर गुनाहों की दुनिया में जा धँसे फुटपाथ पर ही जीवन नाप लेनेवाले न जाने कितने लोग इस देश में हैं। कोई भी बालक जब जनमता है तो वह भोला, निष्पाप और निर्दोष होता है। फुटपाथ पर जनमा बालक भी फूल सा कोमल और निर्मल होता है। उपयुक्त लालन-पालन के अभाव में और परिस्थितियों के थपेड़ों से धकियाए जाने पर वह अपराध-जगत् में भटक जाता है और एक दिन परिपक्व अपराधी बन जाता है।

जेल से छूटने के बाद मैं तीन वर्ष तक जेल के बच्चों के लिए मिठाई और फल भिजवाती रही। मगर कब तक? एक चना कहाँ-कहाँ भाड़ फोड़ेगा?

आर्थर रोड जेल में कोफेपोसा के भी अनेक कैदी थे। उनमें से दो-तीन नाम मुझे याद पड़ते हैं यूसुफ पटेल, घमंडी राम गोवनी, नाहटा। एक दिन किसी काम के कारण जेलर के ऑफिस में मेरा जाना हुआ। वहाँ बारह-चौदह साल का एक लड़का अपने

पिता से मिलने के लिए जेलर की खुशामद कर रहा था। लड़के का गिड़गिड़ाना अभी चल ही रहा था कि जेलर को उठकर भीतर जाना पड़ा। मैंने लड़के से पूछा, तू अकेला ही आया है? कहाँ से आ रहा है? जवाब में लड़के ने बताया, मैं दिल्ली से आया हूँ। माँ घर में अकेली है। मेरे साथ नौकर भी आया है। माँ ने पिताजी के लिए घर का खाना भेजा है। मैं इतनी दूर से आया हूँ, मगर जेलर साहब हैं कि पिताजी से मिलने की इजाजत ही नहीं दे रहे। मेरा मन उमड़ आया। इस बेचारे बालक का क्या दोष? इसे तो शायद यह भी जानकारी न हो कि इसका पिता करता क्या है।

जेलर बाहर आये तो मुझसे रहा नहीं गया। मैंने जेलर से प्रार्थना की, साहब, बेचारा लड़का ठेठ दिल्ली से पिता को मिलने आया है। इसपर थोड़ी दया कीजिए। बाप-बेटे को मिलवा देंगे तो ईश्वर भी प्रसन्न होगा। जेलर के हृदय पर मेरे इन शब्दों का प्रभाव पड़ा। उनका भी दिल पसीज गया। उन्होंने लड़के के पिता को बाहर बुलवा भेजा। पिता को देखते ही लड़का बाप से लिपट गया। दोनों की आँखों से आँसू की धार बह चली। बेटे ने बाप को घर का खाना दिया। लगभग दो घंटे तक बाप-बेटा साथ रह पाए। आखिरकार मुलाकात पूरी हुई। नाहटा को अंदर ले जाया गया। लड़का मेरे पास आकर मेरे पाँवों पर गिर पड़ा। उसके आँसुओं में कृतज्ञता तैरती दिखाई पड़ रही थी। मैंने उसका नाम जानना चाहा। उसका नाम था ललित। आज भी ललित मुंबई आता है तो फोन करके मेरा हाल-चाल पूछता है। मैंने इस तरह के अनेक संबंध बनाए हैं, जो आज तक टिके हुए हैं।

जेल में जिस प्रकार मुझे मनुष्य के दुःख-दर्द से परिचय हुआ, उसी प्रकार मनुष्य में निवास करती मनुष्यता का भी दर्शन हुआ। जेल में ऐसे कैदी भी होते हैं, जिन्हें कुछ सजा भोगनी होती है और कुछ तयशुदा रकम जुरमाने के रूप में जमा करवानी होती है। जो कैदी यह रमाट नहीं भर पाते, उन्हें उसी अनुपात में अधिक सजा से गुजरना पड़ता है। ईद का त्योहार निकट आ रहा था। यूसुफ पटेल ने जेलर से कहा, जेलर साहब, एक अर्ज है। ईद से पहले जितने कैदी छूट सकते हों, उनकी एक लिस्ट बना लीजिए। जेलर साहब ने सूची तैयार कर ली। पचास के करीब ऐसे लोगे निकले, जो दंड की राशि जमा कर दें तो ईद आने के पहले आजाद हो जाएँ। यूसुफ पटेल ने इन सबका दंड भर दिया और सबको ईद के पहले छुड़वा दिया, ताकि वे अपने परिवार के साथ ईद मना सकें।

दूसरों के सुख और आनंद का ध्यान रखने वाला ही सच्चा इनसान है। ईद के दिन यूसुफ भाई ने सिवई की खीर और मिठाई मँगवाई। सब कैदियों को भरपेट खाना खिलाया। अपने सुख के लिए तो कोई भी पसीना बहा लेता है, मगर जब पसीना दूसरों को सुखी करने के लिए बहता है, वह मानवता की सुगंध से सुरभित होता है।

देखा जाए तो जेल के अधिकारी भी एक प्रकार से कैदियों के साथ सजा ही भोग रहे होते हैं। जेल के वातावरण में उनकी संवेदना लगभग मर जाती है, स्वभाव चिड़चिड़ा और कठोर बन जाता है। उनके पारिवारिक जीवन पर भी इसका प्रभाव पड़ता है। यदि मनुष्य की संवेदना ही भोथरी हो गई तो फिर प्रेम, करुणा, माया, ममता, त्याग और सेवा जैसे सद्गुण कैसे संभव हैं? जेल-प्रवास के दौरान एक बात अच्छी तरह मेरी समझ में आ गई कि मनुष्य का मूल स्वभाव बुराई का है ही नहीं, केवल परिस्थितिवश वह ऐसा हो जाता है।

आपातकाल के 14-15 महीने बीत गए। हम लोग तो जेल में आराम का जीवन व्यतीत कर रहे थे, मगर बाहर के लोग परेशान थे। एमरजेंसी के पक्षधर लोग कहते थे कि आपात काल लागू करने से अनुशासन बढ़ गया है, कालाबाजारी में कमी हुई है, नौकरीवाले समय पर ऑफिस पहुँचकर काम करने लगे हैं, रेलगाड़ियाँ और विमान समय पर चलने लगे हैं, जन-जीवन सुधर गया है। इंदिराभक्त तो यहाँ तक कहने लगे थे कि इंदिरा इज इंडिया। इंटेलिजेंस ब्यूरो की रिपोर्ट कहती थीं कि देश भर का वातावरण इंदिराजी के अनुकूल है। इन रिपोर्टों के अनुसार आज चुनाव हो जाएँ तो विजय इंदिराजी की ही होगी।

श्री जयप्रकाश नारायण का स्वास्थ्य निरंतर गिरता जा रहा था। मीसा में बंद राजनीतिक कैदियों को प्रतारणा का सामना करना पड़ रहा था। गुप्त रूप से कार्यरत लोगों की गतिविधियाँ जोर-शोर से जारी थीं। आम लोग भय और आतंक की छाया में जी रहे थे। लोकमानस अपने ढंग से तैयार हो रहा था। एमरजेंसी विरोध करने वालों की संख्या बहुत बड़ी थी। जेल के दिन कब समाप्त होंगे, कुछ समझ में नहीं आता था। घर और बालकों से बिछुड़े बहुत दिन हो गए थे। जेल में रहते हुए ही अटलजी के संवेदनशील स्वभाव से मेरा भी परिचय हुआ। यह घटना ऐसी थी कि श्री वेदप्रकाश गोयलजी की पत्नी चंद्रकांताबेन श्री अटलजी और श्री आडवाणीजी से मिलने के लिए बंगलूरु गई हुई थीं। अटलजी ने सबका क्षेम-कुशल पूछा। यह भी जानना चाहा कि

कौन-कौन जेल में है। चंद्रकांताबेन ने अटलजी को बताया, जयवंतीबेन तो पहले ही दिन से जेल में हैं। स्कूल में पढ़ने वाले उनके दो छोटे-छोटे बच्चे हैं। यह सुनकर अटलजी ने मेरी पुत्री माधवी के नाम खुद अपने हाथ से लिखकर एक पत्र चंद्रकांताबेन के साथ भेजा। इस पत्र में उन्होंने लिखा था, तुम दोनों भाई-बहन ठीक से पढ़ाई करना। तुम्हारी मम्मी जल्दी ही जेल से छूट जाएँगी। तुम्हारे पिता तुम्हें बहुत प्यार करते हैं···वगैरह। अटलजी जैसा वरिष्ठतम नेता सब छोटे-बड़ों का ध्यान रखता हो, यह मामूली बात नहीं थी। यह उनके संवेदनशील स्वभाव की गरिमा ही कहलाएगी। आज के युग में ऐसे लोकनेता दुर्लभ हैं। अटलजी के साथ हमारा पारिवारिक संबंध रहा है, यह मेरे लिए सौभाग्य की बात है।

जब देश परतंत्र था तो मातृभूमि के लिए पूज्य महात्मा गांधी से लेकर देश के अनेक सपूतों ने, स्वतंत्रता-संग्राम के अगणित सैनिकों ने जेल काटी थी, अंग्रेजों के अत्याचार सहे थे, किंतु स्वतंत्र देश की प्रजातांत्रिक सरकार द्वारा अपनी ही प्रजा पर लादी गई यह एमरजेंसी निश्चित रूपेण लज्जाजनक थी। सत्ता में बने रहने की खातिर लोकतंत्र को धत्ता बताकर सत्ताधारी पार्टी ने विरोधी दलों के नेताओं पर जो अत्याचार किए, उन्हें इतिहास ने रक्तरंजित अक्षरों में लिखा है। इस एमरजेंसी के जो दुष्परिणाम देश और प्रजा ने झेले उन्हें देखते हुए मुझे लगता है कि भविष्य में देश के ऊपर आपात काल लादने का साहस कोई नहीं कर पाएगा।

18 जनवरी, 1977 को श्रीमती इंदिरा गांधी ने लोकसभा के आम चुनाव की घोषणा की। 19 जनवरी से नेताओं को जेल से छोड़ने की प्रक्रिया आरंभ हो गई। 16 मार्च मतदान का दिन निर्धारित हुआ। संघ के स्वयंसेवकों को चुनाव हो जाने के बाद छोड़ा गया। 22 मार्च, 1977 को संवैधानिक रूप से आपातकाल समाप्त कर दिया गया। उसके बाद ही सबको छोड़ा गया।

19 जनवरी, 1977 को लगभग शाम के पाँच बजे आर्थर रोड जेल में मेरी मुक्ति का आदेश आया। मुझे छह बजे के बाद बताया गया कि तैयार रहना, आज आपको छोड़ दिया जाएगा। मुझे यह मालूम नहीं था कि जेल के अधिकारी फोन करके मेरे घर पर यह सूचना दे चुके हैं। मेरे पति, बच्चे, मित्र, कार्यकर्ता आदि सब छह बजे से जेल के बाहर खड़े मेरी बाट जोह रहे थे। जेल के नियम के अनुसार मुझे मुक्ति का आदेश प्राप्त करना था,

सरसंघचालक पू. श्री मोहनरावजी भागवत के साथ

राष्ट्र सेविका समिति के
कार्यक्रम में ध्वजवंदन

राष्ट्र सेविका समिति का
पथ-संचलन

भाजपा महिला सशक्तीकरण संकल्प के समय मंच पर

नारी शक्ति— बाएँ से— सुमन शृंगी, सुमित्रा महाजन, किरण महेश्वरी, मृदुला सिन्हा, कांता नालवडे

शिवाजी पार्क में रैली को संबोधित करते हुए

माया सिंह, सुमित्रा महाजन, मृदुला सिन्हा, सुषमा स्वराज, करुणा शुक्ला, जया बेन ठक्कर, कांता नालवडे

आजाद मैदान, मुंबई में महँगाई के विरोध में विशाल जुलूस

अटलजी को उनके जन्मदिवस पर
शुभकामनाएँ देते हुए

अटलजी के निवास-स्थान पर

दिल्ली के निवास-स्थान पर आदरणीय अतिथि भोजन के अवसर पर आमंत्रित श्री भैरों सिंह शेखावत, श्री अटल बिहारी वाजपेयी तथा श्री लालकृष्ण आडवाणी के साथ

वर्तमान भाजपा राष्ट्रीय अध्यक्ष, श्री नितिन गडकरी तथा श्री अटल बिहारी वाजपेयी

विद्युत् राज्यमंत्री के पद की शपथ लेते हुए
राष्ट्रपति श्री के.आर. नारायणन

केंद्रीय विद्युत् मंत्री
श्री रंगा कुमारमंगलम् के साथ

दिल्ली का निवास-स्थान, कर्मचारीगण—
सर्वश्री सीतारामन्, नारंग, सुशील,
शिवदयाल, सिक्का, जहीर आदि

सर्वश्री गोपीनाथ मुंडे, श्री लालकृष्ण आडवाणी
तथा श्री राम नाईक

श्रीमती सुषमा स्वराज के साथ पौत्र कृष्ण व
पुत्री माधवी भी दीख रही हैं

स्व. श्री प्रमोद महाजन के साथ

'कवि सम्मेलन' में दीप प्रज्वलन एवं उद्‍घाटन करते
हुए बाएँ से— सर्वश्री नितीश कुमार,
मुरली मनोहर जोशी, बंगारु दत्तात्रेय,
शंकर केजरीवाल, (अध्यक्ष, परोपकार) (पीछे)
कैलाश अग्रवाल, देशबंधु कागजी, विनोदी लाल पचेरीवाल

घाना के राष्ट्रपति श्री अयुकुम कफोयर,
श्री लालकृष्ण आडवाणी तथा
श्री अटल बिहारी वाजपेयी के साथ

अमरीका के पूर्व राष्ट्रपति
श्री बिल क्लिंटन के साथ,
(स्व.) श्री प्रमोद महाजन एवं
श्री छगन भुजबल भी दीख रहे हैं

स्टेनलेस स्टील मर्चेंट्स एसोसिएशन
के सर्वश्री के.डी. चीनीवाला,
राजारामजी अग्रवाल, केतनभाई,
रमेशभाई कोटडिया के साथ

यूनाइटेड स्टेट एनर्जी एसोसिएशन के अधिकारियों से भेंट करते हुए

ITAIPU—ब्राजील हाइड्रो पावर योजना के अधिकारियों से भेंट

श्री कमलेश लुल्ला, नासा, ह्यूस्टन, अमेरिका के ट्रेनिंग एवं विकास प्रमुख तथा पावर ग्रिड कॉरपोरेशन के अध्यक्ष एवं प्रबंध निदेशक श्री आर.पी. सिंह के साथ

भाखड़ा नांगल पावर स्टेशन का निरीक्षण करते हुए

नेशनल थर्मल पावर कॉरपोरेशन, ऊँचाहार का निरीक्षण करते हुए साथ में सी.एम.डी. श्री सी.पी. जैन

नर्मदा डैम :

गुजरात के ऊर्जा मंत्री श्री कौशिकभाई पटेल, श्री भूपेंद्रभाई चुडासमा तथा श्री पाणिग्रही के साथ

स्व. पति नवीनचंद्र मेहता का स्मरण-स्थल श्री नवीनचंद्र मेहता इंस्टीट्यूट ऑफ टेक्नोलॉजी ऐंड डेवलपमेंट कॉलेज

नवीनचंद्र मेहता इंस्टीट्यूट ऑफ टेक्नोलॉजी
ऐंड डेवलपमेंट उद्घाटन कार्यक्रम

उद्घाटन कार्यक्रम में श्री पटवर्धन
(डी.ई. सोसायटी के चेयरमैन) श्री बाला साहेब आपटे
(सांसद), श्री अनिल काकोडकर
(अणु आयोग के अध्यक्ष) तथा
श्री दिलीप वलसे पाटील (महाराष्ट्र के
तत्कालीन तकनीकी शिक्षा मंत्री)

विभिन्न स्थानों पर हस्ताक्षर करने थे, मेरे जमा हुए पैसे का हिसाब करना था। और जाने के पहले सब कैदियों से मिलना भी था। अनेक कैदियों के साथ आत्मीयता स्थापित हो गई थी। उनसे मिले बिना कैसे चलता? यह सब निबटाने में शाम के साढ़े सात बज गए।

जैसे ही मैंने जेल के मुख्यद्वार में बनी बारी से बाहर पाँव रखा, माधवी दौड़ती हुई आकर मुझसे लिपट गई। सुनील भी भागता हुआ आया। मैंने दोनों को आलिंगन में भर लिया। सबकी आँखों में हर्ष के आँसू थे। मेरे पति भी भावुक हो उठे थे। मित्र और कार्यकर्ता सभी आनंदमग्न थे। भारतमाता की जय के उद्घोष से वातावरण गूँज रहा था। हमारा एक कार्यकर्ता गाड़ी लेकर आया हुआ था। मैं पति और बच्चों के साथ गाड़ी में बैठी। बैठ जाने के बाद वह कार्यकर्ता बोला, आज आपको घर नहीं जाना है। आज की रात आप मेरे यहाँ रुकेंगी। सुबह हम आपकी विजय-यात्रा निकालेंगे। उसके बाद ही आपको आपके घर जाने को मिलेगा।

मैं घर जाने को कितनी भी उतावली क्यों न हो रही होऊँ, उस स्नेह भरे आग्रह से बच निकलना संभव नहीं था। हम सब ने उस कार्यकर्ता के घर पर ही भोजन किया। बच्चों को घर भिजवा दिया और नवीन वहीं रुक गए। दूसरे दिन सुबह नौ बजे सी.पी. टैंक से मेरी विजय-यात्रा निकली। इस विजय-यात्रा में लगभग पाँच सौ लोग शामिल हुए। प्रेम में सराबोर होकर लोगों ने मेरा स्वागत किया। मेरे ऊपर फूलों की वर्षा कर दी। भूलेश्वर स्थित कबूतरखाना के निकट जाकर विजय-यात्रा संपूर्ण हुई। मैं दोपहर को साढ़े बारह बजे घर पहुँची। पूजनीया सासूजी तथा अन्य बड़ों के चरण-स्पर्श किए। सब बच्चों ने चाची आ गई का घोष करके प्रसन्नता व्यक्त की। मेरी जेठानी और देवरानी की आँखें हर्ष के आँसुओं से भीगी हुई थीं। मेरी तो आँखें तभी से नम थीं जब मैं जेल से निकली थी। सभी का यह प्रेम देखकर मैं गद्गद हो रही थी।

एक परीक्षा को पार कर लेने का संतोष था। कठिन समय पीछे रह गया था। अनेकों लोग बहुत दिनों तक मिलने आते रहे। मैं उनसे जेल की चर्चा करती। वे बताते कि बाहर की दुनिया में क्या चल रहा था। जन-साधारण के मन में अत्यधिक रोष था। लोग तंग आ गए थे। सबकी दृष्टि चुनाव-परिणामों पर टिकी थी। आपातकाल नाम के अध्याय की इतिश्री हो चुकी थी।

□

जनता पार्टी का जन्म

माननीय जयप्रकाश नारायणजी के नेतृत्व में कांग्रेस को छोड़कर अन्य सभी राजनीतिक दल एकजुट हो गए थे। यह निर्णय लिया गया कि सभी दल साथ मिलकर चुनाव लड़ें। समाजवादी पार्टी, जनता दल और भारतीय जनसंघ के विलय के साथ 'जनता पार्टी' का जन्म हुआ। सब ने यह स्वीकार किया कि पार्टी की तुलना में देश अधिक महत्त्वपूर्ण है। लोकतंत्र की रक्षा करनी है।

16 मार्च को लोकसभा के चुनाव संपन्न हो गए।

21 मार्च, 1977 को चुनाव-परिणाम घोषित हुए। मैं 207, कालबादेवी में स्थित अपने कार्यालय से फोन पर सीधे दिल्ली के साथ सतत संपर्क में थी। कॉटन एक्सचेंज से प्रिंसेस स्ट्रीट तक लाउडस्पीकर लगा रखे थे। मैं इन लाउडस्पीकरों पर लोगों को चुनाव-परिणामों की ताजा जानकारी दे रही थी।

लोक-हृदय ने नया इतिहास रच दिया था, क्रांति की सृष्टि कर दी थी। श्रीमती इंदिरा गांधी पराजय का पर्याय बन चुकी थीं। सर्वश्री राजनारायण, मोरारजी देसाई, अटल बिहारी वाजपेयी, लालकृष्ण आडवाणी, जॉर्ज फर्नांडीस, मधु दंडवते तथा अन्य वरिष्ठ नेता प्रचंड बहुमत से विजयी हुए थे। जन-साधारण आनंद से रोमांचित था। लोकतांत्रिक मूल्यों की रक्षा-हेतु जन-अदालत ने अपना निर्णय सुना दिया था। कालबादेवी की सड़कें बीस-पच्चीस हज़ार की भीड़ से पट गई थीं। आकाश आतिशबाजी सज्जित और वायुमंडल गुलाल-रंजित था। कविवर बटुकजी की पंक्तियाँ सटीक सिद्ध हो रही थीं—

भूमि ने नव-छंद छेड़ा और नभ ने गुनगुनाया।
दी दिशाओं ने बधाई वायु ने मंगल सुनाया।।

देश में पहली बार गैर-कांग्रेसी सरकार अस्तित्व में आई। श्री मोरारजीभाई देसाई प्रधानमंत्री बने। प्रधानमंत्री के सिंहासन को गंगाजल से धोने के बाद श्री मोरारजीभाई उसपर आरूढ़ हुए। एमरजेंसी का कलंक जो धोना था। श्री अटल बिहारी वाजपेयी को विदेश मंत्रालय का कार्य-भार सौंपा गया। नई सरकार से जनता को बहुत अपेक्षाएँ थीं। सरकार पर जन-विश्वास को सार्थक बनाने ता दायित्व था।

मई, 1977 में नौ राज्यों की विधानसभाएँ भंग करके चुनावों की घोषणा की गई। इसके बाद 1978 में महाराष्ट्र में विधानसभा के चुनाव घोषित किए गए।

विधानसभा में मेरा प्रवेश

महाराष्ट्र के लिए भी निर्णय हुआ कि जनता पार्टी के झंडे तले चुनाव लड़ा जाएगा। चुनाव की तैयारी आरंभ हो गईं। उम्मीदवार तय करने के लिए बैठकें श्री राजाराम बापू पाटील के घर पर आयोजित होती थीं। इन बैठकों में श्री हेमवतीनंदन बहुगुणा, समाजवादी पार्टी के श्री एस.एम. जोशी और श्री मधु लिमयेजी और भारतीय जनसंघ के श्री वसंतरावजी भागवत जैसे वरिष्ठ नेता उपस्थित रहते थे।

जब 1972 के विधानसभा चुनाव हुए थे तो मलबार हिल चुनाव-क्षेत्र से भारतीय जनसंघ ने उम्मीदवार के रूप में मुझे नामित किया था, किंतु वह चुनाव मैं श्री एच.एन. त्रिवेदी से हार गई थी। इसलिए 1978 में मैंने मलबार हिल विधानसभा क्षेत्र से ही चुनाव लड़ने का आग्रह किया। श्री हेमवतीनंदन बहुगुणा का विचार था कि मलबार हिल की सीट श्री बी.ए. देसाई को दी जाए। श्री भागवतजी ने मुझे समझाने का यत्न करते हुए कहा, अब एकमात्र ऑपेरा हाऊस की सीट बचती है। आप यहाँ से चुनाव लड़ना चाहें तो आपको टिकट मिल सकता है। मैंने फोन करके अपने पति को वास्तविक स्थिति से अवगत करवाया। उन्होंने कहा, मैं दो घंटे में बताता हूँ। उन्होंने अपने साथ दो-तीन विश्वस्त मित्रों को लिया, टैक्सी पकड़ी और ऑपेरा हाऊस क्षेत्र का जायजा लिया। दो घंटे मशक्कत करने के बाद नवीन ने मुझे फोन किया, तुम्हें चिंता नहीं है। ऑपेरा हाऊस क्षेत्र से भी आराम से चुनाव लड़ सकती हो। भागवतजी को हाँ कह दो। इस भाँति मेरा नाम ऑपेरा हाऊस क्षेत्र से घोषित कर दिया गया।

ऑपेरा हाऊस क्षेत्र अर्थात् शिवसेना का गढ़। मराठी-भाषी लोगों की बहुसंख्या।

शिवसेना के वरिष्ठ नेता श्री प्रमोद नवलकर मेरे प्रतिस्पर्धी। मुकाबला कठिन था। एक नगरसेविका के रूप में मैं प्रतिष्ठा अर्जित कर चुकी थी। एमरजेंसी में 19 महीने की जेल काट चुकी थी। हिंदी, गुजराती और मराठी तीनों भाषाओं पर मेरा समान अधिकार था। वक्तृत्व कला मुझे वरदान में मिली हुई थी। अत: मुकाबला कठिन अवश्य था, असंभव नहीं था।

महाराष्ट्र विधानसभा के चुनावों के दौरान गिरगाँव में श्री अटल बिहारी वाजपेयी जी की एक जनसभा आयोजित की गई थी। दोपहर में तीन बजे का समय रखा गया था। पुलिस से मंच निर्मित करने की अनुमति नहीं मिली थी। इसलिए जगन्नाथ शंकर शेठ रोड पर हमारे कार्यालय के सामने गिरगाँव गायवाड़ी के एक भवन के गलियारे में हमने ऐसा बंदोबस्त किया कि वहाँ से अटलजी लोगों को संबोधित कर सकें। भरी दुपहरी की चिलचिलाती धूप में अटलजी को सुनने के लिए लगभग दस हजार लोग जमा हो गए थे। बैठने की भी व्यवस्था नहीं थी। धूप सिर पर उठाए पाँवों पर खड़े-खड़े मंत्रमुग्ध होकर लोगों ने अटलजी को सुना था। वह एक ऐतिहासिक सभा थी।

चुनाव संपन्न हुए। मत-गणना गिरगाँव के आर्यन स्कूल में रखी गई थी। परिणाम आए तो वे एकदम आश्चर्यजनक थे, नितांत कल्पनातीत! श्री प्रमोद नवलकर के मुकाबले में 45000 अधिक मत लेकर मैं विजयी हुई थी। शिवसेना के लिए यह पराजय लज्जाजनक और सपाटा भरी थी। शिवसैनिकों ने काफी हंगामा किया। बिल्डिंगों से फेंक-फेंककर खाली बोतलों की बारिश कर दी। ट्यूबलाइटें फेंकीं। हमारे 26 के करीब कार्यकर्ता घायल हो गए, किंतु शिवसैनिकों ने आधी रात तक ऊधम मचाए रखा। ठाकुरद्वार नाका पर स्थित सूर्यमहल और चंद्रमहल नामक बिल्डिंगों से बोतलें निरंतर बरसाई जा रही थीं। जगन्नाथ शंकर शेठ रोड काँच के टुकड़ों से पटा हुआ था। पूरी रात घायल हो गए कार्यकर्ताओं की मरहम-पट्टी में बीती। कुछ को अस्पताल में भी दाखिल करना पड़ा। मैं सुबह छह बजे घर पहुँची। मेरी यह विजय ऐतिहासिक थी। मराठी मतदाताओं को एक गुजराती उम्मीदवार पर भरोसा था। भारतीय जनसंघ, मुंबई की मैं पहली महिला विधायक थी। जनता पार्टी की पहली महिला विधायक होने का गौरव भी मुझे मिला। इस प्रकार महाराष्ट्र विधानसभा में मेरा प्रवेश हुआ।

सन् 1978 में महाराष्ट्र की विधानसभा रीगल सिनेमा के पास एक पुरानी बिल्डिंग में थी। आज वहाँ पुलिस मुख्यालय है। विधानसभा में मुझे श्री हशु आडवाणी, श्री राम नाईक, श्री राम कापसे सरीखे नेताओं के साथ काम करने का अवसर मिला। विविध मामलों में होने वाली चर्चाओं में मैं सक्रिय रूप से भाग लेती थी। एक प्रभावशाली वक्ता के रूप में अपनी छवि स्थापित करने में मुझे सफलता मिली। एक बार मैंने सरकार के चावल-घोटाले का पर्दाफाश किया था। गृह मंत्रालय की माँगों पर बोलते हुए कानून और व्यवस्था पर भी मेरा भाषण बहुत प्रभावशाली सिद्ध हुआ था। अपने क्षेत्र की पुरानी बिल्डिंगों के रख-रखाव पर हुई चर्चा में मेरा विशेष योगदान था। माननीय मुख्यमंत्री व अन्य मंत्री तथा अधिकारीगण भी मराठी में दिए मेरे भाषणों को ध्यानपूर्वक सुनते थे और बाद में उनका गुणगान भी करते थे।

201, जगन्नाथ शंकर शेठ रोड पर पहली मंजिल पर भारतीय जनसंघ का कार्यालय था। हर मंगलवार और शुक्रवार को शाम छह बजे से साढ़े नौ बजे तक मैं जन-संपर्क हेतु इस कार्यालय में बैठती थी। लोग अपनी अनेक समस्याएँ लिये मुझसे मिलने आते थे। बहुत से लोग अपने अटके हुए कामों के विषय में मुझसे बात करने के लिए आते थे। मैं सबकी बात शांति से सुनती थी। मेरे कार्यालय का द्वार लोगों के लिए हमेशा खुला रहता था। मुझसे मिलने के लिए लोगों को पहले फोन करके या अपॉइंटमेंट लेकर आने की जरूरत नहीं थी। जितना संभव हो, मैं सबकी उतनी सहायता अवश्य करती थी। मैं जन-प्रतिनिधि थी। इन्हीं लोगों ने मुझे चुना था, मुझमें विश्वास व्यक्त किया था। उनकी उपेक्षा कैसे की जा सकती थी? प्रजातंत्र में वास्तविक सत्ता प्रजा के हाथों में होती है, होनी चाहिए। जिसे चाहें लोग सिंहासन पर बैठा दें, चाहें तो धूल चटा दें, अर्श से फर्श पर पटक दें। राजनीतिक नेता का जनता से अटूट नाता बना रहना चाहिए। लोगों के प्रति उसका व्यवहार सहानुभूतिपूर्ण होना अपरिहार्य है।

उन दिनों पासपोर्ट बनवाने के लिए एम.एल.ए. द्वारा सत्यापित फोटो की जरूरत पड़ती थी। इस काम के लिए बहुत लोग आते थे। बहुत से लोग किसी-न-किसी प्रकार के लाइसेंस के लिए आते थे। उस दौर में बेकरी-एसोसिएशन को मैदा-सूजी का पर्याप्त कोटा उपलब्ध नहीं था, सो वे लोग भी मदद माँगने आते थे। म्युनिसपैलिटी के महसूल विभाग से जुड़े बहुत से काम रहते थे। सड़कें बनाने का काम तो चलता ही

रहता था। सरकार की ओर से होनेवाले हर उस काम में, जहाँ लोगों को जन-प्रतिनिधि की सहायता चाहिए, मैं उनकी मदद को तत्पर रहती थी। इन कामों को संपन्न करने में मुझे कार्यकर्ताओं का बहुत सहयोग मिलता था। संक्षेप में कहें तो कुछ काम ऐसे हैं, जिनमें हम जन-प्रतिनिधि जनता के लिए सहज ही बहुत उपयोगी हो सकते हैं। मुंबई जैसे नगरों में पुराने मकानों का रख-रखाव, पुलिस विभाग से जनता का संबंध, महिलाओं पर होनेवाले अत्याचारों के विरुद्ध विधानसभा में आवाज उठाना, लोगों की राशन-संबंधी दिक्कतें दूर करना, आवश्यक अनाज की आपूर्ति, केरोसीन की आपूर्ति आदि कुछ ऐसे ही काम हैं, जो जन-जीवन को सीधे स्पर्श करते हैं। इसके लिए समय का अधिक योगदान देना आवश्यक रहता था।

भारतीय जनता पार्टी का जन्म

1978 में जब जनता पार्टी का गठन हुआ था, तब श्री जयप्रकाश नारायण और श्री मोरारजीभाई देसाई सहित सभी नेता इस बात को अच्छी तरह जानते थे कि भारतीय जनसंघ और राष्ट्रीय स्वयंसेवक संघ का नाता बहुत पुराना और अटूट है। जनसंघ के लिए राष्ट्रीय स्वयंसेवक संघ अभिभावक संस्था है। तथापि 1980 में समाजवादियों की ओर से 'दोहरी सदस्यता' का मुद्दा उठा दिया गया। उनका कहना था कि 'जनता पार्टी में रहना है तो 'संघ' के साथ संबंध-विच्छेद करना होगा।' उस समय हमारे नेता आदरणीय श्री अटल बिहारी वाजपेयीजी ने स्पष्ट कह दिया कि 'संघ' हमारी माँ है और पिता भी। हम उससे पल्ला नहीं झाड़ेंगे। परिणामस्वरूप हम लोग जनता पार्टी से अलग हो गए और वाजपेयीजी के नेतृत्व में एक नए दल के गठन का निर्णय लिया।

6 अप्रैल, 1980 को जब नए दल की संरचना का निर्णय हुआ तो हम लोगों के सामने तीन महत्त्वपूर्ण प्रश्न थे—1. पार्टी का नाम क्या रखा जाए? 2. ध्वज कैसा हो? और, 3. चुनाव-चिह्न क्या निर्धारित किया जाए? इन प्रश्नों का युक्तियुक्त उत्तर खोज निकालने के लिए तीन व्यक्तियों की समिति बनाई गई—सर्वश्री नानाजी देशमुख, विजयकुमार मल्होत्रा, और यज्ञदत्त शर्मा। इस समिति को मात्र 24 घंटे में अपना निर्णय सौंप देना था।

समिति की संस्तुति पर सर्वसम्मति से नए दल का नाम 'भारतीय जनता पार्टी' रख दिया गया। पार्टी के झंडे का डिजाइन और रंग भी निर्धारित कर लिये गए एवं चुनाव-चिह्न के रूप में 'कमल' पर सहमति हो गई। भारतीय संस्कृति में कमल का फूल संदेशवाहक का प्रतीक माना गया है। इसकी विशेषता है कि यह जल में उत्पन्न होता है,

किंतु जल इसका स्पर्श नहीं कर पाता। इसमें यह व्यंजनागत अर्थ निहित है कि राजनीति में रहकर भी 'राजनीति' की ओर से निर्लिप्त रहा जाए। सभी भारतीय धर्मों में कमल का विशेष महत्त्व रहा है। राजनीति 'धर्म' का आधार न छोड़े यह आवश्यक है। गीता और कुरान जैसे धर्म-ग्रंथों में भी कमल के महत्त्व का विशद वर्णन है। लक्ष्मी, सरस्वती, गायत्री, विष्णु, शिव आदि देवी-देवताओं ने भी कमल को अंगीकार किया है। भारतीय संस्कृति के आधार-स्तंभ सम चारों पुरुषार्थों धर्म, अर्थ, काम और मोक्ष का संबंध भी कमल से है। इस प्रकार कमल चिह्न-रूप में पूर्णतः सार्थक सिद्ध होता है।

मेरी एक नई राजनीतिक यात्रा आरंभ हो गई। 1980 से ही मैं भारतीय जनता पार्टी की राष्ट्रीय कार्यकारिणी की सदस्य एवं पदाधिकारी चली आ रही थी। मैं पार्टी के हर उत्तरदायित्व को पूर्ण निष्ठा से निर्वाह करने की अभ्यस्त थी। अतः अब मुझे अखिल भारतीय मंत्री के पद पर प्रतिष्ठित कर दिया गया।

भारतीय जनता पार्टी का पहला राष्ट्रीय अधिवेशन 1980 में मुंबई में बांद्रा रिक्लेमेशन के समता नगर में संपन्न हुआ। ऐसा अनुमान था कि भारत भर से लगभग 56000 प्रतिनिधि आ जाएँगे, किंतु लगभग डेढ़ लाख प्रतिनिधियों ने अधिवेशन में भाग लिया। सब अत्यंत उत्साहित थे। यद्यपि आगंतुकों की संख्या कल्पना से कहीं अधिक हो गई थी, तथापि सबके ठहरने और खाने की उपयुक्त व्यवस्था कर दी गई थी। किसी की ओर से एक भी शिकायत नहीं मिली। इस ऐतिहासिक अधिवेशन और इसके लिए की गई उत्तम व्यवस्थाओं को लोग आज तक याद करते हैं।

बांद्रा से शिवाजी पार्क तक एक अति विशाल रैली का आयोजन किया गया। भारतीय जनता पार्टी की यह रैली सबके आकर्षण का केंद्र बन गई। रैली में शामिल होनेवाले भिन्न-भिन्न राज्यों के लोगों ने अपने-अपने राज्य का प्रतिनिधित्व करती विशेष पोशाक पहनी और अपने राज्य की सांस्कृतिक विशिष्टता का प्रदर्शन किया। इस रैली में समग्र भारत का प्रतिनिधित्व था। रैली को अभूतपूर्व सफलता मिली। भारतीय जनता पार्टी की शक्ति का निदर्शन भी इस रैली से हुआ तथा उसे एक महत्त्वपूर्ण दल के रूप में प्रतिष्ठा मिली।

प्रतिनिधियों द्वारा किए गए उद्घोष से मुंबई का आकाश प्रतिध्वनित होने लगा और धरती धमधमा उठी। 'भारत माता की जय', 'देश का नेता कैसा हो—अटल

बिहारी जैसा हो', 'कश्मीर हो या गौहाटी—अपना देश अपनी माटी', 'हर जोर-जुल्म की टक्कर में संघर्ष हमारा साथी है' जैसे नारे हृदय की गहराइयों में से निकलकर आए थे। नाभि के केंद्र से उठे इस गहन नाद में देशभक्ति तरंगायित थी। लोगों ने इस जयघोष को हाथोहाथ लिया, क्योंकि इसमें उनके अपने स्वर की गर्जना उत्तुंग शिखरों का स्पर्श कर रही थी।

यह रैली शिवाजी पार्क पहुँचकर सार्वजनिक सभा में परिवर्तित हो गई। भीड़ इतनी कि चींटी तक उसे पार करके अपना मार्ग न खोज पाए! 'सिंहासन खाली करो कि जनता आई है' के नारे से सत्तारूढ़ दल का आसन एक बार फिर डोल गया। वातावरण से वीर-रस छलक रहा था। लोग अब कैसी भी जोर-जबरदस्ती सहने को तैयार नहीं थे। एक भी कदम पीछे हटाने को राजी नहीं थे—

आगे कदम! आगे कदम! आगे कदम!
ओ रे पथिक बलिदान के आगे कदम!
पीछे हटा तो राह पाएगा कहाँ?
पीठ पर पड़ता थपेड़ा ले चला!
गुलाबी तान में गाते हुए आगे कदम!
आगे कदम! आगे कदम! आगे कदम!

(—श्री झवेरचंद मेघाणी)

सच है कि जनता-जनार्दन का स्वर ईश्वर की वाणी है।

मंच पर माननीय जस्टिस श्री अब्दुल करीम चागलाजी भी बैठे थे। उनका भाषण बहुत भावभीना था। तब उन्होंने एक भविष्यवाणी की थी—''मैं आज श्री अटल बिहारी वाजपेयी में देश का भावी प्रधानमंत्री देख रहा हूँ।'' श्री चागला की यह भविष्यवाणी सत्य सिद्ध हुई। प्रखर वक्ता, संवेदनशील कवि एवं संसदविद् अटलजी देश के प्रधानमंत्री बने। 'प्रधानमंत्री पद की अगली बारी—अटल बिहारी अटल बिहारी' का यह घोष समूचे देश में प्रतिध्वनित हो रहा था, जो अंततः मूर्तिमान हुआ। इस अधिवेशन को प्रसार-प्रचार के माध्यमों में भरपूर स्थान मिला।

इसी अधिवेशन में मैंने एक विशाल महिला सम्मेलन का भी आयोजन किया। इस

सम्मेलन में राजमाता विजया राजे सिंधिया, महारानी गायत्री देवी, श्रीमती दुर्गाताई भागवत, सुमतिताई सुकलीकर और सौ. मालती नरवणे जैसी विदुषियाँ शामिल हुई थीं। सम्मेलन में 10000 से अधिक महिलाओं की उपस्थिति देखी गई। उस समय मैं विधायक थी, अतएव सम्मेलन का अधिकांश उत्तरदायित्व मेरे कंधों पर था। भारत भर से उमड़कर आई नारी-शक्ति का प्रदर्शन देखकर सब लोग अभिभूत हो गए थे। अत्यंत प्रेरक वक्तव्य सुनने को मिले थे। इस सम्मेलन में आदिवासी महिलाओं की उपस्थिति उल्लेखनीय थी। उस समय जन-मेदिनी में किसी भी रूप में पराधीनता को अस्वीकार करने वाली लोकशक्ति के विराट् स्वरूप का दर्शन हुआ था। कभी स्वतंत्रता की इसी एषणा को महाकवि जयशंकर प्रसाद ने हिमालय के शिखर से पुकारते हुए सुना था—

हिमाद्रि तुंग श्रृंग से प्रबुद्ध शुद्ध भारती!
स्वयंप्रभा समुज्ज्वला स्वतंत्रता पुकारती।
अमर्त्य वीर-पुत्र हो, बढ़े चलो बढ़े चलो···

एक बार पुनः मेघाणीजी याद आते हैं, जिन्होंने इन अनंत कदमों की आहट को दिगंत में गूँजते डमरू-नाद की भाँति सुना था, पाँवों से उड़ती धूल को आँधी बनते देखा था और ठट्ठ-के-ठट्ठ उच्चग्रीव उन्नत भाल नर-नारियों को दूर देश-गाँव से दल बाँधे बढ़ते देखा था। सब के मन में बस एक भाव की घटाएँ उमड़ घुमड़ रही थीं—

हम क्या जानें आगे पथ में धूप खिली है या फुहार है,
आगे-आगे खींच रही है, भारत माता की गुहार है।

सन् 1978 में मैं विधानसभा सदस्य बनी। दो ही वर्ष की अवधि में विधानसभा भंग कर दी गई और 1980 में पुनः चुनाव हुए। भारतीय जनता पार्टी की उम्मीदवार के रूप में फिर एक बार मैंने ऑपेरा हाउस विधानसभा क्षेत्र से चुनाव लड़ा और इस बार कांग्रेस के प्रतिद्वंद्वी श्री शांताराम ब्रीद को पराजित करके प्रचंड बहुमत से जीतकर आ गई।

जनसेवक अथवा समाजसेवक को जब अधिकार प्राप्त होते हैं, तो जनसेवा और समाजसेवा का कार्य पर्याप्त सरल हो जाता है। विधानसभा में जाने का अर्थ है लोगों

की समस्याओं को वहाँ मुखरित करने का अवसर। विधायकों के लिए विभिन्न मंत्रियों से मिल पाना सहज हो जाता है। अपने अधिकारों का उपयोग मैंने सदैव जनसेवा के लिए किया है। सत्ता में होना मुझे स्वीकार हुआ था तो सत्ता-भोग के लिए नहीं अपितु लोकोपयोगी कार्यकलाप के लिए। सत्ता-स्थित होकर भी मैं लोक-प्रतिनिधि बनी लोगों के बीच बनी रही। अधिकार में होने की तुनक-मिजाजी या सनक मैंने कभी नहीं पाली। इसी का परिणाम था कि मुझे अपार लोकप्रियता प्राप्त हुई। मैं राजनीतिक क्रिया-कलाप की एक के बाद दूसरी सीढ़ियाँ पार करती चली जा रही थी, किंतु मेरी दृष्टि धरातल से कभी नहीं हटी।

जब मैं विधायक थी तो विधानसभा का शीतकालीन सत्र नागपुर में था। विभिन्न कारणों से मैं इस सत्र में उपस्थित नहीं रह पाई। उस दौरान एक घटना घटी। मुंबई महानगरपालिका ने समाचार-पत्रों में विज्ञापन दिया कि हैंगिंग गार्डन के रिजर्वोयर में मरम्मत चलने के कारण गिरगाँववासियों को तीन दिन तक पानी नहीं मिलेगा। तीन दिनों तक लोगों ने टैंकर आदि से पानी मँगवाकर जैसे-तैसे काम चला लिया। चौथे दिन सब पानी का इंतजार करने लगे। सुबह के छह बज चुके थे, मगर पानी का कहीं अता-पता नहीं था। इतनी देर में तो मेरे घर के फोन की घंटियाँ घनघनाने लगीं। मैंने सब महिलाओं से ठाकुरद्वार नाका पहुँचने को कहा और स्वयं भी वहाँ जा डटी। गिरगाँव की जितनी 'चॉल' थीं, वहाँ से लगभग 500 महिलाएँ अपने पानी के बरतन लिये हुए नीचे उतर आईं। हमने निश्चय किया कि हम रास्ता-रोको आंदोलन करेंगी। चौथे दिन भी पानी नहीं आएगा, इसकी सूचना समाचार-पत्र या टी.वी. के माध्यम से देने की कोई जरूरत महापालिका के अधिकारियों ने नहीं समझी। मैंने उन्हें सबक सिखाने का फैसला किया। नेताजी सुभाषचंद्र रोड पर कैवल्यधाम के निकट हमने रास्ता-रोको आंदोलन आरंभ किया। ठाकुरद्वार नाका से चर्नी रोड का पुल पार करके सब महिलाएँ नेताजी सुभाष रोड पर एकत्र हो गईं। सुबह के साढ़े नौ का समय था। उपनगरों से आने वाली सभी कारें कैवल्यधाम पर आकर रुक गईं। ठेठ बाबुलनाथ तक ट्रैफिक जाम हो गया। मेरे नेतृत्व में महिलाओं की नारेबाजी जारी रही।

अनेक लोगों ने नागपुर में मुख्यमंत्री को फोन किया। मुंबई के रास्ता-रोको का कारण नागपुर में बैठे मुख्यमंत्री को भला कैसे ज्ञात होता? पुलिस आई और हमें सड़क

से हट जाने को कहा। मैंने कहा, पानी दे दो, हम हट जाएँगी। लोग तीन-तीन दिनों से पानी के बिना छटपटा रहे हैं। चौथे दिन भी पानी नहीं मिलेगा, इसकी सूचना तक लोगों को नहीं दी गई। म्युनिसिपैलिटी के अधिकारी यहाँ आएँ और जनता से क्षमा-याचना करें। लोगों की सहनशक्ति की भी कोई सीमा होती है या नहीं?

पुलिस के अधिकारियों ने मेरी यह बात म्युनिसिपैलिटी के अधिकारियों तक पहुँचाई और स्थिति को गंभीरता से सूचित किया। अधिकारियों की नींद खुली, उन्होंने आकर सबसे माफी माँगी। और तुरंत पानी छोड़ने का आश्वासन भी दिया। मैंने उनसे कहा, जैसे ही पानी मिलने लगेगा, हम लोग हट जाएँगी।

दोपहर के साढ़े बारह बजे के बाद पानी आया। हम लोग अपने-अपने घर चली गईं। पानी की आपूर्ति तीन घंटे तक जारी रही। ट्रैफिक शुरू होते-होते एक बज गया। पूरी मुंबई में मेरे रास्ता-रोको आंदोलन का समाचार आग की तरह फैल गया। दूसरे दिन अखबारों की सुर्खियों में छपा था, जयवंतीबेन एक पानीदार महिला है। गिरगाँव के निवासी भी मेरे प्रति आभारी थे। नागपुर में चल रहे विधानसभा सत्र में जब इस विषय में प्रश्न उठाया गया तो किसी मंत्री के पास इसका उत्तर नहीं था। किसी को इसके संबंध में कुछ पता ही नहीं था। उनके मन में सवाल उठा कि सब तो यहाँ नागपुर में हैं, तब भला इस आंदोलन का नेतृत्व किसने किया होगा? पूछताछ की तो पता चला कि जयवंतीबेन मुंबई में हैं और उनके नेतृत्व में यह आंदोलन हुआ था। तब से लोगों ने मुझे 'पानीवाली बाई' की उपाधि भी दे डाली।

एयरकंडीशंड कार्यालयों में बैठे अधिकारी जब-जब जन-साधारण के कष्टों की उपेक्षा करते हैं तब-तब जनता की सहिष्णुता सीमा लाँघ जाती है और तब जो चिंगारी उड़ती है, उसमें सब भस्मीभूत हो जाता है।

क्षुधित रहे पाषाण के पेट लगी जो आग।
चिनगी भर हुंकार से कोई न पाया भाग।।

सन् 1984 का वर्ष काफी महत्त्वपूर्ण रहा। पंजाब में आतंकवाद बढ़ता चला जा रहा था। इसे रोकने को सरकार पर दबाव बढ़ाने के लिए मई, 1984 में भारतीय जनता पार्टी ने एक बड़ा आंदोलन छेड़ दिया। मैं सरदार तारासिंहजी के साथ दिल्ली गई हुई

थी। ग्रीष्मकालीन सूर्य दहक रहा था। दिल्ली का तापमान 44 डिग्री था। हमारा आंदोलन सफल रहा।

जून महीने में सरकार ने ऑपरेशन ब्लू स्टार नाम की कार्यवाही शुरू कर दी। अमृतसर के स्वर्ण मंदिर से सैकड़ों स्त्रियों-बच्चों को बंधन-मुक्त करवाया गया। पंजाब में पूर्णत: अराजकता का साम्राज्य था।

1984 में ही लोकसभा के चुनावों की भी घोषणा हुई। पति के गिरते स्वास्थ्य और पुत्र की शिक्षा के कारण मेरी तनिक भी इच्छा नहीं थी कि मैं चुनाव लड़ूँ। मेरे लिए संभव न था कि घर-परिवार को मुंबई में छोड़ स्वयं दिल्ली में रहूँ। फिर भी पार्टी के अत्यधिक आग्रह के कारण मुझे चुनाव में उतरना पड़ा। मेरे पति की भी यही इच्छा थी कि मैं सांसद बनूँ। हार-जीत की मुझे चिंता नहीं थी, सत्ता का मोह भी नहीं था, किंतु पार्टी के प्रति मैं पूर्णरूपेण समर्पित थी। पार्टी का आदेश सिर-माथे रख चुनाव के मैदान में आई और हारी। 31 मई, 1984 को श्रीमती इंदिरा गांधी की हत्या हो गई और सहानुभूति की लहर राजीव गांधी की दिशा में बह गई। सहानुभूति की इस बौछार में हमारी पार्टी पूरी तरह धुल गई। हमारी पार्टी को मात्र दो सीटें मिलीं। गुजरात के उम्मीदवार डॉ. ए.के. पटेल तथा आंध्र प्रदेश के श्री जंगा रेड्डीजी के अतिरिक्त अन्य सभी उम्मीदवार हार गए। श्री राजीव गांधी ने भी एक बार संसद में भा.ज.पा. का मजाक उड़ाते हुए कहा था, एक या दो, बस!

राजनीति में जनता के झुकाव का प्रवाह कब और क्यों किस ओर बह जाएगा, इसका अनुमान करने में बड़े-बड़े दिग्गज गच्चा खा जाते हैं।

राजीवजी के प्रधानमंत्री-काल में बोफर्स-कांड बहुत गरजा। शाहबानो केस में नया मोड़ आया और संविधान में संशोधन करना पड़ा। काँग्रेस की पुरानी नीति अल्पसंख्यकों के तुष्टी करण की है। श्री राजीव गांधी थे कि उन्होंने अयोध्या के श्रीराम मंदिर के द्वार पर झूल रहे ताले को खुलवा दिया, ताकि दर्शनार्थी लाभान्वित हों।

कांग्रेस फिर सत्ता में थी और राजनीति करवट ले रही थी।

१९८९ लोकसभा में प्रवेश

1985 में अपने पति के देहावसान के बाद मैं मानसिक रूप से पूरी तरह टूट चुकी थी, विक्षुब्ध-प्राय: थी, विवश और दीन-हीन भी। मेरी हर आशा-आकांक्षा-अभिलाषा विदा हो चुकी थी। मेरे संपूर्ण अस्तित्व में एक विराट् शून्य पसर चुका था, मन पर निर्वेद का नियंत्रण था, अनुराग का लोप हो गया था। मेरे मन में यह धारणा लगभग स्थायी हो गई थी कि बस यहाँ के आगे अब मेरी किसी भी प्रकार की राजनीतिक गतिविधि का पूर्ण-विराम है। चुनावों में उतरने की बात तो दूर रही।

ऐसे में एक दिन रात के ग्यारह बजे के पश्चात् सर्वश्री प्रमोद महाजनजी, हशु आडवाणीजी, राम नाईकजी, मधुकर देसाईजी तथा अन्य छह-सात नेता घर पर आए और बोले, जयवंतीबेन, आपको उत्तर-पूर्व मुंबई की लोकसभा सीट का चुनाव लड़ना है। बोरीवली से श्री राम नाईक खड़े होंगे, दक्षिण मुंबई से श्री प्रेम शर्मा लड़ेंगे और उत्तर-पूर्व मुंबई से आप चुनाव में उतर रही हैं।

मेरी लेशमात्र मानसिक तैयारी नहीं थी। मैंने उत्तर दिया, कृपया मेरी स्थिति को देखते हुए मुझे क्षमा कीजिए। मेरी कोई मानसिक तैयारी नहीं है। इधर हाल ही में सुनील का विवाह किया है। वर्ली में भी हम लोग नए-नए रहने आए हैं। दूसरे भी बहुत से पारिवारिक कारण हैं। मैं माफी चाहूँगी। मेरा मन भी चुनाव लड़ने का नहीं है। उत्तर-पूर्व मुंबई साढ़े बाईस लाख मतदाताओं का बहुत व्यापक चुनाव-क्षेत्र है। मुलुंड, घाटकोपर, भांडुप, विक्रोली, ट्रॉम्बे, कुर्ला तक फैला क्षेत्र है। वहाँ मुझे जानते ही कितने लोग हैं? मेरी कर्मभूमि तो दक्षिण मुंबई ही रही है।

मेरे स्पष्ट नकार को सुनकर श्री प्रमोद महाजन ने मेरे मर्म को स्पर्श करने वाली बात कही, ताई, पार्टी की इज्जत आपके हाथ में है। उत्तर-पूर्व मुंबई से चुनाव लड़ने के

लिए हमारे पास और कोई उपयुक्त उम्मीदवार नहीं है। आपने आज तक पार्टी के लिए न जाने कितना बलिदान किया है। पार्टी को आपके ही ऊपर भरोसा है। आपको पार्टी की खातिर यह चुनाव लड़ना है। इसके बाद निर्णय होने में देर न लगी। पार्टी की इज्जत की बात के सामने मेरी दृढ़ता नरम पड़ गई और मैं चुनाव लड़ने को तैयार हो गई। मैंने प्रमोदजी से कहा, अगर जीत गई तो आप खुश, हार गई तो मैं खुश। मैंने कभी व्यक्तिगत स्वार्थ को ध्यान में रखकर चुनाव नहीं लड़ा था, सदा पार्टी का ही हित देखा था। अपने निजी दु:ख को परे रखकर मैं चुनाव में कूद पड़ी। मेरा स्वभाव है कि एक बार जिम्मेदारी स्वीकार कर लेने के बाद मैं स्वयं को पूरी तरह उस काम में डुबो देती हूँ।

मैंने प्रचार-कार्य का श्रीगणेश कर दिया। रोज वर्ली से उत्तर-पूर्व मुंबई में अपरिचितों के बीच जाना पड़ता था। ट्रैफिक के बीच अटक जाने से बहुत समय बरबाद होता था, इसलिए मैंने फैसला किया कि अपने पति के घनिष्ठ मित्र सूर्यकांतभाई के यहाँ घाटकोपर में ही रहूँगी। इस दौरान सूर्यकांतभाई के पूरे परिवार ने मेरा बहुत ध्यान रखा। सूर्यकांत भाई का पूरा परिवार श्री रमेशभाई, हसमुखभाई, भद्राभाभी, जयश्रीभाभी, नीरुभाभी, स्नेहा सभी मेरी सेवा में तैनात थे। ठीक सुबह सात बजे मेरे कमरे में चाय-नाश्ता पहुँच जाता था। रात के दो-तीन बजे तक सबका रात्रि-जागरण हो जाता था। मुझे मिलने आने वाले मेहमानों को भी आतिथ्य-सत्कार की कमी नहीं होती थी। मेरे मैले कपड़े धुले-धुलाए, इस्त्री किए हुए रात को नित्य मेरे कमरे में रखे मिल जाते थे। ऐसे मित्र भाग्यशालियों को ही मिलते हैं। मेरे पति का पुष्कल पुण्यार्जन था, जो आज तक टिका हुआ है। आज जब सब संबंध स्वार्थ-केंद्रित हो चुके हैं, ऐसी निस्स्वार्थ मैत्री सर्वथा दुर्लभ है। मेरे पति के मित्र-वर्तुल में ऐसे अनेक मित्र थे, जो कैसी भी कठिन घड़ी में सहायता हेतु पाँवों पर खड़े हाजिर दिखाई दें। मैत्री एक ऐसे संबंध का नाम है, जिसमें मनुष्य बिना माँगे सब दे देता है और बिना कहे सब सुन लेता है। मेरे पति के ऐसे इन मित्रों से मुझे मैत्री के वरदान का मूल्य ठीक से जानने को मिला।

मैंने जब-जब चुनाव लड़ा, मेरे घर के प्रत्येक सदस्य से मुझे भरपूर सहयोग मिला। मेरी पुत्री सौ. माधवी ससुराल से रोज के चुनाव-प्रचार लिए आ जाती थी। तीन महीने तक सभी पदयात्राओं में वह मेरे साथ-साथ होती थी। कई बार तो उसका परिश्रम मेरे उद्यम से कहीं अधिक हो जाता था। प्रचार के दौरान अकसर मैं गाड़ी में

होती और माधवी पैदल चल रही होती। तब माधवी की कोई दिलचस्पी राजनीति में नहीं होती थी। उसके हृदय की तीव्र अभिलाषा केवल एक रहती थी, उसकी मम्मी की विजय। सुनील अपने ऑफिस से छुट्टी ले लेता था और मेरा ढेरों काम निबटा डालता था। निधि जुटाने में मुझे उसकी बहुत सहायता मिलती थी। मित्र, स्नेही-शुभैषी और स्वजन अपनी-अपनी सुविधानुसार मेरे प्रचार-कार्य में जुट जाते थे। चुनाव-प्रचार की रैली निकलती तो घर के बच्चे तक उसमें शामिल हो जाते थे। मुझे प्राप्त होने वाली हर विजय में इन सबका उल्लेखनीय योगदान रहता था।

1989 में नौवीं लोकसभा के लिए होनेवाले चुनाव में मेरी विजय हुई। कांग्रेस के उम्मीदवार श्री गुरुदास कामत को पराजित करके मैंने यह जीत हासिल की। मेरा प्रारब्ध मुझे प्रजातंत्र के मंदिर संसद्-भवन के भीतर ले गया। विजय के उस क्षण में मुझे मेरे लिए स्वप्न देखने वाले मेरे पति का न होना अंदर-ही-अंदर सालता रहा। मुझे सांसद के रूप में देखने का स्वप्न उनका था। स्वप्न साकार हुआ तो द्रष्टा जीवित न था। मेरा विजयोल्लास अश्रुओं में प्रवाहित हो गया। प्रेम जितना सघन, विरह-वेदना उतनी गहन। गुजराती के गजलकार मरीज ने यह भाव कुछ इस तरह प्रकट किया है—

यह गलबाँह मुहब्बत के सिवा होगी कहाँ,
प्रेम के पंख खुले, टीस की पसरी बाँहें।

हम पति-पत्नी एक-दूसरे में इतना ओतप्रोत हो चुके थे कि उनका अभाव मुझे निरंतर कष्ट पहुँचाता रहता और जीवन में यदि कभी कोई विशिष्ट मोड़ आ जाए, तो यह अभाव अति दु:सह्य हो जाता। मुझे सांसद बना देखने के लिए वे नहीं हैं, इस विचार से मेरा अबाध अश्रु-प्रवाह बहुत देर तक चला। किंतु अंतत: 'बलीयसी केवलं ईश्वरेच्छा'।

1989 में श्री राम नाईकजी और मैं पहली बार सांसद बने थे, इसलिए श्री आदर्श रामलीला समिति की ओर से हम दोनों को एक-एक पद्मिनी प्रीमियर गाड़ी भेंट में दी गई। जीवन में पहली बार वाहन-सुख मिला। नए फ्लैट में भी आने को मिला तो पति की मृत्यु के बाद। मेरे राजनीतिक जीवन की नींव मेरे पति ने रखी, उसे रूपाकार देने का काम भी उन्होंने ही किया, किंतु इस सब के सुफल के आस्वादन की घड़ी में वह

जीवित नहीं हैं, यह बात मेरे हृदय को बुरी तरह कचोटती रहती है। बहुत बार सोचती हूँ कि यदि उन्होंने मुझे राजनीति में अपना भविष्य बनाने कि लिए प्रोत्साहित न किया होता तो आज मैं कहाँ होती? क्या कर रही होती? या फिर ईश्वर सबके जीवन की पटकथा पहले से ही लिखकर तैयार रखता है? विधाता के रचे विधान के अनुरूप सबका जीवन आकार लेता रहता है? कौन जाने!

1989 का यह चुनाव हम लोगों ने जनता दल के साथ मिलकर लड़ा था। 1984 में हमें केवल दो सीट मिली थीं, जबकि इस चुनाव में हमने 86 स्थान प्राप्त किए। कांग्रेस को 190 सीट मिली थीं। श्री वी.पी. सिंह देश के प्रधानमंत्री बने थे।

1989 में जब मैं सांसद बन गई तो लोकसभाध्यक्ष श्री रवि रे के नेतृत्व में गठित लोकसभा के एक शिष्टमंडल में मेरा भी समावेश किया गया। इस शिष्टमंडल के साथ मैंने पोलैंड, हंगेरी और बुडापेस्ट की यात्रा की। शिष्टमंडल में मैं एकमात्र महिला सांसद थी। इन तीनों देशों में हमारी खूब आवभगत की गई थी। प्रत्येक सदस्य के रहने के लिए अलग कमरे और आने-जाने के लिए अलग गाड़ी की व्यवस्था थी। साथ में एस्कोर्ट तो था ही। वहाँ प्राकृतिक सौंदर्य अद्भुत था। किंतु वहाँ हमें खान-पान की बहुत असुविधा थी, विशेषत: मेरे जैसी शाकाहारी को। उबली सब्जियों पर नमक-मिर्च छिड़ककर काम चलाना पड़ता था। सूप भी प्राय: ठंडा ही होता था। साथ में करारी की हुई डबलरोटी रहती थी। मैं यह बेस्वाद चीजें खा-खाकर परेशान हो गई। मैं अपने साथ थोड़ा कुछ खाद्य लेकर गई थी, जो सब चाव से खाते थे, मगर न तो पेट भरता था, न तृप्ति होती थी।

एक बार पराकाष्ठा हो जाने पर रवि साहब कहने लगे, अब तो यह सब खाने में दिक्कत होने लगी है। कुछ गरमागरम और मिर्च-मसालेदार मिल जाए तो मजा आ जाए। उस समय हम लोग पोलैंड में थे। मैं होटल की रसोई में जा पहुँची। पोलिश भाषा तो आती नहीं थी, इशारे कर-कराके कुछ मगजपच्ची की और खोजबीन शुरू कर दी। इस शोधकार्य में मुझे कुछ सब्जियाँ, चावल और आटे जैसी जरूरी चीजें हाथ लग गईं। पाककला के आवश्यक साधन जुटाकर मैंने मक्खन में सूखे आलू बना लिये, वेजीटेबल पुलाव बनाया और आटे से पूरियाँ बनानी चाहीं, पर तलने के लिए तेल नहीं था, सो हॉटप्लेट पर सेक लिया। सबने भरपेट खाया, यहाँ तक कि मेरे लिए कुछ भी

नहीं छोड़ा। मगर खुद खाने से खिलाने का जो आनंद है, वह अन्यतम है। बहुत दिन के बाद स्वादिष्ट भोजन पाकर सब प्रसन्न हो गए। स्त्री चाहे कितने ऊँचे पद पर क्यों न पहुँच जाए, उसके भीतर बसी गृहिणी ऐसे अवसर पर जीवंत हो उठती है। मैं भूल गई कि मैं देश का प्रतिनिधित्व करनेवाले किसी शिष्टमंडल की सदस्या हूँ। मित्रों, साथियों को भूख से व्याकुल देखते ही मैं रसोई में जा धमकी। स्त्री की यह सहज वृत्ति है। दिल्ली एयरपोर्ट पर अलग होते समय रवि साहब ने कहा, अब तो हर विदेश यात्रा में आपको साथ ले जाना पड़ेगा।

□

श्री राम जन्मभूमि आंदोलन एवं डॉ. मुरली मनोहर जोशीजी की एकता यात्रा

1990 में श्री लालकृष्ण आडवाणी की सोमनाथ से श्रीराम-जन्मभूमि अयोध्या तक की रथयात्रा का आयोजन किया गया था। जैसे ही रथयात्रा बिहार पहुँची कि समस्तीपुर में उसे रोककर आडवाणीजी को गिरफ्तार कर लिया गया। इस गिरफ्तारी के विरोध में हम लोगों ने सरकार से अपना समर्थन वापिस ले लिया। अत: 1991 में पुन: लोकसभा के चुनाव घोषित कर दिए गए। 1989 की लोकसभा को दो ही वर्ष में विसर्जित कर दिया गया। इसे मेरी नियति ही कहा जाएगा कि अपने श्रम का पूरा-पूरा फल मैं कभी नहीं चख पाती। 1996 में भी मैंने लोकसभा का चुनाव जीता था, किंतु तब भी उस लोकसभा का विसर्जन दो ही वर्ष में कर देना पड़ा था।

1991 के इन चुनावों में भी मैं कूद पड़ी। इस बीच श्री राजीव गांधी की हत्या हो गई। चुनाव की तारीखें आगे सरका दी गईं। इस चुनाव में मुझे पराजय का मुख देखना पड़ा। हार-जीत, यश-अपयश, सफलता-विफलता जैसे द्वंद्वों को स्वीकार करना मैं सीख चुकी हूँ। कवि 'घायल' ने कहा है—

> जीवन का, मरण का भी हर एक पल लुभाता है मुझे,
> विष से भरे सवाल, फिर उनका हल लुभाता है मुझे।

वास्तव में तो द्वंद्व जैसा कुछ भी है नहीं, जो है वह मनुष्य-मन का ढाल है, जिधर ढुल जाए। मैं संत होने का दावा तो नहीं कर सकती, किंतु एक बात निश्चित रूपेण कह सकती हूँ कि जीवन की हर परिस्थिति का स्वीकार मैं जान चुकी हूँ।

1991 के चुनाव में भारतीय जनता पार्टी को 119 सीटें मिलीं। कांग्रेस ने श्री नरसिंह राव को प्रधानमंत्री बनाकर अल्पमत की सरकार बनाई। डॉ. मनमोहन सिंह उस समय वित्तमंत्री थे। तब उन्होंने आर्थिक सुधारों की शुरुआत की थी।

भारतीय जनता पार्टी ने श्रीराम-जन्मभूमि आंदोलन छेड़ रखा था। उत्तर प्रदेश के तत्कालीन मुख्यमंत्री श्री मुलायम सिंह यादव ने अहंकार में सराबोर घोषणा कर डाली, मेरे होते हुए इस प्रदेश में पंछी भी पर नहीं मार सकता। भारत भर से लाखों लोग इस आंदोलन के साथ जुड़ चुके थे। मैं स्वयं भी इस आंदोलन में सहभागी थी। राजमाता विजयाराजे सिंधिया के नेतृत्व में असंख्य महिलाओं के साथ चित्रकूट में हमने सत्याग्रह किया था। हम सब को गिरफ्तार करके बाँदा की जेल में डाल दिया गया था। बहुत सी सत्याग्रही स्त्रियों पर जुल्म भी ढाए गए। कलकत्ता के कोठारी बंधु पुलिस की गोलीबारी में मारे जा चुके थे। सरयू का जल रक्त-रंजित हो गया। हम लोग जब बांदा जेल में बंद थीं, तो एक दिन सुबह-सवेरे कु. उमा भारतीजी वेश बदलकर जेल से निकल लीं और अयोध्या पहुँच गईं। फलस्वरूप हमारे ऊपर ढेरों प्रतिबंध लगा दिए गए। हम लोगों को 14 दिन की सजा दी गई थी। वहाँ से छूटने के बाद मैं सत्रहवें दिन मुंबई पहुँच पाई।

6 दिसंबर, 1992 को अयोध्या में विश्व हिंदू परिषद् ने कार-सेवा आयोजित कर रखी थी। देश भर से हजारों कार-सेवक अयोध्या में इकट्ठे हुए थे। विश्व हिंदू परिषद् के अध्यक्ष श्री अशोक सिंघलजी, श्री लालकृष्ण आडवाणीजी, डॉ. मुरली मनोहर जोशीजी, राजमाता विजयाराजे सिंधियाजी, कु. उमा भारतीजी हम सब एक ही मंच पर थे। मंच से राम जन्मभूमि-बाबरी मसजिद दिखाई पड़ रही थी। थोड़ी देर में कार-सेवक इस के गुंबदों पर जा चढ़े। इस के तीन गुंबद थे। इनमें से बीच वाले गुंबद के नीचे प्रभु श्रीराम-लक्ष्मण-सीता की मूर्तियाँ विद्यमान थीं। इसके चारों स्तंभों पर कमल, स्वस्तिक और कलश उकेरे हुए साफ देखे जा सकते थे। बगल में ही सीताजी का रसोईगृह था। बाबर ने मंदिर के ऊपर ही गुंबद चिनवाकर उसे मसजिद की शक्ल में ढाल दिया था। मुसलिम शासकों का उद्देश्य हिंदू मंदिरों को भ्रष्ट करना था। अतीत में सोमनाथ मंदिर, श्रीकृष्ण जन्मभूमि और काशी विश्वनाथ को भ्रष्ट करने के यत्न भी हुए थे। इतिहास इस बात की साक्षी देता है।

मसजिद के गुंबदों पर चढ़े हुए कारसेवक लोहे की सलाखें हाथ में लिये गुंबदों को तोड़ डालने की जी-तोड़ कोशिश कर रहे थे, किंतु वे इतने मजबूत बने हुए थे कि उन पर खरोंच तक नहीं आ रही थी। आवेश में आकर कारसेवकों ने गुंबदों के आधार-स्तंभों को अपना निशाना बनाया। स्तंभों के टूटते ही गुंबद अपने आप धराशायी हो गए। धूल का गुबार छा गया। मंच से कुछ भी साफ दिखाई देना बंद हो गया। आडवाणीजी लाऊडस्पीकर से कारसेवकों को समझाने और रोकने की कोशिश कर रहे थे, मगर कोई सुन ही नहीं रहा था। गिरे हुए गुंबदों के नीचे कई कारसेवक दब गए थे। मैं मंच से उतरकर मंदिर की तरफ दौड़ी। घायल हो गए कारसेवकों के लिए फर्स्ट-एड की व्यवस्था की और जो बुरी तरह जख्मी थे, उन्हें अस्पताल पहुँचाने का प्रबंध किया। उसी रात मुझे लखनऊ से मुंबई की ट्रेन भी पकड़नी थी। पुलिस से सहायता माँगकर मैं अयोध्या से लखनऊ पहुँची। वह दिन मेरी स्मृति में सदा के लिए अंकित हो गया है।

श्री आडवाणीजी हमारे वरिष्ठ नेता हैं। वह बचपन से ही संघ के स्वयंसेवक रहे हैं। देश-विभाजन के बाद वह कराची से भारत आए थे। उन्होंने पार्टी के लिए अपना संपूर्ण जीवन अर्पित किया है। आज 82 वर्ष से अधिक वय में भी उनका स्वास्थ्य बहुत अच्छा है। इसका श्रेय उनकी पत्नी श्रीमती कमला भाभी को जाता है। कमला भाभी आडवाणीजी के स्वास्थ्य का बहुत ध्यान रखती हैं। एन.डी.ए. की सरकार में श्री आडवाणीजी जब उप-प्रधानमंत्री थे तो कमलाभाभी के विशेष आग्रह पर दोपहर के भोजन के लिए घर पर ही जाते थे। भोजन करते और तुरंत ऑफिस चले आते। आडवाणीजी को पुस्तक-वाचन का और फिल्म देखने का बहुत शौक है। अपने जीवन के शुरुआती दौर में वह पत्रकार भी रह चुके हैं। उनके विचार एकदम सुस्पष्ट हैं। श्री आडवाणीजी द्वारा लिखित पुस्तक 'माय कंट्री एंड माय लाईफ' एक पठनीय ग्रंथ है।

डॉ. मुरली मनोहर जोशीजी की एकता-यात्रा

डॉ. मुरली मनोहर जोशीजी भारतीय जनता पार्टी के राष्ट्रीय अध्यक्ष थे। 1992 की 26 जनवरी को श्रीनगर के लाल चौक पर तिरंगा लहराकर इस बात को दृढ़तापूर्वक स्थापित करना था कि कश्मीर भारत का अविभाज्य अंग है। इस अभियान के लिए जम्मू-कश्मीर सरकार से भी सहमति माँगी गई थी। हजारों की संख्या में कार्यकर्ता

जम्मू में एकत्र हुए। ऐसा निर्णय लिया गया कि श्री रघुनाथजी के मंदिर में दर्शन करके सब लोग सभास्थल पर पहुँचेंगे। श्री अटलजी, डॉ. जोशी, राजमाता विजयाराजे आदि सब उपस्थित थे। सभास्थल पर जन-मेदिनी उमड़ पड़ी थी। हजारों लोग श्रीनगर को रवाना होने के लिए तैयार खड़े थे, किंतु सहमत होने में कश्मीर सरकार के हाथ-पाँव फूल गए।

स्थिति नाजुक थी। हम लोगों पर हमला करने की तैयारी की जा चुकी थी। अंत में कश्मीर की राज्य सरकार केवल इतने के लिए राजी हुई कि 64 व्यक्ति विमान से श्रीनगर जाएँ। पूरा एयरपोर्ट खाली करवा दिया गया। हमें पुलिस-संरक्षण में सुबह 5.30 पर हवाई अड्डे ले जाया गया। श्रीनगर विमान-पत्तन से बस में लाल चौक ले जाया गया। ध्वजारोहण का समय 9.00 बजे निर्धारित हुआ था, किंतु सुबह आठ बजे ही तिरंगा फहरा दिया गया। ध्वजारोहण डॉ. जोशी के हाथों किया गया। राष्ट्रगान गाया गया कि इतने में गोलीबारी शुरू हो गई। हमसे बीस-एक फीट दूरी तक गोलियाँ बरस रही थीं। अंततः सब सकुशल जम्मू तक लौटने में सफल रहे।

इस एकता-यात्रा में भाग लेने के लिए रवाना होने को जब मैं मुंबई सेंट्रल से गाड़ी में बैठी तो पुत्र सुनील ने हाथ बढ़ाया, मेरे कंधे को छुआ और बोला, मम्मी देखना, अब हमें आपकी और भी ज्यादा जरूरत है। ठीक-ठाक रहना।

श्रीनगर में हमें अगली रात को एक अज्ञात स्थान पर अँधेरे में उतारा गया था। सेना के जवानों ने हमें साग-पूड़ी बनाकर खिलाया था। हम महिलाओं को एक अलग मकान में ले जाया गया। चारों दिशाओं से फायरिंग की आवाजें आ रही थीं। आँखों से नींद उड़ चुकी थी, फिर भी सबने थोड़ा सो लेने की कोशिश की। मैं भी लेटने को तत्पर हुई कि वसुंधराराजे ने कहा, थोड़ा रुकना। वह कुछ लिखने में लगी थीं। मैंने पूछा, क्या लिख रही हैं? उन्होंने बताया, मैं अपनी वसीयत तो लिख जाऊँ, आप जरा इसपर यहाँ हस्ताक्षर कर देना। मैंने हँसकर समझाया, पगली मत बनो। ऐसा कुछ नहीं होगा। मैंने भी कह तो दिया था, किंतु भीतर-ही-भीतर मैं जान रही थी कि स्थिति अत्यंत गंभीर है। कुछ भी अघटित घटने की पूरी-पूरी संभावना है। हम लोग बस में बैठे तो जवानों ने हिदायतें दीं, खिड़की के पास मत बैठिए। फायरिंग हो जाए तो गोली लग सकती है। गोलीबारी शुरू होते ही फर्श पर औंधे लेट जाइएगा। हमने भी बलिदान

का रास्ता पकड़ा था और उसे स्वेच्छा से अंगीकार किया था। अतः घबराने-डरने का तो प्रश्न ही नहीं था। सिर पर कफन बाँधे बिना थोड़े ही यहाँ आए थे—

आगे कदम! सिंधुओं को चीर कर,
सघन वन हो, शुष्क मरु, पर्वत शिखर,
मेघ-वर्षा पंथ पर, लू की लहर,
आगे कदम! आगे कदम! आगे कदम!
आधा कटा हो रास्ता, संबल गया,
कंठ सूखा, यों लगे ज्यों बल गया,
क्या हुआ जो प्राण तुझको छल गया,
आगे कदम! आगे कदम! आगे कदम!

(—मेघाणीजी)

मृत्यु के द्वार पर दस्तक देकर हम लोग सही-सलामत वापिस लौट आए। श्रीनगर के लालचौक में किए गए राष्ट्रीय-ध्वजारोहण में मैंने भाग लिया, इस बात पर मुझे गर्व है।

□

श्री अटलजी के अंतरंग संस्मरण

लगभग 1965 से मैं माननीय अटलजी को जानती हूँ। हमारी पार्टी अर्थात् हमारा परिवार और हम सब एक-दूसरे के सुख-दुःख के साथी। हम सब समान विचारधारा के कारण आत्मीयता के इस सूत्र में बँधे हैं। कंधे से कंधा मिलाकर काम करते हैं। पार्टी के हित में कुछ भी करने की हमारी तैयारी रहती है। माननीय अटलजी के विभिन्न रूप मैंने देखे हैं। एक सामान्य कार्यकर्ता, सामान्य प्रचारक, पार्टी अध्यक्ष, देश का प्रतिनिधित्व करनेवाले विदेश-मंत्री, एक राष्ट्रभक्त और एक संवेदनशील कवि, उत्कृष्ट संसदपटू के रूप में मैंने उन्हें देश के सर्वोच्च पद पर विराजमान भी देखा। श्री अटलजी के प्रधानमंत्री बनने के बाद मुझे उनका और अधिक परिचय मिला, क्योंकि तब मैं दिल्ली में अधिक समय के लिए रह पाती थी। मैं श्री अटलजी के साथ के अपने संस्मरण बताने का लोभ सँवरण कर ही नहीं सकती। मेरे मन पर उन सब दिनों की अमिट छाप है।

मैं दिल्ली में थी तब रक्षाबंधन का त्योहार पड़ा। सुबह लगभग ग्यारह बजे मुझे अटलजी का फोन आया, तुम कहाँ हो? आज राखी है। मुझे राखी बाँधने नहीं आओगी? मेरा मन आनंद से सराबोर हो गया। मैंने कहा, मैं आ रही हूँ। इसके बाद मैं बाजार गई, राखी खरीदी, मिठाई ली और राखी बाँधने अटलजी के यहाँ पहुँची। वह एकदम प्रसन्न हो गए। उन्होंने मुझे पाँच सौ रुपए दिए। वे रुपए मैंने आज तक सँभालकर अलग रखे हैं। मेरे मन के लिए वे रुपए नहीं हैं। अटलजी जैसे भाई का एक बहन के प्रति स्नेहाशीष हैं। देश के प्रधानमंत्री ने मेरे हाथों अपनी कलाई पर राखी बँधवाई थी, यह मेरे लिए एक बड़ी बात है।

श्री अटल बिहारी वाजपेयी को राखी बाँधते हुए

एक दिन अटलजी ने हिंदी-साहित्य के वरिष्ठ लेखक-समीक्षक श्री विद्यानिवास मिश्र को अपने यहाँ भोजन पर आमंत्रित किया हुआ था। मिश्रजी को सपत्नीक आना था। अटलजी ने मुझे फोन करके कहा, आज मेरे यहाँ भोजन पर मेहमान आमंत्रित हैं और मुझे दोपहर के भोजन के लिए राष्ट्रपति भवन जाना है। तुम यहाँ आकर सब सँभाल लो। मुझे ऐसा लगा जैसे बड़े भाई ने अधिकारपूर्वक छोटी बहन को अपनी जिम्मेदारी सौंप दी हो। मैं तुरंत अटलजी के यहाँ पहुँच गई।

उधर श्री विद्यानिवासजी और उनकी पत्नी दोनों का उपवास था। वे काँच या चीनी मिट्टी के बरतनों में खाते भी नहीं थे। अटलजी को यह सब मालूम नहीं था। उनके लिए तो वैसे भी खिचड़ी बनी थी। मैंने रसोईघर में जाकर सुराग लिया कि क्या-क्या रखा है। फल एकत्र किए, उन्हें सँवारा, मखाने तले और उनपर नमक-कालीमिर्च छिड़का। डायनिंग टेबल पर चाँदी के पात्र सजाए और खाने के लिए मेहमानों को बुला भेजा। सब लोग खाने बैठे। अटलजी तो दो चम्मच खिचड़ी खाकर राष्ट्रपति भवन के लिए रवाना हो गए। मैंने अतिथियों को खिला-पिलाकर, उनकी आव-भगत करके उन्हें विदा किया। छोटी बहन को जिम्मेदारी सौंपकर अटलजी निश्चिंत होकर राष्ट्रपति भवन जा सके, आत्मीय समझकर उन्होंने मुझे जिम्मेदारी सौंपी, इस बात का मुझे विशेष आनंद हुआ। होता भी क्यों न? देश का प्रधानमंत्री छोटी बहन मान रहा हो, तो विशेष आनंद कैसे न होगा?

एक बार उन्होंने अपने यहाँ खाने पर मुझे बुलाया। मेरे लिए उन्होंने केशर-युक्त एवं सॅकरिनवाला श्रीखंड बनवाया, क्योंकि मुझे मधुमेह की तकलीफ थी। उन्होंने स्वयं खड़े होकर अपने हाथों से परोसा। भारत देश का प्रधानमंत्री स्वयं अपने हाथों खाना परोसे, किसी भी बहन के लिए इससे बढ़कर और सौभाग्य क्या होगा!

एक बार की घटना है कि अटलजी की एक बहन उर्मिला मिश्रा दिल्ली के अस्पताल में भरती थीं। उन्हें कैंसर था। सुबह-सुबह अटलजी का फोन आया, मेरी बहन अस्पताल में है। मुझे उसको मिलने जाना है। तुम जरा मेरे साथ चलो। न कहने का तो सवाल ही नहीं था। मैं भी उनके साथ अस्पताल गई। अटलजी बहन के पास बैठे रहे, उसे ढाढ़स बँधाते रहे, अन्य संबंधियों की भी हिम्मत बढ़ाते रहे। अटलजी बहुत प्रेमपूर्ण स्वभाव के व्यक्ति हैं। उनकी संवेदनशीलता का अनुभव मुझे अनेक बार हुआ है।

ग्वालियर में अटलजी की बहन विमला मिश्राजी के सुपुत्र का विवाह था। मई का महीना था। राष्ट्रपति भवन के एक कार्यक्रम में मेरी उनसे भेंट हो गई। अटलजी ने मुझसे कहा, अब हम लोगों को ग्वालियर चलना है। मेरे भानजे का विवाह है। रात साढ़े बारह बजे तक दिल्ली लौट आएँगे। मैंने कहा, विवाह-प्रसंग में चलना है? मैं तो केवल सीधी-सादी सूती साड़ी में हूँ। मुझे साड़ी बदलनी पड़ेगी। वह कहने लगे, कोई जरूरत नहीं है। यह चलेगी। वह मुझे राष्ट्रपति भवन से सीधे एयरपोर्ट ले गए। अटलजी मुझे अपने परिवार की एक सदस्य मानने लगे थे, यह मेरे लिए गौरव व आनंद का विषय था। विमान में मैंने अटलजी से पूछा, अपनी बहन और भानजे के लिए कोई भेंट ली या नहीं? उन्होंने बताया, भानजे के लिए तो सूट का कपड़ा ले लिया है, मगर बहन के लिए कुछ नहीं लिया। तुरंत उन्होंने अपने पी.ए. श्री शिवकुमारजी को बुलाकर कहा, बहन के लिए भी कोई उपहार लेना चाहिए था। पहले मेरे ध्यान में नहीं आया। अब नकद रुपए दे दूँगा। ग्वालियर पर उतरकर हम अलग-अलग गाड़ियों में बैठकर विवाह-स्थल पर जाने के लिए रवाना हुए। मेरी गाड़ी पीछे थी। जब तक मैं पहुँचूँ तब तक श्री अटलजी मेरी प्रतीक्षा में द्वार पर ही खड़े रहे। उन्होंने अपने सब सगे-संबंधियों के साथ मेरा परिचय करवाया। अपने पास ही भोजन पर बैठाया। अटलजी का मुझपर अत्यधिक स्नेह रहा है। मेरे मन की पूछें तो श्री अटल बिहारी वाजपेयी मेरे बुजुर्ग और आत्मीय भ्राता हैं।

श्री अटलजी के साथ उनके चार्टर्ड विमान में यात्रा करने का मुझे अनेक बार अवसर मिला। श्री अटलजी स्वयं भी खाने के बहुत शौकीन हैं। उनके साथ जब भी मुझे प्लेन में यात्रा करनी होती थी तो भोजन के समय डॉक्टर सिर पर खड़ा रहता और

इशारों से मुझे समझाता रहता कि अटलजी को क्या परोसना है, क्या नहीं। अटलजी के स्वास्थ्य के दृष्टिगत अनेक खाद्य उन्हें वर्जित थे। उन पदार्थों को खाने से मैं स्नेहपूर्वक उन्हें रोकती थी। ऐसा करते हुए कई बार मन को कष्ट भी होता था, किंतु यह जरूरी भी था। अटलजी हँस देते थे, मगर मान जाते थे। मैं ज्यों-ज्यों उनसे अधिक परिचित होती गई, त्यों-त्यों उनके व्यक्तित्व के विभिन्न आयाम मेरे सामने खुलते गए। उनके स्नेहसिक्त स्वभाव का परिचय तो बार-बार मिला। अटलजी के प्रति मेरे हृदय में अत्यधिक आदर है। मुझे उनसे बहुत कुछ सीखने को भी मिला।

अटलजी 1957 से निरंतर संसद् में रहे। संसद् में वह दस बार चुनाव जीतकर पहुँचे। उत्कृष्ट वक्ता, संवेदनशील कवि एवं उच्चतम जीवन-मूल्यों के वाहक अटलजी का व्यक्तित्व अनोखा है। उनके अद्‌भुत वक्तृत्व की एक छटा—

भारत...
यह जमीन का टुकड़ा नहीं है
यह जीता-जागता राष्ट्रपुरुष है
हिमालय इसका मस्तक है
गौरीशंकर शिखा है
कश्मीर किरीट है
पंजाब और बंगाल दो विशाल कंधे हैं
दिल्ली दिल है, नर्मदा करधनी है
पूर्व-पश्चिम घाट दो विशाल जंघाएँ हैं
सागर उसके चरण धुलाता है
मलयानिल विजन डुलाता है
चाँद और सूरज इसकी आरती उतारते हैं
यह देवताओं की भूमि है
यह ऋषि-मुनियों की भूमि है
यह अभिनंदन की भूमि है
यह अर्पण की भूमि है
यह तर्पण की भूमि है

इसका कण-कण पवित्र है
इसका जन-जन प्यारा है
इसका कंकर-कंकर शंकर है
इसका बिंदु-बिंदु गंगाजल है
मैं जीऊँगा तो इसके लिए
मैं मरूँगा तो इसके लिए।

अटलजी ने संयुक्त राष्ट्र में अपना पहला भाषण हिंदी में दिया था। उसे बहुत प्रशंसा मिली थी। उनकी जिह्वा पर सरस्वती का वास है। उन्होंने संसद् में पं. जवाहरलाल नेहरू और डॉ. राजेंद्र प्रसाद को श्रद्धांजलि देते हुए जो भाषण दिए थे, वे उनकी वक्तृत्व-कला के अलौकिक नमूने हैं।

कवि-हृदय अटलजी के काव्य-संग्रह भी प्रकाशित हुए हैं। काव्य-प्रेमी अटलजी जब कभी मुंबई आते और यदि चौपाटी पर कवि-सम्मेलन हो रहा हो तो इस तरह पीछे बैठे लोगों के बीच जा बैठते और कविताओं का आनंद लेते कि किसी को पता भी न चलता। उनकी काव्य-रचनाएँ उनके हृदय का दर्पण हैं। उनकी काव्य-प्रतिभा में हिमालय की ऊँचाई है और भावों में सागर की गहराई है।

अटलजी व्यक्ति के तौर पर विशाल हृदय के स्वामी हैं, सबका विश्वास जीत लेते हैं, सबके साथ मित्रवत् व्यवहार करते हैं और इस तरह अजातशत्रु बनकर उन्होंने लोकसंग्रह किया है। वह कहते हैं कि मैं मृत्यु से नहीं डरता, किंतु बदनामी से डरता हूँ। उन्होंने मानव-मूल्यों को जीवंत रखा है। उनका नेतृत्व देश के लिए सदा पारदर्शी रहा है। पार्टी के लिए भी उसी निष्ठा के साथ कार्य करते हुए उन्होंने अपने संगठन-कौशल का परिचय दिया है।

अटलजी भाइयों में सबसे छोटे हैं। उन्होंने अपने पिता श्रीकृष्ण बिहारीजी और माता कृष्णाजी के नाम से 1997 में ग्वालियर में ग्रंथालय का निर्माण कराया और उसे लोकार्पित किया।

संसद् में अटलजी अधिकांशतः विपक्षी नेता के रूप में रहे। 1977 तक जनसंघ कभी भी कांग्रेस के मुकाबले सत्ता प्राप्त न कर पाया। विरोधी दल में रहते हुए भी अटलजी ने रचनात्मक कार्यों में सदा सरकार के साथ सहयोग किया। 1962 में जब

चीन ने आक्रमण किया था तो अटलजी ने पंडित नेहरू से कहा था, मातृभूमि बलिदान माँग रही है। जब 1965 में पाकिस्तान से युद्ध हुआ तब भी अटलजी ने देशहित में सरकार के साथ पूर्ण सहयोग किया। 1971 में पाकिस्तान खंडित हुआ और बँगलादेश अस्तित्व में आया तो अटलजी ने श्रीमती इंदिरा गांधी को 'दुर्गा' कहकर उनकी गरिमा बढ़ाई। अटलजी अजातशत्रु हैं। उनके हृदय में किसी के प्रति द्वेष नहीं है। सभी राजनीतिक दलों में उनके मित्र और चाहने वाले मिल जाएँगे। प्रधानमंत्री के रूप में उनका पूर्ण कर्तृत्व सर्वत: स्वच्छ रहा। एक भी घोटाले में उनका नाम नहीं उछला। जिस तरह कांग्रेस में एक प्रश्न सदा पूछा जाता रहा कि पंडित नेहरू के बाद कौन, उसी प्रकार भारतीय जनता पार्टी में पूछा जाता है अटलजी के बाद कौन? स्वभाव से अटलजी सरल एवं स्पष्टवादी हैं। उनके व्यक्तित्व में एक विशेष गरिमा है। 2009 के आम चुनाव में शारीरिक अस्वस्थता के कारण वे सक्रिय रूप से भाग नहीं ले पाए। परंतु उनका मार्गदर्शन पार्टी को मिलता रहा। इतना ही कहा जा सकता है कि समय बड़ा बलवान! मैं अटलजी के स्वास्थ्य और दीर्घायु के लिए प्रभु-चरणों में प्रार्थना करती हूँ।

23 फरवरी, 2005 को मैंने भूतपूर्व प्रधानमंत्री श्री अटलजी को मुंबई आने का न्योता दिया था। बिड़ला क्रीड़ा केंद्र में एक भव्य समारोह का आयोजन किया गया, जिसमें सामाजिक संस्थाओं के अग्रणियों, उद्योगपतियों, व्यापारियों, कलाकारों, राजनीतिक नेताओं, कार्यकर्ताओं और पत्रकारों को आमंत्रित किया गया। सबको भूतपूर्व प्रधानमंत्री से प्रत्यक्ष भेंट करने और हाथ मिलाने का अवसर मिला। सबने उनके साथ उन्मुक्त-भाव से बातचीत की। सब अत्यंत प्रसन्न दिखाई दे रहे थे। आज भी सब इस समारोह को याद करते हैं।

□

राजमाता विजयाराजे सिंधिया

राजमाता विजयाराजे सिंधिया

जब भारतीय जनता पार्टी का गठन किया गया तो राजमाता विजयाराजे सिंधिया से अध्यक्ष-पद स्वीकार करने का अनुरोध किया गया था। किंतु उन्होंने इसे स्वीकार करने में अनिच्छा व्यक्त की और उपाध्यक्ष के पद के लिए हामी भर दी। श्री अटलजी और श्री आडवाणीजी राजमाता का बहुत सम्मान करते थे। राजमाता इन दोनों नेताओं को सदा मार्गदर्शन भी देती थीं। वह महिला-मोर्चा की अध्यक्ष थीं। उनके बाद इस पद पर श्रीमती मृदुला सिन्हा को मनोनीत किया गया। तत्पश्चात् महिला मोर्चा की अध्यक्ष मुझे बना दिया गया।

लेखा दिव्येश्वरी से बनी राजमाता का रूप तो दीप्तिमान था ही, उनके चतुर्दिक् सात्त्विक आभा का वलय भी विद्यमान था। अत्यंत गौर वर्ण, शुभ्र वस्त्र एवं तेजस्वी मुखमंडल। उन्हें ईश्वर में अपार निष्ठा थी। अपनी नित्य-नैमित्तिक पूजा के ठाकुरजी को साथ लेकर ही वह यात्रा करती थीं। साधु-संतों के प्रति भी उनके मन में गहन आदर-भाव था।

उनके ग्वालियर के राजमहल में आतिथ्य पाने का सौभाग्य मुझे प्राप्त हो चुका है। राजदरबार का वैभव देखकर मैं अभिभूत हो गई थी। तल में मंदिर था। राजमाता की कृष्णभक्ति और पूजा-पाठ का नियमित क्रम मैंने अपनी आँखों से देखा। राज-परिवार की होकर भी उनकी विनम्रता का सानी नहीं।

दिल्ली में उनका निवास-स्थान लेखा-विहार में था, जहाँ भारतीय जनता पार्टी की महिला पदाधिकारियों की बैठकें आयोजित होती थीं। जितना भव्य उनका रूप था, उतना ही गरिमामय उनका स्वभाव था। उनमें सामान्य स्त्रियों के साथ बहुत सहज होकर घुल-मिल जाने की अद्भुत क्षमता थी। राजमाता वाले तेवर उन्होंने कभी किसी को नहीं दिखाए। वनवासी व आदिवासी स्त्रियों से मिलने के लिए वह बहुत बार पैदल चलकर हमारे साथ उनकी बस्तियों में गईं और उनके सुख-दु:ख बाँटे। राजमाता मानो लोकमाता बन गई थीं। उनकी पुत्रियाँ वसुंधरा और यशोधरा भी सार्वजनिक जीवन में सक्रिय रही हैं।

जब मैं महिला मोर्चा की अध्यक्ष बनी, उन दिनों राजमाता ने जीवन के 75 वर्ष पूरे किए थे। हमने उनका अमृत महोत्सव मनाने का निर्णय किया। यह निर्णय भी लिया गया कि इस अवसर पर महिला-उत्थान के लिए राजमाता को 75 लाख रुपए की थैली भेंट की जाए। तीन से चार महीने की समयावधि में भारत के हर राज्य की राजधानी में महिलाओं की रैलियाँ आयोजित करने की योजना बनाई गई। कार्य कठिन था, किंतु असंभव नहीं था। महिलाओं ने परिश्रम करने में रात-दिन एक कर दिया और 75 लाख से कहीं अधिक योगदान-राशि एकत्र हो गई।

पंजाब, हरियाणा, हिमाचल प्रदेश, राजस्थान, उत्तर प्रदेश, बिहार, पश्चिम बंगाल, मध्य प्रदेश, गोवा, तमिलनाडु, आंध्र प्रदेश, कर्नाटक, केरल आदि सभी राज्यों में विशाल रैलियों का आयोजन किया गया। इस अवसर पर अनेक नई महिलाएँ पार्टी में शामिल हो गईं। रैलियों के माध्यम से महिलाओं को सक्रिय राजनीति में भाग लेने और आगे आने के लिए प्रेरित किया गया था। साथ ही मैंने महिला-सशक्तीकरण की प्रक्रिया को और तीव्रता प्रदान करने का भी निर्णय लिया। हर तरह के समाज का प्रतिनिधित्व करने वाली महिलाओं ने इस अमृतोत्सव में भाग लिया। स्त्रियों को यह उद्बोधन किया गया कि वे अपने ऊपर होनेवाले अत्याचारों और अन्याय के विरुद्ध आवाज उठाएँ। मैंने महिलाओं के मन को लक्ष्य करके उनमें एक बात बिठाने का प्रयत्न किया कि यदि ऊँचे घरानों की शिक्षित महिलाएँ आगे बढ़कर राजनीति में सक्रिय होने लगेंगी तो उसमें दुर्जनों का प्रवेश अपने आप बंद हो जाएगा और राजनीति में घर कर गई दुष्प्रवृत्तियाँ भी समाप्त होने लगेंगी। नारी शक्ति-स्वरूपा है। उसमें अपार सत्त्व,

धैर्य, सहिष्णुता एवं कार्यक्षमता है। एक बार यदि देश की नारी शिक्षित और सक्रिय हो गई तो समाज व देश का उद्धार तथा प्रगति निश्चित हैं। तब एक स्वस्थ-मनस समाज का निर्माण हो पाएगा और आगामी पीढ़ियों को उपयुक्त रूपाकार मिलेगा।

अमृत महोत्सव के निमित्त देश भर में आयोजित रैलियों से नारी-शक्ति को प्रकाश में लाने का उद्‌देश्य बृहदांश में पूर्ण हुआ। प्रत्येक राज्य की रैली में राजमाता हमारे साथ उपस्थित रहीं और अत्यंत प्रेरक भाषण दिए। दक्षिण भारत में भाषा की समस्या के बावजूद हमारा आयोजन पूर्णत: सफल रहा। मुझे हर राज्य की स्त्रियों से भरपूर सहयोग मिला। समूचे राष्ट्र को हमने नारी-शक्ति के एक सूत्र में बाँध दिया था और इस महत्कार्य हेतु बहनों ने अनथक परिश्रम किया था। अत: भगीरथ-प्रयत्न को पूर्ण करने में मुझे अकल्पनीय सफलता मिली। हर राज्य में हमारी पार्टी को सुदृढ़ आधार प्राप्त हुआ। भारतीय जनता पार्टी एक विशिष्ट रूप से भारतीय मानस-पटल पर अंकित हो गई, जिसके परिणामस्वरूप आज अनेक राज्यों में हमारी पार्टी की सरकार अस्तित्व में है। सच्चे हृदय से किया गया परिश्रम कभी अकारथ नहीं जाता। अपने इस अभियान से हमने देश भर के लोगों को भारत के वैविध्य में एकत्व का आभास करवा दिया।

हमारा देश विविध-धर्मी, बहुभाषी देश है। विभिन्न प्रांतों की वेशभूषा भिन्न है, आहार-विहार अलग है, रीति-रिवाज विविध हैं तथापि कहीं कुछ ऐसा है **जो** सबको एक सूत्र में पिरोकर रखे हुए है। विविधता में एकता—यही भारतीय संस्कृति का वैशिष्टय है और यही वैशिष्ट्य हमारी संस्कृति की मूलभूत शक्ति है। इसी के बल पर इस संस्कृति ने अपने ऊपर होनेवाले हर प्रहार को आत्मसात् कर लिया और आज भी सदा की भाँति अचल-अडिग खड़ी है।

राजमाता मेरे प्रति पुत्रीवत् प्रेम रखती थीं। मेरे घर में भी श्रीनाथजी की सेवा होती है, यह उन्हें ज्ञात था। अत: जब वह श्रीनाथजी के दर्शन हेतु गईं तो वहाँ से मेरे लिए श्रीनाथजी की अत्यंत चित्ताकर्षक तस्वीर लेकर आईं।

उन्हें गुजराती व्यंजनों में खिचड़ी-कढ़ी, दाल-ढोकली, थेपला, हाँडवा आदि बहुत भाते थे। हमारे दादर के घर में वह चटाई पर बैठकर भी भोजन ग्रहण कर चुकी हैं। उनकी सादगी ऐसी कि दिल को छू ले, व्यक्तित्व ऐसा कि सात्त्विकता को परिभाषित कर दे। राजपरिवार में जनमीं, धनाढ्‌य भद्रलोक की भाँति पलीं, फिर भी एक अल्पवेश

साधारण महिला बनी दीनों की शुश्रूषा और देश की सेवा का व्रत ठाने रहीं। राजमाता जैसे व्यक्तित्व अत्यल्प संख्या में इस पृथिवी पर आते हैं। मुझे उनका प्रेम मिला, न जाने मेरे कितने पुण्य रहे होंगे।

देश की राजनीतिक स्थिति में बड़ा परिवर्तन हो चुका था। हर दो साल में लोकसभा के चुनाव घोषित करने पड़ रहे थे। बार-बार प्रधानमंत्री बदल रहे थे। देश एक विचित्र राजनीतिक अस्थिरता के दौर से गुजर रहा था। जनता विवश थी। स्थिरता के बिना विकास संभव नहीं। जल्दी-जल्दी होनेवाले चुनावों में धन का अपव्यय हो रहा था और देशवासी लाचार खड़े देख रहे थे।

1995 में महाराष्ट्र और गुजरात में विधानसभा के चुनाव हुए। मुंबई की 34 में से 33 सीटें शिवसेना-भाजपा गठबंधन को मिलीं। महाराष्ट्र में युति की और गुजरात में भाजपा की सरकार बनीं।

1996 में ग्यारहवीं लोकसभा के चुनाव भी हुए। मैं दक्षिण मुंबई क्षेत्र से चुनाव लड़ी और श्री मुरली देवड़ा को हराकर विजयश्री प्राप्त की। भाजपा को 161 सीटें मिलीं। भाजपा ने मात्र 13 दिवसीय सरकार बनाई। ग्यारहवीं लोकसभा का विसर्जन भी दो ही वर्ष में हो गया।

1998 में फिर से लोकसभा के चुनाव। मैं पुन: दक्षिण मुंबई से उम्मीदवार। इस बार पराजय का मुँह देखा। दक्षिण मुंबई में अल्पसंख्यक मतदाताओं की संख्या अत्यधिक है। त्रिकोणीय लड़ाई में मेरी विजय की संभावना बनती थी। कांग्रेस के साथ सीधी टक्कर में पराजय की ही संभावना अधिक होती है, क्योंकि तमाम अल्पसंख्यक मत कांग्रेस के पक्ष में चले जाते हैं। मैं पार्टी की खातिर चुनाव में खड़ी होती थी, इसलिए हार-जीत मेरे लिए व्यक्तिगत महत्त्व के प्रश्न नहीं थे। निजी रूप से मैं जय-पराजय दोनों को पचा जाती थी।

लोकसभा में तरह-तरह के अनुभव हुए। संसद् में महिलाओं की संख्या कम थी, किंतु जो थीं वे ऐसी कि बिफर जाएँ तो टूट पड़ें। गीता मुखर्जी, ममता बनर्जी, सुषमा स्वराज, वृंदा करात, नजमा हेपतुल्ला जैसी तेजस्विनी सांसदों ने न जाने कितनी बार सदन गुंजायमान किया होगा! राजमाता ने लोकसभा व राज्यसभा दोनों सदनों में अत्यंत प्रभावशाली प्रतिनिधित्व दिया। संसद् मे अल्प-शिक्षित एवं अशिक्षित महिला सदस्य

भी थीं। फूलनदेवी, भगवती देवी आदि इस श्रेणी में आती थीं। भगवती देवी को तो अक्षरज्ञान भी नहीं था। फूलनदेवी के साथ संसद् में बैठने में भी संकोच होता था। आखिरकार डाकूरानी से सांसद बनी फूलनदेवी की हत्या हो गई। मायावतीजी अनेक बार बोलते-बोलते विवेक गँवा बैठती थीं। उनके हर भाषण में मनुवादी संस्कृति का उल्लेख अवश्य आता था।

संसद्-भवन, जो प्रजातंत्र का मंदिर है, अत्यंत पवित्र स्थान है। वहाँ विराजमान होने कि लिए जनता ने अपने प्रतिनिधियों को बहुत विश्वास और भरोसे के साथ भेजा है, किंतु उन्हीं को फसाद करते अथवा मर्यादा-भंग करते देखा है। मैंने जब भी इस पावन वास्तु-तीर्थ का अपमान होते देखा तो दुःख से मेरा हृदय विदीर्ण हो गया। यह अपरिहार्य है कि संसद्-भवन का गौरव, उसकी गरिमा बनी रहे। संसद् की कार्यवाही का प्रसारण दूरदर्शन पर भी होता है। अपने प्रतिनिधियों का अराजक आचरण देखकर लोग क्या सोचते होंगे?

□

श्री प्रमोद महाजन

महाराष्ट्र की राजनीति में मेरे प्रवेश के बाद भारतीय जनता पार्टी का जन्म हुआ था। जहाँ तक मुझे याद है 1980 के बाद श्री प्रमोद महाजन के साथ मेरे संपर्क में वृद्धि हुई थी। उनका वक्तृत्व अद्वितीय था। उनके जोशीले भाषण अभिभूत कर देने वाले होते थे। मैं कागज की छोटी-छोटी पर्चियों पर भाषण की प्रशंसा लिखकर भेजती थी और अभिनंदन पहुँचाती थी।

राजनीति के आकाश में प्रमोद नाम का सितारा सोलहों कलाओं की द्युति लेकर चमकने लगा था। पहले वह युवा मोर्चा के राष्ट्रीय अध्यक्ष बने और बाद में पार्टी के महासचिव पद तक पहुँचे। एन.डी.ए. सरकार का तो वह एक बड़ा आधार-स्तंभ थे। उनकी दूरदर्शिता और राजनीतिक सूझ-बूझ अद्‌भुत थी। भारतीय जनता पार्टी की कमान भी उन्हीं के हाथों में थी। नेताओं और कार्यकर्ताओं पर उनका प्रभुत्व था। प्रमोद मुझे ताई कहकर संबोधित करते थे, इसलिए यदि मैं उसके लिए एकवचन का प्रयोग करूँ तो उसका अनादर न होगा। मैंने उसे बहुत निकट से देखा और जाना था, इसलिए प्रमोद के प्रति अपने मनोभाव को शब्दांकित करने की अभीप्सा है।

30 अक्तूबर, 1949 को आंध्र प्रदेश के महबूब नगर में स्व. श्री प्रमोद महाजन का जन्म हुआ (नाम के पहले स्वर्गीय लिखते हुए यह कलम काँप उठी है)। आपके पिता मध्यमवर्गीय ब्राह्मण थे। 1965 में मुख्याध्यापक बनकर अंबेजोगाई आए थे। यहीं प्रमोदजी का संपर्क संघ के साथ हुआ। महाराष्ट्र के संगठन मंत्री श्री वसंतरावजी भागवत ने प्रमोद को नौकरी छोड़कर राजनीति में प्रवेश का उद्‌बोधन किया और वह जनसंघ के साथ जुड़ गए। आह्वान को स्वीकार करना और चुनौती का सामना करना प्रमोद का स्वभाव था। नित नूतन कुछ करने और उसे भव्यता के स्तर पर करने की

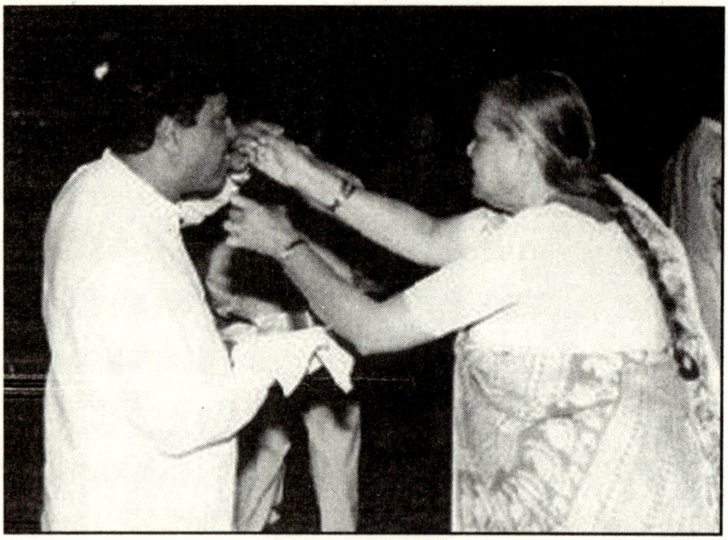

'ताई' के हाथ से प्रसाद ग्रहण करते हुए प्रमोद महाजन

प्रमोद को धुन थी। आत्मविश्वास और निर्भीकता उनके रक्त-प्रवाह में रची-बसी थी। अदम्य आशावादिता के बल पर वह निर्धारित लक्ष्य को प्राप्त कर दिखाते थे। वह एक ध्येयनिष्ठ कार्यकर्ता, धुरंधर नेता, कुशल संघटक एवं प्रभावशाली वक्ता थे। यही कारण था कि वह छोटी आयु में राष्ट्रीय स्तर तक जा पहुँचे। 1984 में उन्हें अखिल भारतीय मंत्री बना दिया गया।

प्रमोद का मुख्य ध्येय था पार्टी को संगठित रखना और उसका विकास करना। वह पार्टी के हर छोटे-बड़े कार्यकर्ता के साथ हिल-मिलकर सतत कार्य में लगे रहते। वह भारत के कोने-कोने से परिचित थे। राष्ट्र की भौगोलिक, राजनैतिक, सामाजिक और आर्थिक परिस्थिति की उन्हें पल-पल की खबर रहती थी। वह एक श्रेष्ठ पत्रकार भी थे। स्वयं एक उदारमना व्यक्ति होते हुए भी और सर्वधर्म-समभाव के विश्वासी होते हुए भी हिंदुत्व के भाव को सुरक्षित रखने के पक्षधर थे।

शिवसेना और भा.ज.पा. की युति-सरकार की रचना में प्रमोदजी को सर्वाधिक श्रेय जाता है। माननीय बालासाहब ठाकरे के साथ मिलकर कोई निर्णय करना हँसी-खेल नहीं था, तथापि भा.ज.पा. का हित पूर्णत: सुरक्षित रखते हुए प्रमोद ने अत्यंत कुशलता और सहजता से युति को सफल करके दिखा दिया। उनकी ऐसी कार्यकुशलता के अनेक प्रमाण मिल जाएँगे।

प्रमोदजी का दृष्टिकोण अत्यंत व्यापक था। रामभाऊ म्हालगी प्रबोधिनी को प्रमोदजी ने ही साकार किया था। उन्होंने राजनीतिक दलों के कार्यकर्ताओं के प्रशिक्षण

की सर्वोत्तम व्यवस्था एक स्थल पर स्थापित कर दिखलाई।

मुझे 1999 और 2004 के बीच भा.ज.पा. के इस नवोदित तथापि स्थापित नेता को निकट से देखने का अवसर मिला। वह संसदीय मामलों के मंत्री का उत्तरदायित्व सँभाल रहे थे। प्रश्न-काल के एक घंटे पहले से वह मंत्रियों से पूछना शुरू कर देते थे, आपके उत्तर तैयार हैं न? जो मंत्री उपस्थित न हों, उन्हें तुरंत बुला भेजते। सरकार का कोई बिल पास होना होता तो हर पार्टी के नेता को जा-जाकर मिलते और बिल पर मतैक्य स्थापित करने के लिए प्रशंसनीय यत्न करते। श्री प्रमोदजी अपनी कुरसी पर तो किसी को सौभाग्यवश मिल जाएँ तो मिल जाएँ। अन्य दलों के नेताओं के साथ बैठे कुछ-न-कुछ विचार-विमर्श करते ही मिलते थे। केवल एक ध्येय था—पार्टी का हित!

प्रमोदजी हर किसी को अपने स्वजन जैसे लगते थे। नि:संदेह वह आधुनिक युग के चाणक्य थे। कौशल ऐसा कि अभी कृष्ण की भूमिका में हैं तो पलक झपकते हनुमान बन जाएँ!

उनकी अपनी एक नितांत निजी शैली थी। पहनने-ओढ़ने में अत्यंत सजग। प्रिय पोशाक थी डिजाइनर कुरता। उनका एकमात्र ध्येय था कि राष्ट्र को अत्याधुनिक, समृद्ध, एवं आर्थिक दृष्टि से संपन्न बनाना है। अपने भाषण में अनेक बार वह कहा करते थे, जिस दिन डॉलर की जगह भारतीय रुपया लेगा, वह दिन भारत के लिए शुभ माना जाएगा। सदा सूचना टेक्नोलॉजी पर बल देते। देश के उद्योगपतियों एवं समाज सेवी अग्रणीओं और भा.ज.पा. के बीच मधुर संबंध स्थापित करने में प्रमोदजी की दूरदर्शी निर्णय-क्षमता का बड़ा योगदान है।

एक बार राज्यसभा के सदस्यों की विदाई का समारोह चल रहा था। मंच पर अटलजी, सोनियाजी, स्पीकरश्री, डिप्टी स्पीकर पी.एम. सईद आदि महानुभाव विराजमान थे। प्रमोदजी ने अपने भाषण में पी.एम. शब्द को लेकर मनोहर विनोदोक्ति की, आज मंच पर तीन-तीन पी.एम. मौजूद हैं। एक अटलजी, दूसरे श्री पी.एम. सईद और तीसरा मैं प्रमोद महाजन। उनके विनोदी स्वभाव का यह एक उत्तम उदाहरण है। उनका हास्य सदा बुद्धिमत्तापूर्ण व तर्कयुक्त होता था।

कबीर की वाणी उड़ जाएगा हंस अकेला को चरितार्थ करते हुए एक कुशल नेता कल्पनातीत ढंग से अकाल-मृत्यु का ग्रास बना और इस नश्वर संसार से विदा ले गया,

जबकि अभी उसके भीतर युवा उत्साह पूरे ज्वार पर था और जो कुटिल लहरों पर भी बड़ी सफाई से तैर जाने की क्षमता रखता था– भा.ज.पा. के आकाश का एक चमकता सितारा अचानक टूटा और लुप्त हो गया। भा.ज.पा. पंगु और असुरक्षित हो गई, मानो उसके किले की प्राचीर ढह गई हो। प्रमोदजी की कमी कोई भी पूरी नहीं कर सकता। भा.ज.पा. का रजत जयंती महोत्सव प्रमोद ने अपनी देख-रेख में भव्य रीति से मनाया था, मानो वहीं तक का साथ था। मुझे ताई कहने वाला प्रमोद अब केवल स्मृतियों में शेष है!

जयवंतीबेन मेहता.

इमानदारी.
मेहनत.
कार्यक्षमता.
सब का पर्यायवाची अेक ही शब्द

भुलेश्वर की भवानी
देश की उर्जा मंत्राणी बनी
फिरभी दक्षिण मुंबई को ना भूली
और ना भूलेंगी.

९ अगस्त 2002

मनुष्य के शरीरमें
जो रक्त का स्थान
वह देश की अर्थव्यवस्थामें
ऊर्जा का.
जयवंतीबेन देश की ऊर्जा को
पर्याप्त, प्रवाही और गुणवान
रखकर राष्ट्र को शक्ती प्रदान
कर रही हैं.
लेकिन दक्षिण मुंबई चुनावक्षेत्रकी
भक्ती करना वे नही भूली हैं.

यह कार्यवृत्त उसीका प्रमाण.

मेरी बहुत बहुत शुभकामनायें

प्रमोद महाजन.

शुभकामनायें.....

अेक और वर्ष बीत गया.
जयवंतीबेन दक्षिण मुंबई की
सेवा में रत रहीं.
यही उनकी विशेषता है.
दिन बीता. मास बीता. वर्ष बीता.
तप बीता. सारा जीवन बीता.
उन्होंने सेवा का व्रत नहीं छोडा.
गृहिणी हो या मंत्राणी,
हर रूपमें रही वो झांसी की रानी,

प्रमोद महाजन
१५ अगस्त 2003

□

भारत सरकार में राज्य-मंत्री

लोकसभा के 1999 में हुए चुनावों में फिर एक बार दक्षिण मुंबई क्षेत्र से मुझे उम्मीदवार घोषित किया गया। दक्षिण मुंबई अर्थात् कॉरपोरेट क्षेत्र, उद्योगपतियों का गढ़, व्यावसायिक केंद्र, कॉसमोपोलिटन जगत्। इन सब के बीच वहाँ धनवान, अति-धनवान, मध्यमवर्गीय गरीब और अति-गरीब लोगों की आबादी। वह क्षेत्र जहाँ से भारत सरकार को करों के रूप में 40प्रतिशत से अधिक का महसूल प्राप्त होता है। केवल इतना नहीं, यह क्षेत्र अनगिनत समस्याओं से भी भरपूर है।

इस क्षेत्र में विदेशी पर्यटकों का पर्याप्त आवागमन देखा जा सकता है, क्योंकि अधिकांश फाईव स्टार होटल इसी क्षेत्र में हैं। मुंबई का प्रवेश-द्वार गेटवे ऑफ इंडिया भी यहीं है। उच्च न्यायालय, राजभवन, सचिवालय (जिसके भवन का नाम यहाँ मंत्रालय है) जैसी महत्त्वपूर्ण इमारतें भी यहीं हैं। अरबों-खरबों रुपयों के वारे-न्यारे करने वाला शेयर बाजार और होलसेल मार्केट यहाँ है। यहाँ जन-संपर्क करना सरल नहीं है। मगर मैं यहाँ विगत 45 वर्ष से कार्यरत हूँ, अतः यह दुर्गम मेरे लिए सुगम हो गया।

इस बार फिर विजयश्री ने मुझे गले लगाया। हमारी पार्टी के कुल 182 सांसद चुनाव जीते। एन.डी.ए. की सरकार बनी और प्रधानमंत्री-पद की शपथ श्री अटल बिहारी वाजपेयी ने ली। शपथ-समारोह में भाग लेने के लिए मैं 12 अक्तूबर को दिल्ली पहुँची। वहाँ मैं महाराष्ट्र सदन में रुकी थी। रात के एक-डेढ़ बजे जब मैं प्रगाढ़ निद्रा की गोद में थी, मुझे राष्ट्रपति भवन से फोन मिला कि सुबह मुझे भी मंत्री के तौर पर शपथ लेनी है। भरी नींद में अच्छा कहकर मैंने फोन रख दिया। राष्ट्रपति भवन से यही फोन पहले मेरे घर पर मुंबई भी गया था। उधर सुनील के आनंद और सुखद

आश्चर्य का ओर-छोर नहीं था। उसने भी तत्काल महाराष्ट्र भवन, दिल्ली में फोन करके मुझसे बात की। सुनील के साथ बात करने के बाद मैं पूरी तरह जाग्रत् अवस्था में आई और राष्ट्रपति भवन से आए फोन का मर्म मेरी समझ में आया। फिर भी मुझे विश्वास न हुआ। दूसरे दिन मुझे भी मंत्री-पद की शपथ लेनी है, यह बात अधिकृत रूप से पार्टी की ओर से मुझे बताई नहीं गई थी। मुझे कुछ भी मालूम नहीं था। मेरा मन दुविधा-ग्रस्त हो गया। कहीं किसी ने मेरे साथ मजाक तो नहीं किया है? इतने में फिर रात के ढाई बजे राष्ट्रपति भवन से फोन आ गया, कल सुबह राष्ट्रपति भवन में प्रवेश के लिए पास अभी आकर ले जाइए। दिल्ली में मैं अकेली वहाँ तक कैसे जाऊँ? मुझे वहाँ कोई वाहन भी उपलब्ध नहीं था। अंततः मैंने महाराष्ट्र सदन के चौकीदार को कुछ पैसे दिए और जाकर राष्ट्रपति भवन से पास ले आने को कहा।

देर रात फिर सुनील का फोन आया, मैं और माधवी रात तीन बजे की फ्लाईट से दिल्ली के लिए निकल रहे हैं। मैंने उससे कहा, आ ही रहे हो तो मेरी एक अच्छी सी साड़ी लेते आना। मैं तो शपथ-समारोह में पहनने योग्य ठीक सी साड़ी भी लेकर नहीं आई हूँ। सुबह छह बजे तक सुनील और माधवी आ पहुँचे।

13 का अंक बहुत अशुभ माना जाता है, किंतु मेरे लिए यह अंक शुभ-शकुनोंवाला सिद्ध हुआ। 13 अक्तूबर, 1999 के शुभ दिन श्री अटलजी ने प्रधानमंत्री-पद की शपथ ली। शपथ-विधि के भव्य समारोह के बाद नॉर्थ ब्लाक में मंत्री-परिषद् की बैठक थी। हम सब नॉर्थ ब्लाक में एकत्र हुए। श्री रंगा कुमारमंगलम मेरे पास आए और पूछा, आपको कौन सा विभाग दिया गया है, क्या आपको यह मालूम है? मैंने उत्तर दिया, मैं मंत्री बनने वाली हूँ यह खबर भी मुझे कल आधी रात फोन पर मिली है। मंत्रालय की खबर कैसे होगी? श्री कुमार मंगलम हँसे और बताया, आप मेरे साथ ऊर्जा मंत्रालय में राज्य-मंत्री बनी हैं। हुआ यों कि श्री अटलजी का इरादा किसी दक्षिण भारतीय को ऊर्जा मंत्रालय में राज्य-मंत्री बनाने का था। कुमार मंगलमजी ने उनसे कहा, मैं एक दक्षिण भारतीय हूँ न, काफी है। तब अटलजी ने उनसे पूछा था, यदि आपके साथ जयवंतीबेन मेहता को रखा जाए तो कैसा रहेगा? वह वर्षों पुरानी निष्ठावान कार्यकर्त्री हैं। ईमानदार हैं। मुंबई में बहुत लोकप्रिय हैं। मुंबई की जनता के मन में उनके लिए बहुत आदर है। जयवंतीबेन को राज्य-मंत्री बनाने से मंत्रिमंडल में

मुंबई को भी प्रतिनिधित्व मिल जाएगा और एक महिला सांसद को भी। तब श्री कुमारमंगलमजी ने तुरंत हामी भरते हुए कहा था, मैं जयवंतीबेन को जानता हूँ। वह भा.ज.पा. के महिला मोर्चा की राष्ट्रीय अध्यक्ष हैं। इस प्रकार मैं ऊर्जा मंत्रालय में राज्य-मंत्री बन गई।

आम तौर पर महिला सांसदों को शिक्षा अथवा समाज-कल्याण आदि मंत्रालय दिए जाते हैं। विद्युत जैसे तकनीकी विभाग पर तो पुरुष संसद-सदस्यों का ही एकाधिकार रहता है। स्त्री-पुरुष के बीच यह भेदभाव वहाँ भी चलता है। वस्तुत: स्त्री पुरुष की समानधर्मा है। एक भी ऐसा कार्य नहीं है जो स्त्री न कर सकती हो, बल्कि पुरुष की अपेक्षा अधिक कुशलता के साथ कर सकती है। किंतु हमारे पुरुष-प्रधान समाज में इस सत्य का जितना स्वीकार होना चाहिए, उतना है नहीं। ऐसी परिस्थिति में ऊर्जा मंत्रालय में मुझे शामिल किया गया, इस बात पर मुझे गर्व है। मैंने उसी घड़ी व्रत ठान लिया कि अटलजी ने मुझ में जो विश्वास व्यक्त किया है, उसे सार्थक सिद्ध करना है। अटलजी के मंत्रिमंडल में भा.ज.पा. की आठ महिलाओं को मंत्री-पद दिया गया था। एन.डी.ए. की सरकार के लिए यह वास्तव में गौरव का विषय था।

माननीय श्री कुमारमंगलमजी ने मुझे अगले ही दिन मंत्रालय में आकर कार्य-भार सँभाल लेने को कहा। दूसरे दिन मैं सुबह दस बजे अपने कार्यालय में पहुँच गई। रफी मार्ग पर श्रमशक्ति भवन स्थित हमारे मंत्रालय में ऐन ग्राउंड फ्लोर से दूसरी मंजिल पर मेरे कार्यालय तक तमाम अधिकारी-कर्मचारी गुलदस्ते लिये मेरा स्वागत करने के लिए खड़े मिले। कुमारमंगलमजी ने स्वयं मेरा स्वागत किया और मुझे मेरे कार्यालय तक लेकर गए। वहाँ उन्होंने मुझसे मेरी कुरसी पर बैठने का आग्रह किया। तत्काल मैंने पहले उनके लिए कुरसी मँगवाई और जब वह बैठ गए तभी मैंने अपना स्थान ग्रहण किया। श्री कुमारमंगलम ने विद्युत-सचिव और समस्त पब्लिक सेक्टर अंडरटेकिंग के चेयरमैन तथा मैनेजिंग डायरेक्टरों के साथ मेरा परिचय करवाया। ये सब प्राथमिक कर्तव्य पूर्ण करके मुझे शाम तक मुंबई पहुँचना था। मुंबई विमानतल पर मुंबई भा.ज.पा. की ओर से श्री रामनाईक और मेरे अभिनंदन का आयोजन था।

जहाँ तक मेरा प्रश्न है, यह सब मेरे लिए अकल्पनीय था। जिस समय मैं मुंबई से शपथ-ग्रहण समारोह के लिए दिल्ली को रवाना हुई थी, मुझे स्वप्न तक में आभास

नहीं था कि मैं ऊर्जा मंत्रालय की राज्य-मंत्री के तौर पर मुंबई आनेवाली हूँ। ईश्वर ने यह मुझे एक अवसर प्रदान किया था। मैंने इस अवसर की सिद्धि का प्रण लिया। मेरा यह प्रण उफनती नदी को तैर जाने जैसा कठिन था, किंतु मैंने समय के इस आह्वान को मुसकराकर कंठ लगा लिया। कदम उठाया उससे पीछे मुड़ना मत रे मनुवा कहकर कमर कसी और ईश-कृपा से सफलता भी पाई।

मुंबई एयरपोर्ट पर हमारा भव्य स्वागत किया गया। लगभग तीन हजार कार्यकर्ता स्वागतार्थ वहाँ उपस्थित थे। एयरपोर्ट से मुझे सीधे इस्कॉन ऑडिटोरियम जाना था, जहाँ ऊर्जा मंत्रालय का पावर ग्रिड से संबंधित एक कार्यक्रम होना था। पद-ग्रहण के बाद यह मेरे मंत्रालय का पहला कार्यक्रम था अर्थात् मेरा पहला काम। उस दिन मुझे उस कार्यक्रम की विषय-वस्तु का कोई ज्ञान नहीं था।

मुझे जो मंत्रालय दिया गया, उसके कार्य अर्थात् ऊर्जा और विद्युत् के विषय में मुझे विशेष कुछ मालूम नहीं था, किंतु मैं सब सीखने, जानने, समझने के लिए कटिबद्ध हो गई। मैं रात को डेढ़ बजे तक अध्ययन करती। सुबह जल्दी उठकर फिर पढ़ती। उपयुक्त सूचनाएँ संकलित करके लिखकर रखती। इस श्रम के साथ-साथ संसद्, ऑफिस तथा अन्य कार्यक्रम तो रहते ही थे। मैं उन दिनों 18-19 घंटे काम करती। अथक परिश्रम किसे कहते हैं, मैंने उसकी सीमा-रेखा को और खींचकर पुनरांकित कर दिया। मुझे नितांत अपरिचित धरती पर खेती करनी थी और लहलहाती फसल लहरा देनी थी। परिश्रम का पर्याय कहीं नहीं है।

श्रमशक्ति भवन में मेरा और कैबिनेट मंत्री श्री कुमारमंगलम का ऑफिस आमने-सामने था। अधिकारी वर्ग का मेरे साथ पूर्ण सहयोग था। श्री पंडित विद्युत् सचिव थे। उनके बाद श्री आर.वी. शाही आए। मुझे तीन कैबिनेट मंत्रियों के साथ काम करने का अवसर मिला—सर्वश्री रंगा कुमारमंगलम, सुरेश प्रभु तथा अनंत गीते।

दिल्ली कार्यालय में

श्री कुमारमंगलम बहुत दूरदर्शी थे। उनके पास उचित समय पर उचित निर्णय लेने का कौशल था। वह अधिकारियों से काम लेना बहुत खूब जानते थे। मुझे उनसे बहुत कुछ सीखने को मिला। किंतु दुर्भाग्यवश वह अचानक गंभीर रूप से बीमार पड़ गए और 23 अगस्त, 2000 को उनका अवसान हो गया। उनकी अकाल-मृत्यु से हमारे मंत्रालय एवं दक्षिण भारत की भा.ज.पा. की अपूरणीय क्षति हुई।

शुरुआत में मुझे दिल्ली में रहने के लिए भाखड़ा-व्यास मैनेजमेंट बोर्ड का गेस्ट हाऊस मिला था। 6 महीने के बाद मुझे 21, बलवंतराय रोड पर बँगला मिला। आवश्यक मरम्मत और वास्तु-पूजन करवाने के बाद मैं उस बँगले में रहने गई। बँगले को सुंदर ढंग से सजाया गया था। वहाँ गुजरात के संखेड़ा का प्रसिद्ध सोफा रखा था। प्रवेश-द्वार पर मिट्टी से बने हाथी और सुंदर ढंग से चित्रांकित वल्लरियाँ थीं। अशोक वृक्षों की शृंखला थी। बगीचे में गुलमोहर का पेड़ था। रातरानी और चमेली की लताएँ थीं। बँगले के आगे-पीछे दोनों तरफ हरे-सब्ज लॉन थे। पीछे किचन गार्डन भी था, जिसमें गाजर, मूली, भिंडी, गोभी, बंदगोभी, अन्य बहुत सी सब्जियाँ, नींबू, पुदीना आदि ढेरों शाक उगते थे। वहाँ मैंने तुलसी की क्यारी बना ली थी, जहाँ मैं रोज शाम को दीया जलाती थी। रातरानी की मदिर महक रात को सर्वत्र बिखर रही होती थी।

मैं सुबह साढ़े छह बजे सोकर उठती,गार्डन में चाय का आनंद लेती, ऑफिस का कुछ काम निबटाती, फोन करती, कभी गार्डन की सफाई का काम करती, वृक्षों, फूलों को हौले से स्पर्श करके देखती, गरदन उचकाकर कोयल की कूक सुनती, बस इसी तरह सुंदर सी सुबह बिताती। उन सुंदर सुबह का वातावरण पक्षियों के कलरव से संगीतमय बन जाता था। घर की बगल में अलग दो कमरों का मेरा ऑफिस था। कई-कई घंटे मैं यहाँ भी काम करती थी।

परिवार के लोग और रिश्तेदार, मित्रगण और पार्टी के कार्यकर्ताओं को महाराष्ट्र से निकलकर वैष्णोदेवी, मथुरा-वृंदावन, आगरा अथवा शिमला या कुल्लू-मनाली जाना होता तो वे दो-चार दिन दिल्ली के मेरे बँगले में रुकते और तब आगे बढ़ते। घर से दूर अकेली रह रही थी, इसलिए ये दो-चार दिन मेरे लिए बहुत सुखकर सिद्ध होते थे।

मुंबई में अब जब भी कोयल की कूक कानों में पड़ती है तो मुझे दिल्ली का अपना वह घर स्मरण हो आता है। साथ ही चली आती है रातरानी की सुरभि, और

दिल्ली की सर्दी।

बँगले में रहने गई तो दो दिन मैंने पार्टी का आयोजन किया था। पहले दिन विद्युत् मंत्रालय के अधिकारियों-कर्मचारियों एवं मंत्रालय से संबंधित अन्य अधिकारियों को निमंत्रित किया था। दूसरे दिन का आमंत्रण प्रधानमंत्री श्री अटल बिहारी वाजपेयी, उप-प्रधानमंत्री श्री लालकृष्ण आडवाणी, मंत्रिमंडल के अन्य सदस्यों तथा एन.डी.ए. के सांसदों को दिया था। तब मैंने श्री कुमारमंगलम से निवेदन किया था, इन दोनों दिनों की पार्टियों के यजमान तो आप ही हैं। मैं तो अभी सबको ठीक से जानती भी नहीं। उन्होंने मेरी इस प्रार्थना को स्वीकार किया था और दोनों दिन सपत्नीक समय पर पहुँचकर आगंतुकों की अभ्यर्थना की थी। इन पार्टियों के फोटोग्राफ आज भी मेरे उस स्वर्णिम कार्यकाल के हस्ताक्षर हैं।

विद्युत् संचार संसार–क्रम में : जीवन–क्रम में

श्री कुमारमंगलमजी मुझसे सदा आग्रह करते थे, संसद् में प्रश्नकाल के दौरान मेरी बगल में बैठिएगा, ताकि यदि कोई सांसद हिंदी में प्रश्न करे तो मैं आपकी सहायता ले सकूँ। वह मुझे अपनी बड़ी बहन का रुतबा देते थे।

एक बार उन्होंने किसी फाइल में एक वरिष्ठ अधिकारी के लिए कोई प्रतिकूल टिप्पणी लिख दी। इसको लेकर विद्युत् सचिव से लेकर अन्य सब अधिकारी चिंतित हो गए। सचिव श्री पंडित ने इस ओर मेरा ध्यान खींचते हुए कहा, मैडम, अधिकारी वर्ग बहुत नाराज है। कुछ करना पड़ेगा। श्री कुमारमंगलमजी के पास जाकर कुछ कहने का किसी को साहस नहीं हो रहा था। मैंने वह फाइल अपने पास रख ली। फिर एक दिन श्री कुमारमंगलमजी से समय लेकर उनसे मिलने गई। राज्यमंत्री का कैबिनेट मंत्री को ऐसा परामर्श देना उपयुक्त नहीं लगता, किंतु वह परिस्थिति ऐसी नाजुक थी कि मैंने साहस बटोरकर उनसे नम्र निवेदन करना उचित समझा— सर, मेरी प्रार्थना है कि आप अपनी इस टिप्पणी पर एक बार फिर विचार कर लें। यह टिप्पणी मुझे बहुत अधिक प्रतिकूल बन गई लग रही है। मुझे लगता है कि इससे आपकी छवि धूमिल होगी और अधिकारी— वर्ग में भी व्यर्थ असंतोष व्याप्त होगा। वह कुछ देर गंभीर एवं मौन बने रहे, फिर बोले, दरअसल, मुझे उस समय इतना गुस्सा आया कि मैंने यह सब लिख

दिया। मैंने शांत स्वर में आगे कहा, जब मन क्रोध से भरा हो तब फाइल पर कुछ लिखना ही क्यों? दो दिन बाद शांतचित्त से सोच-विचारकर क्यों न लिखें? जैसे कि यदि वाद-विवाद अथवा चर्चा में क्रोध आ जाए तो मौन धारण करना अच्छा। कहने को तो उस समय मैं कह गई, फिर लगा कि शायद मैं कुछ ज्यादा ही बोल गई हूँ। जाने कुमारमंगलमजी क्या सोचते होंगे। वह चुपचाप मेरी ओर देख रहे थे। फिर अचानक उठे, कंप्यूटर पर बैठे और एक दूसरा नोट बनाया। वह नोट मुझे दिखाया और पूछा, देखिए, यह तो ठीक है न? मैंने मुसकराकर हाँ में सिर हिला दिया। विद्युत्-सचिव व अन्य अधिकारियों ने मेरे प्रति आभार व्यक्त किया।

अपने अधीनस्थ की बात को सुनना और अपनी भूल सुधारने को तैयार रहना बड़ी बात है। बहुत कम लोग हैं, जो अपने अहं को एक ओर रखकर ऐसा कर पाते हैं। श्री कुमारमंगलमजी में यह श्रेष्ठ गुण विद्यमान था।

श्री कुमारमंगलम के देहांत के पश्चात् एक बार उनकी छोटी बहन सुश्री ललिता मेरे कार्यालय में आई थीं। श्री कुमारमंगलमजी का स्मरण करके उनकी आँखें गीली हो आईं। उन्होंने बताया, जब कभी हम दोनों भाई-बहन के बीच झगड़ा हो जाता था तो अन्ना कहा करते थे कि मेरी राज्यमंत्री कहती है, गुस्सा आने पर मनुष्य को मौन रहना चाहिए, इसलिए तू अब थोड़ी देर के लिए चुप हो जा। सुनकर मैं भी भावुक हो आई। यह विनम्र स्वभाव एवं शुद्ध भाव ही मनुष्य के बड़प्पन के लक्षण। श्री कुमारमंगलमजी ने न केवल मेरी बात को सुना और माना, बल्कि उसे याद भी रखा!

मंत्रालय में जब-तब विभिन्न विषयों को लेकर अधिकारियों के साथ हमारी मीटिंग हुआ करती थीं। मीटिंग के दौरान, जैसा कि चलन है, चाय-कॉफी, बिस्किट, मेवा आदि रखा जाता था। श्री कुमारमंगलमजी को कॉफी के बाद सिगरेट पीने की आदत थी। ऐसी ही किसी मीटिंग की एक बार की घटना मैं आज भी याद करती हूँ। सदा की भाँति मैं श्री कुमारमंगलम के पास वाली कुरसी पर बैठी हुई थी। उन्होंने अपना चश्मा, सिगरेट का पैकेट, लाइटर आदि सब अपनी बाईं ओर टेबिल पर रख लिया। जब कॉफी समाप्त हो गई तो मैंने सिगरेट और लाइटर उठाकर अपनी बाईं ओर रख लिये। उन्होंने मेरी ओर देखा। मैंने कहा, अभी नहीं। उनके चेहरे पर एक हलकी सी मुसकान खिली गई। मीटिंग अभी जारी थी। कभी-कभी हमारी मीटिंगें बहुत लंबी

चलती थीं। लगभग आधे घंटे के बाद मैंने सिगरेट और लाइटर जहाँ थे वहीं रख दिए। उन्होंने मेरी ओर देखा और कहा, अभी नहीं। उनका यह शिशु-सहज निर्भ्रांत स्वभाव हृदय को स्पर्श कर लेने वाला था।

कभी मैं श्रमशक्ति भवन से घर जाते हुए नीचे खड़ी गाड़ी की बाट जोहती होती और श्री कुमारमंगलमजी आ जाएँ तो अपनी गाड़ी में वह पहले मुझे घर छोड़ देते थे। गाड़ी वह स्वयं चलाते थे। मेरे आग्रह पर घर के भीतर आते और बड़े चाव से थेपला खाकर प्रेमपूर्वक चाय पीते। वह कैबिनेट मंत्री थे, मैं राज्य-मंत्री, तिस पर भी नई-नई मंत्री बनी और अनुभवहीन। लेकिन उन्होंने अपना कैबिनेट मंत्री होने का तेवर कभी जतलाया नहीं। मेरे साथ सदा स्नेहपूर्ण व्यवहार करते थे। वास्तविक अर्थ में जो विद्वान् होते हैं, जिनमें महानता का महदांश होता है, उनमें विनम्रता एक स्वाभाविक गुण बनकर निवास करती है। यह मेरा दुर्भाग्य था कि ऐसे व्यक्ति का साथ अत्यल्प रहा। उनकी पत्नी और पुत्र-पुत्री आज भी मेरे साथ वैसा ही स्नेह-संबंध बनाए हुए हैं।

मेरे पर्सनल सेक्रेटरी श्री बालकृष्ण पाणिग्रही मूलत: उड़ीसा के निवासी थे। 1986 के हरियाणा कैडर के आई.ए.एस.। ऑफिसर थे। लगभग मेरे पुत्र की वय के थे। उनके प्रति मुझे पुत्रवत् ही स्नेह था। पहले वह नेशनल थर्मल पावर कॉर्पोरेशन (एन.टी.पी.सी.) में नौकरी करते थे। कम उम्र में भी वह अनुभव-वृद्ध थे। स्वभाव से अत्यंत तटस्थ एवं बुद्धिमान थे। पूरे स्टाफ को एक सूत्र में बाँधे रखते थे। हमारे बीच बढ़िया समन्वय था। इससे काम करने में बहुत आसानी रहती थी। मेरा काम और उत्तरदायित्व बढ़ते जा रहे थे। पावर प्रोजेक्ट के निरीक्षण में जाने के कारण मेरी यात्राएँ भी बहुत बढ़ गई थीं। थकान और आलस्य इन दो शब्दों को मैंने अपने शब्दकोश से निकाल फेंका था। विद्युत् के विषय पर मेरी पकड़ मजबूत होती जा रही थी।

सेमिनारों में मुझे जो भाषण देने होते थे उन्हें मैं स्वयं तैयार करती थी। पी.एस. पाणिग्रहीजी उनमें आवश्यक सुधार और संपादन कर दिया करते थे। भाषण देते समय मैं कभी कागज पकड़कर नहीं बोलती थी। लिखा हुआ भाषण कभी नहीं पढ़ती थी। पूरी तैयारी करती थी और तब आत्मविश्वास के साथ बोलती थी। हाथ में कागज न होने से श्रोताओं के साथ मेरा सीधा राबता बैठ जाता था। अधिकारियों पर भी मेरे भाषणों का प्रभाव पड़ता था। हिंदी में चल रहे मेरे भाषण को सुनने के लिए लॉबी में

घूम रहे लोग भी भीतर आ बैठते थे। हर बार मेरे भाषण के बाद लोग मेरे प्रति अभिनंदन के भाव व्यक्त करते।

एक बार मसूरी की Shri Lalbahadur Shastri academy of Administration में मेरा कार्यक्रम आयोजित किया गया था। जल-विद्युतोत्पादन तथा मेरे मंत्रालय से संबद्ध अन्य विषयों पर मुझे प्रेजेंटेशन देना था। तीस-तीस वर्ष से सरकारी नौकरी कर रहे अनुभवी आई.ए.एस. ऑफिसरों को संबोधित करना था। मेरे प्रेजेंटेशन के बाद लगभग डेढ़ घंटे तक सवाल-जवाब चलते रहे। दोपहर के भोजन पर जब सब इकट्ठा हुए तब अनेक अधिकारियों ने मुझ से कहा कि हमारे प्रश्नों का उत्तर इतने विस्तार के साथ अब तक कभी किसी मंत्री ने दिया हो, हमें याद नहीं पड़ता। आपके उत्तरों से हम वास्तव में प्रभावित हुए हैं।

ज्यों-ज्यों मेरा काम फैलता गया, त्यों-त्यों मेरे अनुभव और ज्ञान का क्षितिज भी विस्तीर्ण होता चला गया। मुझे अपनी योग्यता प्रदर्शित व स्थापित करने के अवसर भी मिलते चले गए। जल-विद्युत् परियोजनाओं के विकास हेतु मैंने अरुणाचल, असम, नागालैंड, मणिपुर, मिजोरम, सिक्किम आदि राज्यों के दौरे किए। इन राज्यों की प्राकृतिक संपदा अखूट और सौंदर्य अद्‌भुत है। उत्तरांचल और हिमाचल में भी जल-विद्युत् के विकास की भरपूर संभावनाएँ मौजूद हैं।

अंडमान-निकोबार द्वीप-समूह, लक्षद्वीप, केरल, आंध्र, तमिलनाडु और कर्नाटक राज्यों में थर्मल और हाइड्रो परियोजनाओं में विद्युत्-उत्पादन का कार्य होता है। मैंने इन सब राज्यों में जा-जाकर भी काम देखा-समझा और परियोजनाओं का निरीक्षण किया। राजस्थान, पंजाब, उत्तर प्रदेश, झारखंड, छत्तीसगढ़ और बिहार में चल रही परियोजनाओं का निरीक्षण करती हुई मैं इन राज्यों में भी दौरे पर रही। मेरे हाथों अनेक नई परियोजनाओं का शिलान्यास भी हुआ। अपने राज्यमंत्री के कार्यकाल में मैं आराम से बैठी ही नहीं, निरंतर दौरे पर रही, मानो मेरे पाँवों में पहिये लगे हों!

यात्रा करने का मुझे शौक भी है। निजी जीवन में भी मैं खूब घूमी हूँ। देश भर में तो यात्राएँ की ही हैं, विदेश-प्रवास भी बहुत हुआ। यू.एस.ए.यू.के., स्पेन, जर्मनी, स्विट्‌जलैंड, यूरोप के अन्य देश, दक्षिण अफ्रीका, चीन, मिस्र, श्रीलंका आदि सब देशों की यात्रा भी मैंने की हुई है। इसलिए राज्य-मंत्री के तौर पर बार-बार की यात्राएँ मुझे

बोझ नहीं लगती थीं, अपितु आनंद का अवसर होती थीं। हमारा शौक ही हमारा काम बन जाए, इससे बड़ा सौभाग्य और क्या हो सकता है?

मैं ब्राजील का ईटापू प्रोजेक्ट देखने गई थी। ब्राजील और पराग्वे इन दो राष्ट्रों ने मिलकर 14000 मेगावाट की यह योजना ईग्वासु नदी पर तैयार की है। दोनों राष्ट्रों के बीच एक ही कंट्रोल रूम है, जहाँ से इस परियोजना को नियंत्रित किया जाता है। मुझे यह देखकर घोर आश्चर्य हुआ कि दो देशों के बीच एक होकर ऐसी महत्त्वाकांक्षी योजना को साकार कर पाना संभव है? यहाँ हमारे देश के दो राज्य भी साथ मिलकर किसी एक योजना को कार्यसिद्धि नहीं दे पाते!

ईग्वासु नदी पर बनी इस परियोजना को देखकर ज्ञात होता है कि विज्ञान और टेक्नोलॉजी के बल पर मानव ने कैसे प्रकृति के रहस्यों का सदुपयोग किया है। मानव निश्चयकर ले तो नदियों का प्रवाह मोड़कर उनकी दिशा बदल दे, महाकाय पर्वतों को कुरेद कर उनमें सुरंगें घड़ ले, धरती के अंदर उतरकर पृथ्वी के गर्भ में विशाल पावरहाऊस को जीवंत कर दे। संक्षेप में कहें तो असंभव से दीख रहे कार्यों को देखते-देखते सिद्ध कर दिखाए। विज्ञान का उपयोग यदि रचनात्मक कार्यों में हो तो वह मानव-जाति के लिए बहुत बड़ा वरदान है; किंतु दुःख की बात है कि मनुष्य की बुद्धि में अकसर विकार भी घर कर जाता है और उसी विज्ञान का विध्वंसक कार्यों में इस्तेमाल कर लिया जाता है। ईग्वासु नदी का भीमकाय प्रपात देखा तो लगा कि नायगरा जल-प्रपात वामन हो गया है।

किसी जल-विद्युत् परियोजना के परिसर में जाने के बाद परिलक्षित होता है कि विज्ञान और टेक्नोलॉजी के साथ मिलकर प्रकृति के चार आयाम जल, पर्वत, वृक्ष और पक्षी उस क्षेत्र में अद्‌भुत सौंदर्य की सृष्टि कर देते हैं। वहाँ से हटने का मन ही नहीं होता। मेरी आँख के कैमरे से कैद होकर ऐसे दृश्य मेरी स्मृति में चिरस्थायी हो गए हैं और मन की स्क्रीन पर दौड़ लगाते रहते हैं।

मैंने ब्राजीलियन पावर सिस्टम की फेडेरल गवर्नमेंट इलेक्ट्रीसिटी कंपनी की रियो द जेनेरिओ स्थित संस्था मैसर्स इलेक्ट्रोब्राज (M/s. Electrobraz, A Federal Government Electricity Company of Brazilian Power System, Rio de Janeiro.) का भी दौरा किया।

श्री मोंटेक सिंह आहलूवालिया के साथ मैंने विश्व बैंक का दौरा किया। अमेरिका के एनर्जी सेक्रेटरी के साथ मेरी भेंट बहुत फलदायी रही। इसके अतिरिक्त जब अमेरिका में भारत के गणतंत्र दिवस का स्वर्ण-जयंती उत्सव मनाया गया था, तो मुझे वहाँ बसने वाले भारतीयों को संबोधित करने का अवसर मिला।

अंतरराष्ट्रीय सेमिनारों में मैं अंग्रेजी भाषण पढ़कर अपने विचार मुखर करती थी। मैंने इन सब भाषणों की पुस्तिका भी छपवाई थी, जो आज तक विद्युत् मंत्रालय के लिए उपयोगी सिद्ध हो रही है।

1947 में जब हमारा देश स्वतंत्र हुआ था तो हमारे यहाँ विद्युत् उत्पादन कुल 1350 मेगावाट था। आज स्वतंत्रता के 62 वर्ष पश्चात् एक लाख मेगावाट से अधिक विद्युत् का उत्पादन हो रहा है, जो आज की जनसंख्या को देखते हुए बहुत कम कहा जाएगा। दूसरे देशों की तुलना में बिजली पैदा करने में हम बहुत पीछे हैं।

हमारे देश के कुल बिजली उत्पादन में से सामान्यत: 74% थर्मल उत्पादन है, 23% हाइड्रो उत्पादन और 3% अणु ऊर्जा उत्पादन है। अब भारत सरकार गैर-परम्परागत विद्युत् उत्पादन, यथा सौर ऊर्जा, पवन ऊर्जा, बायो गैस से उत्पन्न होने वाली ऊर्जा आदि पर अधिक ध्यान दे रही है। इसको बढ़ावा देने के लिए कम ब्याज पर ऋण भी दिया जाता है। हमारे देश में गैर-परंपरागत ऊर्जा का उत्पादन धीरे-धीरे बढ़ रहा है।

देश की जिन विद्युत् परियोजनाओं का मैंने स्वयं निरीक्षण किया, उनका विवरण इस प्रकार है—

- हिमाचल प्रदेश : कोलडैम, चमेरा, पार्वती, बास्पा, नाथपा-जाखरी
- जम्मू-कश्मीर : उरी, दुलहस्ती
- उत्तरांचल : टिहरी, धौली गंगा
- मणिपुर : लोकटक
- अरुणाचल : सियांग रंगा नदी
- असम : सुभांसरी, कथलगुडी
- सिक्किम : तीस्ता
- नागालैंड : दोयांग

- मध्य प्रदेश : ओंकारेश्वर, इंदिरा सागर
- गुजरात : नर्मदा
- पश्चिम बंगाल : दुर्गापुर
- पंजाब : भाखड़ा-नांगल

भारत की हाइड्रो परियोजनाएँ उत्तम कोटि की हैं। हमारी सर्वप्रथम योजना भाखड़ा-नांगल थी। इसका शिलान्यास पंडित जवाहरलाल नेहरू के हाथों हुआ था। उस समय पंडित नेहरू ने कहा था, ये योजनाएँ तीर्थों की तुलना में कहीं अधिक पवित्र हैं।

देश के थर्मल पावर प्रोजेक्ट

- आंध्र प्रदेश : सिमाद्रि, रामागुंडम
- केरल : त्रिचूर, कायमकुलम
- गुजरात : जालौर, गांधार, केवास
- झारखंड : बाढ, उत्तरकरणपुरा
- बिहार : कहलगाँव
- मध्य प्रदेश : विंध्याचल
- उड़ीसा : तालचर
- असम : कथलगुडी
- उत्तर प्रदेश : ऊँचाहार, रिहंद, सिंगरौली, दादरी
- पश्चिम बंगाल : फरक्का, दुर्गापुर
- छत्तीसगढ़ : सीपट, कोरबा
- राजस्थान : कोटा
- हिमाचल : कोलडैम

मेरे दौरे के इन कार्यक्रमों को देखकर मंत्रालय का अधिकारी-वर्ग कहा करता था—इतने सब प्रोजेक्टों का दौरा किस्मत से ही किसी मंत्री ने किया होगा।

एन.डी.ए. शासन में भारत सरकार ने अनेक निर्णय लिये, जिनका सीधा संबंध विद्युत् उत्पादन क्षमता बढ़ाने से तथा ट्रांसमिशन में होने वाली लीकेज रोकने, पर्यावरण की रक्षा करने, खर्च कम करके विद्युत् संवर्धन करने आदि से था। ये सभी निर्णय बहुत

उपयोगी सिद्ध हुए। इसके साथ ही सरकार ने ट्रांसमिशन का निरीक्षण करनेवाले 'पावर ग्रिड' विभाग के माध्यम से 'नेशनल ग्रिड' की रचना का निर्णय लिया। देश को पाँच क्षेत्रों अर्थात् 'जोन' में रखा गया। प्रत्येक जोन में ऐसी व्यवस्था है कि 'Load dispatch centres' के माध्यम से उन राज्यों को विद्युत् पहुँचाई जाती है, जहाँ बिजली की कमी हो। ये 'लोड डिस्पैच सेंटर' अत्याधुनिक एवं पूर्णरूपेण कंप्यूटराइज्ड हैं। विज्ञान और तकनीक के साथ जब मनुष्य के बुद्धि-बल का मेल होता है तो आश्चर्य से अभिभूत कर देने वाले परिणाम प्राप्त करना संभव हो जाता है। कुछ वर्ष पहले जो बातें परी-कथाओं जैसी भासती थीं, वे आज वस्तुतः लक्षित की जा सकती हैं। यह सब विज्ञान और तकनीक का कमाल है और उनसे ज्यादा यह कमाल है मानव-मेधा का!

कच्छ भूकंप के पश्चात् सब स्टेशनों का निरीक्षण करते हुए

26 जनवरी, 2001 को कच्छ में विनाशकारी भूकंप आया। पृथ्वी डोल उठी। वृक्ष या मकान, सब धराशायी हो गए। अनगिनत स्थानों पर लोग मलबे के नीचे दब गए। कई जगह धरती फट गई और असंख्य लोग उसके उदर में समा गए। ऐसे हिल रही धरती पर मानो कोई सूप में गेहूँ फटक रहा हो, लोग तितर-बितर होकर भाग रहे थे। कुछ पलों के इस तांडव में होनी-अनहोनी सब घटित हो गई। शवों के ढेर पहाड़ से ऊँचे, रक्त की धार नदी जैसी, मूक पशु बेचारे काल के मुख में ग्रास के समान। यह एक भयंकर राष्ट्रीय आपदा थी। प्रकृति मानो पगला गई हो और क्रोध में उसने कहर बरपा दिया हो। धरती माता कोप से भर उठी थी। कच्छ के 49 विद्युत् सब-स्टेशन विनष्ट हो गए थे। बिजली की आपूर्ति पूरी तरह अवरुद्ध हो गई थी। उन दिनों में मैंने चार-पाँच बार कच्छ का दौरा किया। केंद्र सरकार के इंजीनियरों की सहायता से और केंद्र से मिली आर्थिक राहत से भू-लुंठित हो गए और मलबे के ढेर में दबे ट्रांसफॉर्मरों की मरम्मत करवाई और मात्र तीन महीने में 49 सब-स्टेशन फिर से खड़े कर दिए। विद्युत् आपूर्ति पुनः सामान्य ढंग से आरंभ हो गई। गुजरात

सरकार ने भी इस काम में सहयोग किया। गुजरात हाई कोर्ट के एक जज ने विद्युत् मंत्रालय के काम का विशेष नोटिस लिया और प्रशंसा की।

विद्युत् मंत्रालय पर्यावरण का भी विशेष ध्यान रखता है। अधिक-से-अधिक पेड़ लगाना, परियोजनाओं के आस-पास सुंदर उद्यानों का निर्माण, वहाँ बसाए गए टाऊनशिप में वृक्षारोपण करना और हरे-भरे लॉन बनाना विद्युत् मंत्रालय की जिम्मेदारी रहता है। परियोजना के दौरे पर आने वाले प्रत्येक महानुभाव के हाथों वृक्षारोपण अवश्य करवाया जाता है। मैंने भी अपने हाथों अनेकानेक वृक्ष रोपे हैं। ये वृक्ष आज बड़े-बड़े हो गए होंगे। शहरों के तापमान की तुलना में इन परियोजनाओं के टाऊनशिप में तापमान 3 या 4 डिग्री कम रहता है। यह तथ्य पर्यावरण के संरक्षण का जीता-जागता प्रमाण है। वृक्ष काटकर और वन-संपदा का विनाश करके मनुष्य-जाति ने अपने हाथों अपने पाँव पर कुल्हाड़ी मार ली है। आज पर्यावरण के संरक्षण की समस्या इतनी गंभीर हो गई है कि समूची पृथ्वी के अस्तित्व को ही संकट उत्पन्न हो गया है।

विद्युत-उत्पादन के लिए कोयले का उपयोग करनेवाले एन.टी.पी.सी. में राख का पहाड़ बन जाता है। विद्युत् मंत्रालय राख के इन टीलों पर मिट्टी बिछवाता है और एक से एक सुंदर उद्यानों की सृष्टि करवाता है। एन.टी.पी.सी. के उद्यानों में उगाए गए फूल, फल और सब्जियाँ देश भर में होने वाली विभिन्न प्रतियोगिताओं में प्रथम स्थान पर आते हैं। विद्युत मंत्रालय में इसी काम के लिए एक स्वतंत्र विभाग कार्यरत है। राख से ईंटों का निर्माण भी करते हैं।

थर्मल और हाइड्रो परियोजनाओं का अध्ययन करके इनकी प्रोजेक्ट रिपोर्ट तैयार करने का काम सेंट्रल इलेक्ट्रिसिटी अथॉरिटी (सी.ई.ए.) द्वारा किया जाता है। प्रोजेक्ट रिपोर्ट बन जाने के बाद ही तय दिशा में आगे बढ़ा जा सकता है। सी.ई.ए. ने जल-विद्युत् क्षमता को लक्ष्य करके एक विशेष अध्ययन का बीड़ा उठाया था, जिसमें निष्कर्ष निकला कि भारतवर्ष में 1,20,000 (एक लाख बीस हजार) मेगावाट जल-विद्युत् उत्पन्न करने की क्षमता है। एक मेगावाट जल-विद्युत् के उत्पादन में साढ़े चार से पाँच करोड़ रुपए तक का खर्च होता है। इसकी तुलना में अणु-विद्युत् उत्पादन कहीं अधिक खर्चीला है, इसलिए भारत सरकार को हाइड्रो उत्पादन और गैर-परंपरागत ऊर्जा-उत्पादन पर अधिक ध्यान केंद्रित करना वांछित है।

राष्ट्र के सर्वांगीण विकास के लिए आवश्यक हो उतनी बिजली आपूर्ति करना जरूरी समझा गया और इसी कारण एन.डी.ए. सरकार ने कई लाभदायी एवं आवश्यक कदम उठाए।

'हर घर को बिजली' इस सूत्र को अपनाया गया। राज्य स्तर पर विद्युत बोर्डों को सशक्त बनाया गया। विद्युत् वितरण व्यवस्था की त्रुटियों को हटाकर आवश्यक नए संशोधन किए गए। ऊर्जा क्षेत्र को सूचना-प्रौद्योगिक क्षेत्र के साथ जोड़कर अत्याधुनिक बनाया गया। विद्युत क्षेत्र में ज्यादा पूँजीनिवेश हो, इसके लिए निजी क्षेत्रों को भागीदार होकर Captive Power Generation को प्रोत्साहित किया गए। Power Trading Corporation की स्थापना की गई। पारेषण पद्धति में अंतरराष्ट्रीय सहयोग लेकर National Grid का निर्माण किया गया। जल विद्युत् उत्पादन बढ़ाने के लिए नए सिरे से सर्वे करवाकर कई परियोजनाएँ मंजूर की गईं।

सबसे महत्त्वपूर्ण विषय 'विद्युत् बिल 2001' को तैयार करके संसद् द्वारा मंजूर करवाया गया। परिणामस्वरूप इस क्षेत्र में एक नई कांति हुई।

राज्यमंत्री के मेरे इस कार्यकाल के दौरान कभी न भुलाई जा सकने वाली एक भयावह घटना भी घटी और वह थी 13 दिसंबर, 2001 को संसद् भवन पर आतंकवादी हमला।

दोपहर में संसद् से निकलकर मैं अभी अपने ऑफिस में आकर बैठी ही थी कि फायरिंग शुरू हो गई। संसद् का परिसर मेरे कार्यालय के एकदम निकट था। फायरिंग की खौफनाक आवाज से मेरा दिल भी दहल उठा। कुछ समझ में नहीं आ रहा था कि आखिर यह हो क्या रहा है? मैं उधर जाने को उद्यत हुई कि सुरक्षा-कर्मियों ने मुझे रोक लिया। संसद् पर आतंकवाद् का हमला! इस बात से मुझे गहरा धक्का पहुँचा।

ईश्वर की असीम अनुकंपा ने ही उस दिन देश की रक्षा कर ली। आतंकवादी संसद् के भीतर प्रवेश नहीं कर पाए। भारत के लोकतंत्र की लाज बच गई। हमारे सात जवान शहीद हो गए। उन शहीदों को सलाम, जिन्होंने अपना रक्त बहाकर देश के मान की रक्षा की।

यदि आतंकवादी संसद् के भीतर प्रवेश करने में सफल हो जाते तो क्या होता, इसकी कल्पना-मात्र से आज भी मेरे रोंगटे खड़े हो जाते हैं। प्राणों के संकट का यह खेल तीन घंटे तक चला। तीन घंटे तक न तो कोई अंदर से बाहर आ पाया, न बाहर से अंदर जा सका।

दूसरे दिन सब प्रत्यक्ष देखने में आया। संसद् में एक विचित्र भय-मिश्रित चुप्पी छाई हुई थी। कर्मचारियों के चेहरों पर उदासी थी। आतंकवाद के विषय में अनेक बार परोक्ष रूप से बहुत कुछ सुना था, पढ़ा भी था, किंतु आतंक का मेरा यह पहला प्रत्यक्ष अनुभव था।

आतंकवाद अब एक वैश्विक समस्या बन गया है। आतंकी गतिविधियाँ इस हद तक बिगड़ चुकी हैं कि समूचा विश्व जैसे किसी ज्वालामुखी पर बैठा हुआ है। कब और कहाँ महा-विस्फोट हो जाएगा—कहना मुश्किल है। आतंकवादी संगठन पूरी तरह प्रशिक्षित हैं, आधुनिकतम शस्त्रों से सज्ज हैं और उनके सिर पर एक ऐसा जुनून सवार है, वे मौत से खौफ नहीं खाते। यही कारण है कि आतंकवाद को थामने के अब तक के सब प्रयास अपर्याप्त सिद्ध हुए हैं। अट्टहास करते राक्षसों की भाँति ये आतंकवादी जब चाहे, जहाँ चाहे टूट पड़ते हैं और हजारों निर्दोषों का रक्त बहा देते हैं। इनका एकमात्र उद्देश्य है, लोगों के मन को आतंकित और भयभीत रखना।

गुप्तचर एजेंसियाँ निष्ठापूर्वक अपने काम में लगी रहती हैं। अधिकांश आतंकवादी हमलों को निष्फल कर दिया गया है, फिर भी आतंकवाद को जड़-मूल से उखाड़ फेंकना लोहे के चने चबाने के समान है। इन क्रूर-हृदय आतंकियों की नित नई फसलें उपजती आ रही हैं और यह सिलसिला कहीं थमने का नाम नहीं ले रहा।

एक ओर पर्यावरण के सर्वनाश से उत्पन्न ग्लोबल वार्मिंग की समस्या मुँह बाए खड़ी है तो दूसरी ओर आतंकवाद का दानव उपस्थित है। मनुष्य जाति ने प्रकृति के साथ इस कदर खिलवाड़ किया है, अब कुदरत ने विद्रोह कर दिया है। और आतंकवाद भी तो मूलतः मानव-सर्जित है।

ऐसे में 'संभवामि युगे-युगे' का वचन देने वाले नारायण अवतार लेना चाहेंगे? □

निजी सचिव श्री बालकृष्ण पाणिग्रही

एक बार विद्युत् मंत्रालय द्वारा नियोजित एक दौरे में मैं और मेरे निजी सचिव श्री पाणिग्रही अमेरिका गए हुए थे। हम लोग लंदन होते हुए 30 जून को दिल्ली लौट आए। मैं दिल्ली से मुंबई आ गई। दो दिन बाद मैंने फोन करके श्री पाणिग्रही से पूछा, आपकी थकान उतरी? नींद पूरी हो गई? अब तो नियमित काम-काज शुरू हो गया होगा? श्री पाणिग्रही की आवाज में दुर्बलता के स्वर सुनाई दिए। मैंने फिर पूछा, क्या हुआ? आपकी आवाज ऐसी क्यों हो रही है? तबीयत तो ठीक है न? उत्तर मिला, पता नहीं मुझे क्या हुआ है। मैं जरा सा भी नहीं सो पा रहा हूँ। सोने की कोशिश करता हूँ तो वमन हो जाती है। पेट में जलन हो रही है। दवाई ले रहा हूँ, पर कोई फायदा होता नहीं दीख रहा। मुझे चिंता हुई। अचानक क्या हुआ होगा? मैंने उन्हें परामर्श दिया, आप ऑल इंडिया मेडिकल इंस्टीट्यूट में जाकर सीनियर डॉक्टर को दिखाइए और डॉक्टर क्या कहता है, मुझे तुरंत बताइए।

श्री पाणिग्रही के साथ दिल्ली निवास-स्थान पर

तमाम टेस्ट हुए और परिणाम में जो निष्कर्ष निकला, वह धक्का पहुँचाने वाला था। उन्हें पैंक्रियाज का कैंसर था। स्वस्थ और तंदुरुस्त दीखने वाले पाणिग्रहीजी के शरीर में कैंसर नाम का यह दैत्य कब प्रविष्ट हो गया? विश्वास न हो ऐसी बात थी। और देर करना उचित नहीं था। आगामी 6 जुलाई को ऑपरेशन

करवाने का फैसला हो गया। सर गंगाराम हॉस्पिटल में उनकी सफल शल्य-चिकित्सा हो गई। एक सप्ताह में उन्हें घर जाने की अनुमति भी मिल गई।

पाणिग्रहीजी का घर पहली मंजिल पर था, जहाँ उन्हें ले जाना कठिन लग रहा था। इसलिए मेरे बँगले में एक अलग कमरे में उनके रहने की व्यवस्था कर दी गई। हॉस्पिटल से वह सीधे मेरे बँगले पर ही आए। उनके परिवार को भी मैंने वहीं रहने को बुला लिया।

उपचार चल रहा था, किंतु कैंसर जैसे दुश्चिकित्स्य रोग ने एक बार उनके शरीर में घर कर लिया था तो अंदर बैठा-बैठा अपने साम्राज्य का विस्तार करता रहा। डॉक्टर ने सप्ताह में एक बार कीमोथैरैपी देने का निर्णय किया। हर सप्ताह उन्हें कीमोथैरैपी के लिए ऑल इंडिया इंस्टीट्यूट ऑफ मेडिकल साइंसेज ले जाया जाता। सुबह दाखिल हों और शाम को छुट्टी मिले। कुछ दिनों में कीमोथैरैपी के आनुषंगिक दुष्प्रभाव दिखने लगे। उल्टियाँ होने लगीं, बाल झड़ गए, खुराक कम हो गई, कमजोरी बढ़ती गई, बड़ी आंत का संकुचन हो गया। और भी अनेक समस्याएँ उठ खड़ी हुईं। कैंसर ने अपनी पूरी सेना के साथ पाणिग्रहीजी पर आक्रमण किया था।

बड़ी आंत के सिकुड़ गए हिस्से को काटकर निकाल देने के लिए पाणिग्रहीजी का दूसरा ऑपरेशन किया गया। तबीयत दिनोदिन गिरती जा रही थी। मैं उनके स्थान पर दूसरे पी.एस. का प्रबंध कर सकती थी, किंतु मैंने ऐसा नहीं किया, कारण कि उनके हटते ही उनके इलाज का खर्च सरकार से मिलना बंद हो जाता। मैं निजी सचिव के बिना ही जैसे-तैसे काम चलाती रही। आहार में मूँग का पानी, उबली दाल का पानी या दही से आगे वह कुछ नहीं ले पाते थे। अंदर से श्री पाणिग्रही पूरी तरह टूट चुके थे। उन्हें भास गया था कि अब वह और ज्यादा नहीं जीएँगे।

डूबते को तिनके का सहारा और दवा काम न करे तो दुआ। मैंने दिल्ली के एक बड़े ज्योतिषी को श्री पाणिग्रही की जन्म कुंडली दिखाई। ज्योतिषी ने भविष्यवाणी की, इस व्यक्ति का जीवन 5 जून, 2003 तक है बस

विज्ञान ने चाहे जितनी ऊँची छलाँग लगा ली हो, मृत्यु पर उसे अभी तक विजय प्राप्त नहीं हुई है। मृत्यु के आगे मनुष्य विवश है। किसी को पता नहीं, मृत्यु कौन घड़ी क्या रूप धरे उसके समक्ष आ खड़ी हो। मृत्यु तो अतिथि है, अचानक द्वार खटखटाएगी

और किवाड़ खोलकर हमें उसके स्वागत में बाँहें फैलानी ही होंगी। अभी कुछ दिन पहले तक श्री पाणिग्रही पूर्ण स्वस्थ थे। उन्हें देखकर लगता था कि रोग उन्हें छू तक नहीं गया और आज उनमें उठकर बैठने तक की शक्ति नहीं बची है।

पाणिग्रहीजी ने अपने व्यक्तिगत जीवन की बहुत सी बातें मुझे बताई थीं। उनकी एक ही पुत्री थी। उसकी शिक्षा-दीक्षा और विवाह आदि का पूरा-पूरा प्रबंध उन्होंने कर रखा था। अपनी अंतिम इच्छा व्यक्त करते हुए उन्होंने कहा था कि देह छूटने के बाद उनका अंतिम स्नान भुवनेश्वर में उनके घर के कुएँ के जल से करवाया जाए, अंतिम संस्कार जगन्नाथपुरी के स्वर्गाश्रम में किया जाए, और अस्थियाँ हिमालय को अर्पित कर दी जाएँ। ज्योतिषी की भविष्यवाणी का दिन आने के पहले ही उनकी मृत्यु हो गई। युवावस्था कही जा सकने वाली 41 की उम्र में 16 मई, 2003 को श्री बालकृष्ण पाणिग्रही ने अंतिम श्वास लिया।

आखिर में उन्हें उनके एक मित्र डॉ. एन.के. पांडे के एस्कोर्ट अस्पताल, फरीदाबाद ले जाया गया था। वहाँ उन्हें आई.सी.यू. में रखा गया था। जिस दिन मृत्यु हुई, उस दिन सुबह उनकी तबीयत बहुत ज्यादा बिगड़ गई थी। मुझे सुबह साढ़े छह बजे मुंबई में डॉ. पांडे का फोन मिला। मैंने तुरंत दिल्ली की फ्लाइट पकड़ी और दिल्ली से फरीदाबाद पहुँची। पाणिग्रहीजी से मिली तो उन्होंने कहा, मुझे पानी की बेहद प्यास लगी है, मगर ये लोग मुझे पानी नहीं दे रहे हैं। मैंने नर्स से कहकर पानी मँगवाया। कैंसर ने उन्हें उनकी अंतिम अवस्था तक ला पटका था। अब उन्हें प्यास में छटपटाते मृत्यु को प्राप्त होने देने का कोई अर्थ नहीं था। मैंने अपने हाथ से उन्हें पानी पिलाया। तब उन्होंने मेरा हाथ पकड़कर अपनी बाँह पर इंजेक्शन से पड़े लाल-हरे दाग दिखलाए, हाथ में हो गई सूजन दिखाई, पीठ में हो गया घाव दिखाया और किसी नन्हे बालक की तरह बस बोलते रहे, बोलते रहे। बोलते-बोलते उनके प्राण-पखेरू उड़ गए। बस मेरा हाथ उनके हाथ में रह गया। मैंने मृत्यु को बहुत पास से देखा।

मैंने देखा कि कर्मठ और स्फूर्ति से भरा एक मनुष्य पूरी तरह निस्सहाय बना मृत्यु की गोद में लेटा चिरनिद्रा में सो रहा है।

डॉ. पांडे ने मुझ से आगे की व्यवस्था के बारे में पूछा। मैंने उन्हें पाणिग्रहीजी की अंतिम इच्छा बताई। डॉ. पांडे फरीदाबाद में ही अंतिम संस्कार कर देना चाहते थे,

क्योंकि पाणिग्रहीजी बतौर कलेक्टर फरीदाबाद की सेवा कर चुके थे। वहाँ बहुत लोग उन्हें जानते भी थे। किंतु मैंने उनकी अंतिम इच्छा को ही मान देने का आग्रह किया। मृत देह को भुवनेश्वर पहुँचाने के लिए कॉफिन का बंदोबस्त किया और परिवार के लोगों के लिए वायुयान के टिकटों की व्यवस्था की।

श्री पाणिग्रही के वृद्ध माता-पिता पुत्र की अकाल मृत्यु से विह्वल हो गए थे। दूसरे दिन दिल्ली एयरपोर्ट पर सुबह सात बजे विद्युत् मंत्रालय के कर्मचारियों की उपस्थिति में श्री बालकृष्ण को अश्रु भरी विदाई दी गई। भुवनेश्वर एयरपोर्ट पर हमारे मंत्रालय के वहाँ के कर्मचारियों ने आगे की व्यवस्था सँभाल ली। दिवंगत की अंतिम इच्छा के अनुसार घर के कुएँ के पानी से अंतिम स्नान करवाया गया। अग्नि संस्कार के लिए जगन्नाथपुरी ले जाया गया। अंतिम क्रिया पूर्ण होने तक मैं निरंतर फोन पर संपर्क में रही। अस्थियाँ हिमालय में विसर्जित भी कर दी गईं।

श्री पाणिग्रहीजी की पत्नी को मैंने 'पावर ग्रिड' में नौकरी दिलवा दी। गुड़गाँव में तीन बेडरूम का एक फ्लैट भी दिलवाया। पुत्री को स्कूल में प्रवेश दिलवाया। स्व. पाणिग्रहीजी के प्रोविडेंट फंड की रकम, ग्रैच्युटी, नियमानुसार बाकी बचा वेतन, शेष रहा मेडिकल बिल तथा अन्य जितने के वह नियमानुसार अधिकारी थे, सब समय पर दिलवाया तथा हर यथोचित सहायता की। आज उनके परिवार को कोई आर्थिक चिंता नहीं है। जाने वाले की कमी तो कोई पूरी नहीं कर सकता, किंतु स्वजन के अभाव को सह्य बनाया जा सके और परिवार को अभावग्रस्त जीवन न जीना पड़े, इसके लिए मैंने हर संभव प्रयत्न किया। उनके वृद्ध माता-पिता आज भी जीवन में पुत्र-शोक की व्याकुलता अनुभव करते हैं। मुझसे कहते हैं, हमने बालकृष्ण को केवल जन्म दिया। वास्तव में तो वह आप ही का पुत्र था। आपने सगी माँ से बढ़कर उसका ध्यान रखा।

'इंडियन एक्सप्रेस' ने एक दिन अपने ले आऊट और टाइटिल में परिवर्तन किया और ऊपर मेरे और पाणिग्रहीजी के फोटोग्राफ प्रकाशित किए। समाचार पत्र ने लिखा, इंडियन एक्सप्रेस आज पहली बार अपने टाइटिल का स्वरूप बदल रहा है। कारण कि मंत्री बीमार पड़ते हैं तो आम बात है कि उनके निजी सचिव उनकी सेवा-टहल में लगे दिखाई दें। किंतु ऐसी विरल घटना पहली बार देखी कि कोई मंत्री अपने पी.एस. की सेवा में लगी है। 'इंडियन एक्सप्रेस' के पत्रकार ने मुझे फोन करके कहा, हमारा

अखबार आपको सलाम करता है।

मेरे विचार से मैंने कुछ विशेष नहीं किया। मैं पहले एक इनसान हूँ, मंत्री बाद में हूँ। मैंने मानव-धर्म का निर्वाह-मात्र किया। दु:ख की घड़ी में मैं जिसके साथ खड़ी दिखाई दी, वह मेरे साथ काम करने वाला एक सह-कर्ता मनुष्य था। उस मनुष्य के न रहने पर पीछे बचे उसके संसार को खंडित होने से बचाने का उपक्रम किया। हमारे घरों में जैसे हमारा एक परिवार होता है वैसे ही कार्यालय में भी हमारा एक समानांतर परिवार होता है। उस परिवार के यदि हम मुखिया हैं तो परिवार के प्रत्येक सदस्य के सुख-दु:ख में हमारा नहीं तो और किसका सहभाग होगा?

दिल्ली के आई.ए.एस. अधिकारी प्राय: एक-दूसरे को जानते-पहचानते हैं। पाणिग्रहीजी के बहुतेरे आई.ए.एस. मित्र उन्हें मिलने-देखने मेरे बँगले पर आया करते थे। वे सब आज भी मेरे साथ संबंध बनाए हुए हैं। मैंने जीवन भर मनुष्यों को जोड़ने का काम किया है। यही मेरी सबसे बड़ी पूँजी है। इन संबंधों की दौलत लेकर मैं स्वयं को धनिक की श्रेणी में गिनती हूँ। मनुष्य को यदि श्रीमंत कहलाना हो तो वास्तविक पैमाना यही है। महाकवि श्री उमाशंकर जोशी के इस भाव का गुंजार मैंने अपने हृदय में कभी थमने नहीं दिया—

धरा दुलराती मनुजता भर हृदय उल्लास से,
तिलक कर पाऊँ उसी से मैं मनुज, बस बहुत है।

पाणिग्रहीजी के अवसान के बाद मैंने जुलाई महीने में श्री संजीव कौशल को अपने निजी सचिव के काम के लिए चुना। वह 1988 के तमिलनाडु कैडर के आई.ए.एस. अधिकारी थे। श्री कौशल कार्यकुशल और मिलनसार व्यक्ति थे। मेरे स्टाफ के अन्य सदस्यों के साथ उनका अच्छा-खासा समन्वय था। मुझे अपने स्टाफ की ओर से कभी कोई दिक्कत पेश नहीं आई। मेरे स्टाफ में श्री सीतारामन, श्री नारंग, श्री रस्तोगी, श्री सुशील, श्रीमती सपना सक्सेना, श्री सिक्का, श्री जहीर, श्री शिवदयाल आदि लोग थे। श्री ओमवीर मेरे ड्राइवर हुआ करते थे।

मेरे निवास-स्थान का कार्यालय भी सदा कार्यरत रहता था। वहाँ भी मुझे गुड्डू, उपेंद्र, शिवकुमार जैसे निष्ठावान कर्मचारी मिले थे। रविवार की सुबह भी मुझ से

मिलने के लिए आने वालों का ताँता लगा रहता था। मैं घर में भी कभी-कभार अधिकारियों के साथ मीटिंग कर लिया करती थी।

दीपावली और गणेशोत्सव जैसे त्योहारों पर मैं विद्युत् मंत्रालय के अधिकारियों को घर पर निमंत्रित किया करती थी। ढोकला, हाँडवा, चोलाफली, चकरी, पिटे चने, पापड़ी गाँठिया जैसे व्यंजन वे सब बड़े शौक से खाते थे। श्री अटल बिहारी वाजपेयी, श्री लालकृष्ण आडवाणी और उपराष्ट्रपति श्री भैरोंसिंह शेखावत बहुत बार मेरे यहाँ भोजन पर पधारे। दिल्ली और मुंबई के कार्यकर्ताओं का भी मेरे यहाँ बहुत आना-जाना लगा रहता था। बहुत बार दिल्ली के चाँदनी चौक की फ्रूट कुल्फी, कुल्हड़-कुल्फी और चाट की पार्टियाँ भी हो जाती थीं। पार्टी आयोजित करने के लिए बस कोई बहाना मिलना चाहिए। अनेक बार पत्रकारों के लिए भी भोजन-समारंभ का आयोजन होता था। मैं ठहरी खाने-खिलाने की शौकीन। यह गुजरातियों का मूल स्वभाव है। तिस पर मैं एक कार्यकुशल गृहिणी और पाक-कला में पारंगत भी थी ही, मंत्री तो बहुत बाद में हुई। मेरे यहाँ आकर खाने वाले तृप्त होकर भोजन करते और अगले निमंत्रण का मौका ढूँढ़ते।

□

सांसद-निधि, समाज-सेवा

केंद्र सरकार प्रतिवर्ष प्रत्येक सांसद के लिए उनके चुनाव-क्षेत्र के विकास हेतु दो करोड़ रुपए की व्यवस्था करती है। यह दो करोड़ रुपया प्रतिवर्ष जिलाधिकारी के पास जमा हो जाता है। चुनाव-क्षेत्र में विकास का जो काम होना हो, उसका विवरण देते हुए सांसद को जिलाधिकारी के पास पत्र भेजना होता है। इसके उपरांत सांसद द्वारा बनाई गई योजना का बजट तैयार किया जाता है। तब कहीं जाकर उस योजना को कलेक्टर की स्वीकृति मिलती है। इस स्वीकृति के मिल जाने के पश्चात् मुंबई जैसे महानगर में महानगरपालिका अथवा म्हाडा जैसी एजेंसियों को काम सौंप दिया जाता है। जब तक काम चलता है, निरंतर उसका निरीक्षण करते रहना पड़ता है। मेरी सांसद-निधि के द्वारा होनेवाले प्रत्येक विकास-कार्य का निरीक्षण श्री संजीव पटेल (जिला महामंत्री) पूर्ण निष्ठा से करते थे। काम संपन्न हो जाने के बाद वहाँ सांसद के नाम की तख्ती लगाई जाती है और जिस एजेंसी ने काम पूरा किया हो, उसे कलेक्टर द्वारा भुगतान कर दिया जाता है।

मुझे मिली सांसद-निधि में से जो कार्य संपन्न हुए, उनका विवरण इस प्रकार है—

- उपवनों का निर्माण,
- ट्रैफिक-आइलैंड का सुशोभीकरण,
- मरीन लाईंस व चर्नी रोड रेलवे स्टेशनों के पैदल चलने वालों को सड़क पार करने की सुविधा जुटाते दो विशाल पुलों का निर्माण,
- स्कूलों में कंप्यूटरों का वितरण,
- पुराने और मिट्टी भरकर बंद हो गए कुओं में बोरिंग करवाकर ऐसी व्यवस्था करवाना कि चॉलों को अधिक पानी की आपूर्ति हो सके,

- दो इमारतों के बीच की हाऊस-गलियों की मरम्मत,
- पेवर ब्लॉक लगाकर चौराहों और सड़कों को स्वच्छ बनाए रखने की व्यवस्था,
- विशाल सोसाइटियों में पानी की अंडरग्राऊंड टंकियों का निर्माण,
- हिंदू जीमखाना की सड़क का पुनर्निर्माण,
- झोंपड़पट्टियों में सैकड़ों शौचालयों का निर्माण,
- जहाँ-जहाँ स्थान उपलब्ध था, वहाँ समाज-मंदिरों का निर्माण,
- अस्पतालों में आवश्यकतानुसार मूल्यवान यंत्रों की उपलब्धि करवाना,
- मोबाईल वैन की सेवाएँ उपलब्ध करवाना,
- खेल-मैदानों का विकास,
- कोलाबा की झोंपड़पट्टियों (गीता नगरी) में रहनेवाले 10000 लोगों के लिए बिजली के खंभे गड़वाकर उन्हें बिजली की आपूर्ति दिलवाना (स्वतंत्रता के इतने वर्ष बाद भी यहाँ बिजली उपलब्ध नहीं थी।)

मैं सांसद-निधि का अधिकाधिक उपयोग कर पाई, मुझे इस बात का अत्यधिक आनंद एवं संतोष है। मेरे मतदाता भी इस बात पर गौरवान्वित अनुभव करते होंगे।

आज स्थिति में बहुत उलट-फेर हो गया है। कितने ही सांसद अथवा विधायक ऐसे आ गए हैं, जो इस फंड का उपयोग जनहित में करने हेतु 25 से 30 प्रतिशत तक कमीशन लेने लगे हैं। बजाय इसके कि ये लोग जनता के पैसे के ट्रस्टी बनें, ये उसे डकार जाते हैं और इस तरह वे भ्रष्टाचार की हर सीमा का खुलेआम उल्लंघन कर रहे हैं। राजनीतिक नेता यह सब जानकर भी मुँह फेर लेते हैं, यह देश का घोर दुर्भाग्य है।

अपनी सांसद-निधि के प्रतिवर्ष के व्यय का विवरण मैंने पुस्तिका के रूप में प्रकाशित करवाकर अपने मतदाताओं को दिया था। यह प्रथा मैंने अपने विधायक-काल से ही आरंभ कर दी थी और अंत तक बनाए रखी। जनता ने सदा मेरे कार्य की प्रशंसा ही की है। पाँच वर्ष की अवधि में मैंने दस करोड़ रुपया जन-साधारण के लाभार्थ व्यय किया और पाई-पाई का हिसाब देकर जनप्रतिनिधि के अपने उत्तरदायित्व को यथायोग्य निभाया।

बिजली के क्षेत्र में प्रगति हो इस हेतु से भारत सरकार ने राज्य सरकारों के साथ आर्थिक सहयोग करने के लिए एक अत्यंत प्रेरक योजना शुरू की थी—

ए.पी.डी.आर.पी. एक्सलेरेटेड पावर डेवेलपमेंट एंड रिफॉर्म प्रोग्राम (Accelarated Power Development and Reform Programme. (A.P.D.R.P.) । इस कार्यक्रम के अधीन जितनी आर्थिक सहायता केंद्र देता है, उतनी ही रकम राज्य सरकार को जुटानी होती है और विद्युत् ट्रांसमिशन की पुरानी पड़ गई व्यवस्था का आधुनिकीकरण करना होता है, ताकि बिजली की लीकेज से राज्य सरकार को होने वाली हानि को रोका जा सके। इस योजना के अंतर्गत मैंने अपने मतदाता-क्षेत्र दक्षिण मुंबई के लिए (B.E.S.T.) के वास्ते 144.52 करोड़ रुपया प्रदान किया था। बेस्ट ने इस रकम का बेहतरीन सदुपयोग करके पाठकवाड़ी में अत्यंत आधुनिक स्काडा-सिस्टम स्थापित किया, जिसके चलते दक्षिण मुंबई में बिजली कभी गुल नहीं होती। बेस्ट के तत्कालीन चेयरमैन श्री राजेश शर्मा और जनरल मैनेजर श्री स्वाधीन क्षत्रिय ने इस काम में बहुत सहयोग किया था। दक्षिण मुंबई में स्थित फाईव स्टार होटल, मंत्रालय, राजभवन, कॉर्पोरेट जगत् के अनगिनत कार्यालय, सिनेमाघर और लाखों की संख्या में विद्युत्-उपभोक्ता आज इस योजना से लाभान्वित हो रहे हैं। मुंबई के उप-नगरों में लोड-शेडिंग करना पड़ता है और बी.एस.ई.एस. (Bombay Subardan Electric Supply, BSES) की बिजली के लिए ज्यादा दाम चुकाना पड़ता है। 'डाउन टाउन' में लोगों को 'बेस्ट' की बिजली उपयुक्त दाम पर उपलब्ध हो रही है।

□

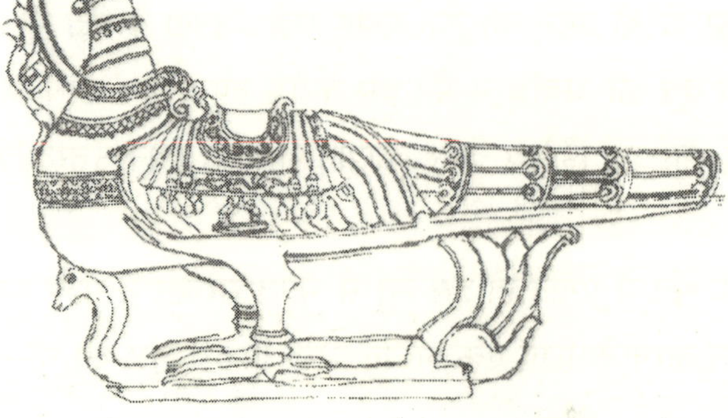

पीहर से उऋण करती समाज-सेवा

मेरा मायका यानी औरंगाबाद। जहाँ मैं 19 वर्ष की वय होने तक रहा करती थी। जहाँ मेरा जन्म हुआ, मेरा पालन-पोषण हुआ, मेरी शिक्षा-दीक्षा हुई। वह भूमि जिसके साथ मैं अखंड रूप से संलग्न हो गई। इस भूमि का ऋण चुकाने के लिए मुझे बहुत कुछ करना अपेक्षित था, किंतु क्या करना होगा, कुछ समझ में नहीं आता था। तब ईश्वर ने मुझे प्रेरित करने के संयोग रचे।

औरंगाबाद में स्थित पुष्टिमार्गीय हवेली श्री द्वारकाधीशजी का मंदिर 200 वर्ष से अधिक पुराना हो चुका था और अब गिरा-तब गिरा की हालत में था। वैष्णव समुदाय चिंतित था। छोटी-मोटी मरम्मत से काम चल जाए, स्थिति ऐसी नहीं थी। मंदिर के ट्रस्टियों ने मुझसे अनुरोध किया, हो सके तो आप महानगर मुंबई से कुछ धन एकत्र करके भिजवाइए। मंदिर को ढहने से बचा लीजिए। मैंने मंदिर के ट्रस्ट की ओर से आर्थिक सहायता की एक अपील प्रकाशित करवाई और मुंबई के वैष्णव-समाज तक पहुँचाई। श्री द्वारकाधीश मंदिर ट्रस्ट, औरंगाबाद के नाम से चैक देने की विनती की। इस प्रकार लगभग साढ़े छह लाख रुपए इकट्ठे हो गए। मैंने यह धन औरंगाबाद भिजवा दिया। मंदिर की रक्षा का कार्य आरंभ हो गया। सबसे पहले मंदिर के गर्भगृह का पुनर्निर्माण किया गया। नए गर्भगृह में ठाकुरजी की पुनः प्रतिष्ठा की गई। अभी और बहुत काम बाकी था; किंतु फिर वही धन की समस्या आ उपस्थित हुई। कहीं से और दान मिलने की संभावना नहीं थी। इस अधूरे रह गए काम को कैसे पूरा किया जाए, निरंतर मैं यही चिंता किया करती थी।

मैंने मुंबई के एक धार्मिक वृत्ति वाले बिल्डर से संपर्क किया। मैंने उनसे निवेदन किया, मुझे आपसे पैसा नहीं चाहिए। आप मंदिर का शेष बचा काम पूरा करवा

दीजिए। बिल्डर को जैसे ऊपर से ठाकुरजी का आदेश आया। उसने तत्काल अपने कुशल कारीगर और इंजीनियर औरंगाबाद के लिए रवाना कर दिए। निर्माण-कार्य के लिए आवश्यक सामग्री भी भिजवा दी। कुछ ही महीनों में लगभग साढ़े बारह लाख रुपए के खर्च से उसने मंदिर का कार्य संपन्न करवा दिया। औरंगाबाद के लोग यह समझते हैं कि यह सब मैंने करवा दिया। सत्य इतना है कि मैं मात्र निमित्त बनी, वास्तविक कार्य तो उस सेवा-भावी बिल्डर का करवाया हुआ है। ठाकुरजी उसके हृदय में उतर आए और उसने पूरा-का-पूरा काम संपन्न करवा दिया। या यों कहा जाए कि प्रभु ने अपनी व्यवस्था अपने आप कर ली!

मैं औरंगाबाद के श्री 'गुजराती समाज' द्वारा संचालित पाठशाला में पढ़ा करती थी। पहले यह स्कूल केवल चौथी कक्षा तक ही था किंतु आज यह स्कूल मराठी माध्यम की शिक्षा के लिए दसवीं कक्षा तक हो गया है। इस पाठशाला की इमारत जीर्ण-शीर्ण हो गई थी। 1995 में महाराष्ट्र में भा.ज.पा.-शिवसेना की युति सरकार थी। मैंने श्री गोपीनाथ मुंडेजी से इस कन्या-शाला के जीर्णोद्धार की प्रार्थना की। मेरी प्रार्थना स्वीकार हुई और इस कन्या-शाला को महाराष्ट्र सरकार की ओर से पाँच लाख रुपए का अनुदान मिला। पाठशाला का कार्य आरंभ हुआ, किंतु रुपया कम पड़ गया। अत: एक बार फिर दो लाख रुपए का अनुदान स्वीकृत करवाया। आज इस स्कूल के पास एक अत्यंत सुंदर भवन है। यह औरंगाबाद की एक सुप्रतिष्ठित कन्या-शाला है। जिस स्कूल में मैं पढ़ी, जहाँ मैंने सुसंस्कार ग्रहण किए, अपनी उस मातृ-संस्था के हित में थोड़ा भी कुछ कर सकी, इस कारण मेरा चित्त आनंदित है।

औरंगाबाद के गुजराती समाज के पास जमीन का एक टुकड़ा अनेक वर्षों से पड़ा था। गुजरात सरकार का एक कानून है कि गुजरात-राज्य की सीमा के बाहर यदि कोई गुजरात-भवन का निर्माण करता है तो आधा खर्च गुजरात सरकार उठाएगी। इस नियम के अंतर्गत समूचे कानूनी प्रमाणों के साथ मैंने औरंगाबाद के गुजराती समाज की ओर से एक प्रार्थना-पत्र तैयार करवाकर गुजरात सरकार के पास भिजवा दिया। तत्पश्चात् मेरी अनुशंसा पर और मेरे मधुर संबंधों के दृष्टिगत गुजरात सरकार की ओर से गुजराती-समाज, औरंगाबाद के नाम पाँच लाख रुपए का चैक भिजवा दिया गया। गुजराती-समाज ने अल्प समय में 'गुजरात-भवन' का निर्माण करवा दिया। सन 2001

में गुजरात सरकार की आर्थिक सहायता आई और सन 2003 में केंद्रीय मंत्री श्री वल्लभभाई कथीरिया के हस्त-कमलों से औरंगाबाद के 'गुजरात-भवन' का उद्घाटन हो गया। आज इस भवन का उपयोग अनेक शुभ प्रसंगों और विवाह आदि के कार्यों में होता है।

स्त्री दो कुलों को देदीप्यमान करती है। एक पीहर का, दूजा ससुराल का। विवाह के पश्चात् पीहर छूट जाता है, सामाजिक दृष्टिकोण से अपना न रहकर 'पराया' हो जाता है। मायके में बेटी को सदा पराया धन ही कहा जाता है। बेटी के हृदय में झाँकें तो बाबुल का घर उसकी अंतिम श्वास तक वहाँ धड़कता मिलेगा। मैं एक सौभाग्यशाली बेटी रही कि परमात्मा ने मुझे उस धड़कन का कुछ ऋण चुकाने का अवसर दिया और सामर्थ्य भी।

□

पति की पावन स्मृति में कॉलेज की स्थापना

एक बार पुणे की डेक्कन एज्युकेशन सोसाइटी ने मुझे अपनी संस्था में आमंत्रित किया था। यह एक अत्यंत पुरानी और प्रतिष्ठित संस्था है। लोकमान्य तिलक ने इसकी स्थापना की थी। हमारे देश के दो प्रधानमंत्रियों श्री पी.वी. नरसिंह राव और श्री वी.पी. सिंह की शिक्षा यहीं हुई थी। महाराष्ट्र भर में इस संस्था द्वारा संचालित कुल 38 शिक्षण-संस्थान हैं। मुंबई में शिवाजी पार्क, दादर के निकट स्थापित कीर्ति एम. डूंगरसी कॉलेज का संचालन भी डेक्कन एज्युकेशन सोसाइटी ही करती है। समुद्र के किनारे स्थित यह कॉलेज इस क्षेत्र के मध्यमवर्गीय लोगों के लिए आर्ट्स, कॉमर्स और साइंस-शिक्षा की एकमात्र संस्था है। डेक्कन एज्युकेशन सोसाइटी इस कॉलेज में तकनीकी शिक्षा की व्यवस्था भी करना चाहती थी। इस संस्था की इच्छा इंजीनियरिंग कॉलेज शुरू करने की भी थी। जब मैं इस संस्था में एक आमंत्रित व्यक्ति के रूप में गई तो संस्था के पदाधिकारियों ने अपनी यह इच्छा मेरे समक्ष व्यक्त की और इस दिशा में सहायता करने का अनुरोध किया।

मुझे उनका यह अनुरोध मान्य हुआ और मैंने उन्हें हर संभव मदद करने का वचन दिया। मैंने यह भी आशा प्रकट की कि 2004 के पहले उनकी यह योजना साकार हो सकेगी। सन 2003 तक मैंने उनके लिए आर्थिक सहायता की व्यवस्था भी कर दी। केंद्र सरकार, राज्य सरकार और मुंबई महानगर पालिका की ओर से यथावश्यक स्वीकृति दिलवाने में भी मैंने उनकी भरपूर सहायता की। तथापि केंद्र सरकार की ओर से ऑल इंडिया काउंसिल ऑफ टेक्निकल एज्युकेशन (ए.आई.सी.टी.ई.) (All India Council of Technical Education (AICTE) की स्वीकृति नहीं मिल पाई, क्योंकि इस प्रोजेक्ट के लिए पाँच एकड़ जमीन का होना जरूरी था। संस्था के पास केवल डेढ़

एकड़ जमीन उपलब्ध थी। अंततः हमें 20 जुलाई, 2007 को टेक्निकल इंस्टीट्यूट द्वारा मास्टर ऑफ कंप्यूटर एप्लीकेशन (एम.सी.ए.) (Master of Computer Application) तथा मास्टर ऑफ बिजनेस एडमिनिस्ट्रेशन (एम.बी.ए.) (Master of Business Administration) के पाठ्यक्रम आरंभ करने की अनुमति मिल गई।

कॉलेज भवन के लिए भूमि-पूजन 28 दिसंबर, 2001 को केंद्रीय मंत्री श्री प्रमोद महाजन के शुभ कर-कमलों से हो चुका था। मुंबई महानगरपालिका की ओर से पाँच मंजिल तक निर्माण की अनुमति मिल चुकी है, किंतु हाल-फिलहाल हम 21000 वर्ग फीट में दुमंजिला निर्माण ही करवा पाए हैं, जो कि आधुनिक सुविधाओं से सज्ज कॉलेज चलाने के लिए पर्याप्त है।

यहाँ उल्लेखनीय है कि जब मैंने डेक्कन एज्युकेशन सोसाइटी की मदद करने का निर्णय लिया था तो उनके सम्मुख कोई आग्रह या शर्त नहीं रखी थी। मेरा हेतु मात्र एक समाजोपयोगी कार्य में निस्स्वार्थ भाव से मददगार होने का था। कॉलेज को अब मेरे स्वर्गीय पति का नाम दे दिया गया है। यह निर्णय पूर्णरूपेण डेक्कन एज्युकेशन सोसाइटी का है। आम तौर पर धनकुबेर ऐसा करते हैं कि करोड़ों रुपए दान करके अपने नाम से कॉलेज या अस्पताल खड़ा करवाते हैं। किंतु मेरे लिए यह प्रसंग इस अर्थ में गौरवमय है कि डेक्कन एज्युकेशन सोसाइटी जैसी संस्था ने अपने कॉलेज के साथ संघ के एक अदना-से सेवक का नाम संलग्न करना चाहा। एक साधारण नौकरी करनेवाले सामान्य से मध्यमवर्गीय परिवार के किसी व्यक्ति के नाम पर कॉलेज बने, ऐसा शायद यह पहला उदाहरण होगा। मेरे पति एक अत्यंत निष्ठावान संघ-सेवक थे और उच्च विचार धारण करनेवाले एक सात्विक व्यक्ति थे, किंतु धन-कुबेर कदापि न थे। उनके नाम पर कॉलेज का निर्माण मेरे लिए परम आनंद का विषय है।

डेक्कन एज्युकेशन सोसाइटी ने 4 सितंबर, 2002 को कॉलेज का नाम डी.ई. सोसायटीज नवीनचंद्र मेहता कॉलेज ऑफ इंजीनियरिंग (D.E. Society's Navinchandra Mehta College of Engineering) रखने का प्रस्ताव स्वीकृत कर लिया था। किंतु इंजीनियरिंग कॉलेज के लिए मंजूरी न मिलने के कारण अंततः नाम रखा गया नवीनचंद्र मेहता इंस्टीट्यूट ऑफ टेक्नोलॉजी एंड डेवलपमेंट (Navinchandra Mehta Institute of Technology and Develpment.)।

मैंने संस्था की सहायता निष्काम भाव से किसी फल की अपेक्षा न रखते हुए की थी, किंतु मेरी सेवा का यह सुपरिणाम ईशकृपा-प्रदत्त ही कहा जाएगा। मैंने तो स्वप्न में भी इसकी कल्पना न की थी। शिवाजी पार्क, दादर में आज मेरे सद्गति-प्राप्त पति की स्मृति में कॉलेज का होना हमारे परिवार के लिए गौरव व अभिमान की बात है।

मैं सदा अपने पति के चरण-चिह्नों पर चली हूँ। वह किसी अलग ही मिट्टी के बने थे। नवीन का जन्म मुंबई में 10 मार्च, 1931 को हुआ था। अभी वह 11 वर्ष की कोमल वय में ही थे कि पिता की छाया सिर से उठ गई। माँ मोतीबेन ने अपार धैर्य और साहस दिखाते हुए तीन पुत्रों और तीन बेटियों का लालन-पालन किया। नवीन की स्कूली शिक्षा गोकुलदास तेजपाल शाला में हुई। इंटर तक की पढ़ाई पोद्दार कॉलेज में हुई। 15-16 वर्ष की आयु से ही संघ की शाखाओं में जाना शुरू कर दिया। 17 वर्ष की आयु में आते-आते तो अपने मित्रों के साथ तीन महीने की जेल-यात्रा भी कर ली। जेल में मार भी खाई। जेल से छूटकर पक्के संघ-सेवक बन गए और आजीवन बने रहे।

संघ के मार्ग और उसके उत्सवों व सार्वजनिक भाषणों में रुचि बढ़ती चली गई। शिक्षा बीच में ही छूट गई। इंटर के बाद ही कॉलेज को राम-राम कर दिया। एक लॉण्ड्री में नौकरी कर ली। उसके बाद महाराष्ट्र सरकार के भूगर्भ-विज्ञान विभाग में नौकरी की। 1960 में सरकार ने उन्हें अहमदाबाद स्थानांतरित कर दिया, लिहाजा सरकारी नौकरी को भी तिलांजलि दे दी।

नवीन की शिक्षा भले कम हुई, मगर उनकी अंग्रेजी जोरदार थी। ड्राफ्टिंग में अव्वल। पेरी मेसन की अंग्रेजी कथाएँ पढ़ने के शौकीन। कुव्यसन एक भी नहीं। हू तू तू, क्रिकेट और तैराकी के रसिया। शांत, गुरु-गंभीर और स्नेही स्वभाव। गुस्सा कभी न आए। अति उच्च पारिवारिक भाव और धर्म में अपार श्रद्धा। संघ के संस्कार रक्त-प्रवाह की लय में नर्तन करते हुए। सुबह सोकर उठें तो पहले हाथ जोड़कर धरती को प्रणाम करें और तब नीचे पाँव धरें। बिस्तर छोड़ने के पहले दोनों हाथ नेत्रों के सामने ले जाकर श्लोक बोलें—

कराग्रे वसति लक्ष्मी, कर मध्ये सरस्वती,
करमूले तु गोविन्दम, प्रभाते कर-दर्शनम्।

वह मेरे जीवन का पुनीत दिवस था 30 दिसंबर, 1958, जब हमारी सप्तपदी हुई। विवाह के बाद भी नवीन संघ का गणवेश पहनते रहे—काली टोपी, खाकी निकर, चमड़े की बेल्ट। संघ के प्रति उनकी निष्ठा अति उच्च भाव की थी।

मेरी पुत्री माधवी लगभग बीस वर्ष की रही होगी जब एक दिन उसने कहा, मम्मी भारतीय जनता पार्टी का कितना काम करती है, मगर पार्टी को इसकी कद्र नहीं है। अगर वह कांग्रेस में होती तो न जाने उसका कितना मूल्य आँका जाता! इतना सुनना था कि नवीन आवेश में आ गए—"अगर तुम्हारी मम्मी को कांग्रेस में जाना हो तो पहले मेरे साथ तलाक ले लेवे!" माधवी बेचारी भौंचक्की रह गई। जीवन में बस उस दिन मैंने नवीन को यों उत्तेजित होते देखा।

नवीन स्वभाव से मूलतः दयालु थे। जेब में भले टका न हो, पर जब किसी जरूरतमंद की मदद करने की नौबत आ जाए तो मुड़कर पीछे न देखें। अपने ऑफिस के निर्धन चपरासी आदि की न जाने कितनी बार मदद की होगी। निर्धनों की सहायता के लिए ही मैंने सुजन चैरिटी ट्रस्ट की स्थापना की है।

उन्होंने अपना जीवन तो संघ के चरणों में अर्पित किया ही, पत्नी का जीवन भी समर्पित कर दिया। उनकी ही प्रेरणा से मैंने जनसंघ में प्रवेश किया और आज इस मोड़ पर भी उसी तरह डटी हूँ।

आज राजनीति की परिभाषा बदल गई है। राजनीति अब सेवा-लक्षी नहीं है, एक हॉट बिजनेस बन चुकी है, एक लुभावना धंधा! मेरे पति के संस्कार इतनी सुदृढ़ता से मेरे भीतर पैठ बनाए हुए हैं कि मैं राजनीति के कर्दम में हूँ तथापि उससे अस्पर्शित रह पाई हूँ, जल-कमल के समान! पति के देय से उऋण हो पाने की सामर्थ्य मुझ में नहीं है, किंतु अपने एक अहैतुक उद्यम से शिक्षा के क्षेत्र में उनका एक स्मारक साकार कर पाई हूँ, इसका संतोष अवश्य है।

उनके संवेदनशील स्वभाव व स्नेहसिक्त व्यवहार के कारण उनके मित्र बहुत थे। उनका वियोग उनके मित्रों ने भी अनुभव किया और उन्हें काव्यांजलियाँ दीं। उन श्रद्धांजलियों में अधिक महत्त्व था मित्रों द्वारा व्यक्त प्रेम और अनुराग का तथा नवीन के चले जाने पर अनुभव की गई पीड़ा का।

सर्वस्व समर्पित करके अपना प्रभु को प्यारा हो गया,
वंदन बारंबार मीत को, हमसे न्यारा हो गया।

मित्रों का प्रत्येक स्वर मेरे स्वर में आ मिलता है और कविवर 'बटुक'जी की ये पंक्तियाँ नवीन की स्मृति बनकर उभर आती हैं—

तुम्हीं तो ध्यान मेरे हो, तुम्हें ही ध्येय माना है,
तुम्हीं में प्राण मेरे हैं, तुम्हीं में प्रेय पाना है,
तुम्हीं हो ज्ञान भी मेरे, तुम्हीं को ज्ञेय जाना है,
तुम्हारे नेह का पतवार मुझको जब नहीं मिलता,
तभी तट भी मुझे मँझधार का आह्वान बन जाते।
सभी कुछ जानने पर जबकि तुम अनजान बन जाते!

□

सत्ता से सेवा

मेरे पौत्र कृष्ण का जन्म हुआ तो उसकी मालिश के लिए एक बाई आया करती थी। उसका पति महाराष्ट्र सरकार की प्रेस में नौकरी करता था। उसके तीन बेटे-बेटियाँ थे और वह झोंपड़पट्टी में रहती थी। झोंपड़ी भी स्थायी नहीं थी। शादी के वक्त जो थोड़ा-बहुत सोना-गहना मिला होगा, उसे बेचकर उसने डिपोजिट-राशि का दस हजार रुपया जमा करवाया और 'लीव लाइसेंस' के झोंपड़े में 11 महीने को रहने का बंदोबस्त किया। ग्यारह महीने पूरे हो जाएँ तो फिर वही झोंपड़े की तलाश और वही डिपोजिट। अब तो सोना भी नहीं रहा। तीन बच्चों को लेकर कहाँ रहने को जाए, इस चिंता में डूब-उतरा रही थी। मैंने उसे परामर्श दिया, तू सरकारी क्वार्टर के लिए अरजी कर और साथ में सब जरूरी कागज लगा। मैं तेरी मदद करूँगी।

मेरे दिए परामर्श के अनुसार उसने अरजी तैयार करवाई। मैंने उसके साथ अपना अनुशंसा-पत्र जोड़ दिया। उस समय श्री मर्जबान पतरावाला मंत्रिमंडल में थे। मैंने उनसे निवेदन किया और शालिनीबाई की व्यथा-कथा कही। एक-डेढ़ महीने का प्रयत्न रहा, किंतु आखिरकार बांद्रा (पूर्व) में शालिनीबाई सुर्वे के पति के नाम एक फ्लैट मंजूर हो गया।

अभी कुछ दिन पहले उसका पति गुजर गया। लड़के बड़े हो गए थे। लड़की ब्याह की उम्र में आ गई थी। कमानेवाला कोई रहा नहीं। शालिनी मेरे पास आई और अपना दुखड़ा रोया। मैंने उसके बड़े लड़के को अनुकंपा-नियम के अधीन महाराष्ट्र सरकार में नौकरी दिलवा दी। फ्लैट भी लड़के के नाम पर होने में मदद की। शालिनी के परिवार को आत्मनिर्भर बनाने में मैंने जो कुछ मदद की, उतने से उसकी दुनिया बस गई। शालिनी जब भी मुझे मिलने आती है तो कहती है, आपने मेरे परिवार पर जो कृपा

की है, उसे मैं भूल नहीं सकती। आपका कर्ज मैं कभी नहीं उतार सकती। आप न होतीं तो मेरे बच्चे सड़क पर आ जाते, आवारा हो जाते, भटक जाते।

हमारे वर्ली के घर के सामने पुलिस लाईन है। एक पुलिस वाले के लड़के राहुल ने कुछ दिन मेरे पास बतौर ड्राईवर नौकरी की थी। अचानक उसके पिता का देहांत हो गया। क्वार्टर उसके पिता के नाम था, अत: पिता के न रहने पर परिवार को क्वार्टर खाली करने का नोटिस मिला। परिवार चिंता में डूब गया कि घर खाली करके जाएँ कहाँ?

उस समय, यानी 1995 में महाराष्ट्र में शिवसेना-भा.ज.पा. गठबंधन की सरकार थी। राहुल को मैंने पुलिस विभाग में अनुकंपा-नियम के अंतर्गत नौकरी दिलवा दी। जल्द ही वह मुख्यमंत्री श्री मनोहर जोशी की पुलिस-गारद में आ गया। उसके पिता के नाम पर जो क्वार्टर था, वह भी मैंने उसके नाम करवा दिया। एक साधनहीन युवा का भविष्य सुधर गया।

इन प्रसंगों का उल्लेख मैंने यहाँ केवल यह दरशाने के लिए किया है कि सत्ता का उपयोग केवल लोक की सेवा में है। अधिकार-प्रबल होने की चरितार्थता इसी में है, अन्यथा नहीं है। संसार में न जाने कितने दु:खी और जरूरत के मारे लोग हैं। वे सब-के-सब मेरी सहायता की पहुँच में नहीं हो सकते। किंतु मेरे संपर्क में जो आ गया, जो आँख के सामने है, उसकी यथाशक्ति सहायता करने से मुझे कौन रोक रहा है? यदि मैं अधिकार-संपन्न न होती तो उनकी कुछ भी मदद कैसे करती?

जन-प्रतिनिधि को जो अधिकार और सत्ता उपलब्ध हैं, वे स्वार्थ-साधन के लिए हैं या जनहित के लिए हैं? यदि प्रत्येक जन-प्रतिनिधि इस बात को समझकर चले तो बहुत लोगों के दु:ख-दर्द दूर हो सकते हैं।

□

राजनीतिक सहयात्री व पथप्रदर्शक

माननीय श्री झमटमलजी वाध्वानी

भारत-विभाजन के बाद वे एक शरणार्थी के रूप में भारत आए थे। वाध्वानीजी संघ की विचारधारा के लिए प्रतिबद्ध कराची विभाग के स्वयंसेवक थे। कराची में उन्होंने संघ का प्रचुर प्रचार-प्रसार किया था। वह मुंबई के भारतीय जनसंघ के अध्यक्ष थे। 1962 से उनके साथ मेरा परिचय रहा।

25 जून, 1975 को जब देश में आपातकाल की घोषणा हुई, तब हम दोनों को पहले ही दिन मीसा के अधीन गिरफ्तार कर लिया गया था और हम जेल से छूटे भी एक ही दिन।

श्री हशु आडवाणी के साथ मिलकर उन्होंने 1962 में स्वामी विवेकानंद शिक्षा संस्था की स्थापना की। इस संस्था में मूक-बधिर, कमजोर श्रवणशक्ति वाले व अल्पबुद्धि बालकों के शिक्षण की व्यवस्था भी की। आगे चलकर इस संस्था ने इंजीनियरिंग कॉलेज भी आरंभ किया।

ऐसा अनुभव करके कि सिंधी समाज अपनी भाषा और संस्कृति को भूलता जा रहा है, इन्होंने राष्ट्रीय स्तर पर भारतीय सिंधु सभा की स्थापना की। सिंधी भाषा को राष्ट्रीय स्तर पर स्थापित करने के लिए आपने अनथक प्रयास किए। केंद्र में हमारी पार्टी की सरकार के आने पर भी इन्होंने किसी पद आदि की कोई लालसा नहीं रखी। भारतीय सिंधु सभा के कई अधिवेशनों में मैं उपस्थित रही हूँ।

दादर कार्यालय से मीटिंग पूरी हो जाने के बाद श्री झमटमलजी अपनी गाड़ी में मुझे घर पहुँचाकर ही अपने घर जाते थे। जब मिल जाते तो पूछते, क्यों देवीजी, क्या

हाल है ? 86 वर्ष की यशस्वी आयु में उनका निधन हुआ। इनकी पत्नी कांता भाभी भी बहुत मधुर स्वभाव की हैं।

श्री जी.बी. कानेटकर

श्री कानेटकरजी भारतीय जनसंघ, मुंबई के अध्यक्ष थे। वे 'ग्रेजुएट कोन्स्टीच्युएंसी' से महाराष्ट्र विधान परिषद् के सदस्य थे। वे अत्यंत तेजस्वी एवं विचारवान पुरुष थे। उन्होंने 'एकात्ममानववाद' पर एक विश्लेषणात्मक पुस्तक की रचना की है। वे शिक्षा के प्रबल समर्थक थे। इन्होंने गोरेगाँव में एक स्कूल की स्थापना की थी। एमरजेंसी के दौरान सत्याग्रह करके जेल काटने वालों में वे भी थे।

श्री मधुकरराव मंत्री

श्री मंत्री भारतीय जनसंघ के नगरसेवक थे और और नगरपालिका में पार्टी के नेता भी थे। उनका विशेष योगदान ग्राहक सुरक्षा अभियान में रहा, जिसके लिए उन्होंने बहुत परिश्रम किया। मुंबई में बना ग्राहक भवन श्री मधुकररावजी का साकार हुआ स्वप्न है। राजनीति में वे उचित समय पर प्रविष्ट हुए एक कर्मठ एवं निस्स्वार्थ नेता रहे हैं।

श्री बबनराव कुलकर्णी

हँसमुख और विनम्र स्वभाव के श्री कुलकर्णी उन दिनों पार्टी का मीडिया से संबंधित कार्य सँभाले हुए थे। वर्तमान युग जैसे कंप्यूटर, इंटरनेट, फैक्स आदि साधन तब उपलब्ध नहीं थे। श्री बबनराव पत्रकारों के साथ बहुत मधुर व घनिष्ठ संबंध बनाकर रखते थे। राजनीति में मीडिया के साथ संबंध बहुत महत्त्व रखते हैं। इस विषय में श्री बबनराव की पकड़ बहुत गहरी थी। संयोग चाहे कितने भी विपरीत क्यों न हों, सफलता सदा श्री बबनराव के कदम चूमती था।

श्री वसंतराव भागवत

श्री वसंतराव कोंकणस्थ ब्राह्मण थे। उनका व्यक्तित्व अत्यंत आकर्षक था। उनका

नाता संघ के साथ बचपन से ही था। वे जीवन भर अविवाहित रहे। वे सदा इदम न मम कहा करते थे और मानते थे कि वह जो भी करते हैं, उसका श्रेय उनको नहीं, संगठन को जाता है। अहं भाव से पूर्णत: मुक्त। स्वभाव शांत व चिंतनशील। चरित्र स्फटिक सा निर्मल व निष्कलंक। श्री भागवत महाराष्ट्र के संगठन मंत्री थे। उन्होंने अनेक कार्यकर्ताओं को साँचे में ढाला। कार्यकर्ताओं के लिए सदा मार्गदर्शक व प्रेरणा-स्रोत बने रहे। उन्होंने सत्त्व-पुष्ट युवकों को चुन-चुनकर राजनीति में लाने का महत्तर कार्य किया। उनके चुने हुए कई लोग आज नेतृत्व की कमान सँभाले हुए हैं।

श्री वसंतराव भागवत एक द्रष्टा और पथप्रदर्शक थे। उनका दृष्टिकोण अत्यंत व्यापक था और समर्पण-भाव किसी तपस्वी की कोटि का था। वे सदा रेल के तीसरे दर्जे में यात्रा करने के पक्षधर थे। अपने यशोगान से सौ कोस दूर भागते थे। आम सभाओं के लिए तैयारी करवाने में पूर्ण श्रम करते थे, किंतु स्वयं मंच पर विराजमान होने या वक्ता होने का कतई शौक नहीं था। समाचार-पत्रों के लिए पूरा मसौदा तैयार कर देंगे, पर अपना कहीं नाम तक नहीं देंगे। चुनावों में पूर्ण परिश्रम करेंगे, मगर स्वयं उम्मीदवार बनकर चुनाव में खड़े होने को कभी राजी न होंगे। अपने आप को सदा मंच के पीछे रखने के हामी। न नाम का मोह, न सत्ता की लालसा। एकदम फक्कड़ किस्म के व्यक्ति।

मैंने एक बार भागवतजी से कहा, कभी मेरे वर्ली के घर में भोजन हेतु पधारिए। तब भागवतजी का उत्तर था, पहले आप सांसद बन जाइए, तब मैं आपके यहाँ भोजन ग्रहण करूँगा। दुर्भाग्य से 19 फरवरी, 1990 को लंबी बीमारी के बाद उनका देहावसान हो गया। वह मेरे यहाँ भोजन ग्रहण करने नहीं आ पाए।

श्री हशु आडवाणी

वे भारतीय जनसंघ, मुंबई के अध्यक्ष रह चुके हैं। 1968 में हम साथ-साथ महानगरपालिका के लिए चुने गए थे। 1978 में विधानसभा के लिए भी एक साथ चुनाव जीते। 1962 में उन्होंने श्री झमटमलजी के साथ मिलकर स्वामी विवेकानंद शिक्षा संस्था की नींव रखी थी। यह प्रतिष्ठित संस्था आज एक वटवृक्ष का रूप धारण कर चुकी है। आप भी अविवाहित रहे। चेंबूर में बनी सिंधी कॉलोनी में उनका घर था।

चाय पीने के बेहद शौकीन। विधानसभा में से उठकर चाय पीने के लिए जाते तो मुझे बुलाना न भूलते, चलिए जयवंतीबेन, चाय पीनी है। विधानसभा का बजट अधिवेशन रात देर तक चलता था। तब श्री हशुभाई पहले मुझे मेरे दादर के घर तक छोड़ते और बाद में चेंबूर जाते।

एक बार उन्होंने चेंबूर की एक सार्वजनिक सभा में कहा, जयवंतीबेन तो केंद्र में मंत्री बनेंगी। तब उन्होंने ऐसा क्यों कहा था, आज तक मेरी समझ में नहीं आया।

श्री किशनभाई राजाणी और श्री किशन मंछारामाणी इनके खास मित्र थे। जसलोक अस्पताल में जब श्री हशुजी का इलाज चल रहा था, तब मैं अकसर उनसे मिलने जाती थी। श्री हशु आडवाणी उच्च जीवन-मूल्य धारण करनेवाले एक आदर्श नेता थे।

श्री वेदप्रकाश गोयल

श्री गोयलजी से मेरा परिचय उस समय से था जब से मैंने राजनीति में कदम रखा। इनकी पत्नी श्रीमती चंद्रकांताबेन व परिवार के साथ आज भी मेरे घर के जैसे संबंध हैं। उन्होंने बनारस हिंदू विश्वविद्यालय में शिक्षा ग्रहण की थी। मुंबई आने के पश्चात् वे मुकुंद आयरन में नौकरी करते थे। वे भारतीय जनसंघ, मुंबई के अध्यक्ष रह चुके हैं। बाद में उन्होंने राष्ट्रीय कोषाध्यक्ष का कार्यभार भी सँभाला। एन.डी.ए. की सरकार में मंत्री-पद को भी सुशोभित किया। श्री वेदप्रकाशजी के मुंबई के उद्योगपतियों व अन्य संस्थाओं के साथ घनिष्ठ संबंध थे। वे भारतीय जनता पार्टी की विदेश-इकाई के अध्यक्ष भी रह चुके हैं। संघ-निष्ठा से प्रेरित होकर उन्होंने अपना पूरा जीवन समाज-सेवा में लगा दिया। उनका पूरा परिवार भाजपा से जुड़ा हुआ है।

श्री मुरारी लाल अग्रवाल

1968 में जब मैं नगरसेविका बनी तब श्री अग्रवाल ने मुझे एक सार्वजनिक चिकित्सालय के उद्घाटन के लिए आमंत्रित किया। तब से मेरा उनके साथ निकट परिचय हुआ। वह मूल रूप से हरियाणा के हैं और हरियाणा नागरिक संघ के अध्यक्ष भी रहे हैं। वह हरियाणा दिवस भी मनाते थे। उनके कारण मैं अन्य बहुत से लोगों के परिचय में आई। वे सब मुझे बहनजी कहकर संबोधित करते हैं। श्री अग्रवाल मुझे

बहन मानते हैं। वह बहुत विद्वान् और अध्ययनशील हैं। उन्हें हर विषय का गहरा ज्ञान है। उनके परिवार-जन मेरे साथ अपने परिवार के सदस्य जैसा ही व्यवहार करते हैं। दक्षिण मुंबई के रोटरी क्लब के साथ मेरा संबंध श्री अग्रवालजी के ही कारण हुआ। ऑस्ट्रेलिया के दौरे पर मैं श्री मुरारीलाल अग्रवालजी एवं भाभी के साथ गई थी। वे अपने संयुक्त परिवार की संपूर्ण जिम्मेदारी बड़ी कर्तव्यनिष्ठा से निभाते हैं।

श्री सुरेश अग्रवाल

श्री सुरेश अग्रवाल मथुरा के निवासी हैं, धार्मिक वृत्ति वाले कृष्णभक्त हैं और श्री ब्रजमंडल संस्था के अध्यक्ष हैं। वे अग्रवाल सेवा समाज के कर्ता-धर्ता भी हैं। मेरे हर सुख-दुःख के साथी। 1989 में जब मैं पहली बार सांसद बनी, तब आप मेरे साथ दिल्ली तक आए थे। संसद् में फॉर्म भरने की कार्यवाही में मेरे प्रथम साक्षी वे ही बने थे। मुंबई के ब्रजवासियों के साथ मेरे संबंध जुड़ने का माध्यम भी वे ही बने। सुरेशभाई के गुरुजी श्री गुरुशरणानंदजी की उनपर अपार कृपा है। उनका पूरा परिवार धार्मिक विचारों के साथ हमेशा सबको सहयोग देता रहता है।

ये सब मेरे ऐसे आत्मीय मित्र और मार्गदर्शक रहे, जिनके कारण मुंबई के गुजराती और मराठी समाज से आगे बढ़कर राजस्थानी, हरियाणवी, सिंधी और अन्य उत्तर भारतीयों के साथ मेरा व्यापक संपर्क बना और एक घनिष्ठ नाता स्थापित हुआ। ये सब समुदाय मुझे मेरे अपने लगते हैं। मेरी सफलता के मूल में इस वैविध्यपूर्ण समाज के साथ मेरे अपनेपन से भरे संबंध ही हैं। प्रत्येक समुदाय के विभिन्न कार्यक्रमों में मैं अनेक बार विशेष अतिथि बनकर गई हूँ।

पार्टी के गौरवशाली कार्यकर्ता : एक स्मरण

सन् 1968 में पहली बार जिस चुनाव में मैं कूदी थी, वे मुंबई महानगरपालिका के लिए थे। कुछ विशेष अनुभव मेरे पास नहीं था और वे दिन ऐसे थे जब प्रचार का कार्य मुख्यत: पोस्टर लगाकर, बैनर लगाकर या परिचय-पुस्तिका के वितरण से होता था। सार्वजनिक सभाओं का भी बहुत महत्त्व था। अच्छे वक्ताओं को सुनने के लिए लोग देर रात तक इन सभाओं में स्वेच्छा और उत्सुकता से बैठे रहते थे। इन सभाओं का

बहुत गहरा असर भी होता था। उस चुनाव में अब्दुल अलीम खान नाम का एक युवक अपनी निराली उर्दू में शेरो-शायरी के साथ अभिनय करते हुए भारतीय जनसंघ के बारे में बहुत प्रभावशाली भाषण किया करता था। बड़ी संख्या में लोग उसका भाषण सुनने के लिए आते थे। उसकी इन सभाओं से मुझे भी बहुत लाभ मिला। बाद में दुर्भाग्यवश कम उम्र में ही उसकी मृत्यु हो गई थी।

1972 माणेक दावर। 13-14 वर्ष का गोरा-गोरा पारसी लड़का। यह अल्हड़-सुकोमल छोकरा अपनी खुद की हिंदी में और पारसी ढब की गुजराती में जनसंघ की प्रचार-सभाओं में भाषण दिया करता था। लोग उसे सुनने को सदा उत्सुक नजर आते थे। आज माणेक दावर स्पेंडा मल्टीमीडिया नाम की अपनी कंपनी चलाता है और भा.ज.पा. की सेवा में उसी प्रकार सदा हाजिर रहता है।

श्री लक्ष्मणभाई सी. शाह, जिन्हें हम सभी काका के दुलार भरे संबोधन से पुकारते हैं। 1968 से मेरे हर चुनाव के कोषाध्यक्ष रहे। चार दशक तक अडिग निष्ठा से पाई-पाई का हिसाब रखने वाले काका ने वर्षों तक जिला कोषाध्यक्ष की जिम्मेदारी भी निभाई है।

ऑपेरा हाऊस विधानसभा क्षेत्र के चुनावों में अनेक छोटी उम्र के छोकरे और युवक पार्टी के काम में बढ़-चढ़कर हिस्सा लेते थे—अनंत म्हस्के, अरुण चाफेकर, नरेंद्र अडूरकर, मनोहर फड़के, मूसले, वडके, वालावलकर आदि। लड़कियाँ और स्त्रियाँ भी समर्पित भाव से अपना ढेर सा समय देकर देश-भावना को व्यक्त करने में पीछे नहीं थीं—स्नेहलता साठे, मंगला लोंढे, भिड़ेताई, इंदिराताई बर्वे, लीलाताई आठवले, लक्ष्मीबाई कानिटकर, शुचि हलवासिया खाडिलकर ताई, शैला सामंत आदि।

भूलेश्वर का इलाका खेतवाड़ी विधान सभा क्षेत्र में गिना जाता था। भूलेश्वर के किशोर भारतीय जनसंघ के दिनों से ही भारतीय जनता पार्टी के साथ संलग्न हैं। शरद शाह (पेटीवाला), हरेन शाह, शैलेश चह्वाण, विपिन वोरा, जयेश शाह, वसंत लाखाणी, हँसमुख रूपारेलिया जैसे अनेक कार्यकर्ता पार्टी को मिले हैं। शरद शाह पेटीवाला और अरविंदभाई परमार तो नगरसेवक भी बने। ये छोटे-छोटे कार्यकर्ता पार्टी के संगठन में सदा मेरे लिए सहायक रहे। श्री अतुल शाह भी 1968 से ही मेरे हर कार्यक्रमों में, साथ रहे और विधायक बने। आज वह संगठन में जिला अध्यक्ष के पद पर हैं। इसी सत्र से राज.के. पुरोहित भी नगरसेवक, आमहार एवं महाराष्ट्र शासन में मंत्री बने थे।

नितिन मेहता एक ऐसे कार्यकर्ता हैं, जिन्हें संघ के संस्कार घुट्टी में मिले, जिन्हें किसी पद की कोई लालसा नहीं है और फिर भी जिन्होंने अपने जीवन के अनमोल क्षण हर चुनाव में पार्टी के कार्य-हेतु अर्पित किए। देर रात दो-तीन बजे तक कार्य करें और तब मुंबई के अपने उपनगरीय निवास-स्थान के लिए रवाना हों। सबसे मुश्किल काम है चुनाव के खर्च का ब्योरा रखना, जिसे नितिनभाई हमेशा सँभालते रहे। रीटा मकवाणा, शुचि हलवासिया नूतनबेन सोनी, नंदा वर्मा, उर्मिलाबेन सांघाणी जैसी महिलाएँ वर्षों से पार्टी में सक्रिय हैं।

1989 में जब मैंने उत्तर-पूर्व मुंबई से लोकसभा का चुनाव लड़ा था तब स्व. कांतिभाई दोशी, प्रकाश मेहता, प्रमोद शिरवलकर, प्रतापभाई आसर, मनोहर परियानी, महेश कारिया, प्रवीण छेड़ा, अशोक राय, विट्ठल खरटभल, सीताराम नगरकर, मधुकर देसाई, अजय नगरकर, चेंबूरकर, वल्लभ झवेरी, मनोहर जसरापुरिया, प्रकाश भाटिया, श्रीचंद तलरेजा, सरदार तारा सिंह, सुंदर कुमार राणी, मंगल भानुशाली, सीताराम तिवारी, सुलोचना चंदनानी, विजया साने, विजय मग्गु, कांता नलावड़े, रसीलाबेन शाह, डॉ. मृदुलाबेन शाह, नफीसा हुसैन जैसे लोगों का सतत साथ मिला। इस नामावली में से अनेक व्यक्ति अब जीवित नहीं हैं, मगर उनकी यादें मेरे क्रियाकलाप में गूँथी हुई मिलेंगी। हमारी पार्टी का वास्तविक आधार ऐसे ही समर्पित कार्यकर्ताओं की दीर्घ श्रृंखला है। इन कार्यकर्ताओं से पार्टी गौरवान्वित हुई है। कोई नाम इस स्मरणावलि में आने से रह गया हो तो मैं क्षमा-याचना करती हूँ।

मेरे व्यापक लोकसंपर्क से पार्टी भी लाभान्वित हुई। दक्षिण मुंबई के सी वार्ड से मेरे चुने जाने के बाद से मुंबई का गुजराती समाज पार्टी के साथ जुड़ना शुरू हो गया। इसी सी वार्ड के लोग जब उप-नगरों में जा-जाकर बसना शुरू हुए, तब भी भा.ज.पा. के ही समर्थक बने रहे। कृपया इसे आत्मश्लाघा का मेरा प्रयास न समझा जाए, किंतु सत्य यही है कि पूरी मुंबई में जो आज गुजराती समाज के लोग भा.ज.पा. के समर्थन में आगे-आगे दिखाई देते हैं, उसमें मेरे योगदान से कोई इनकार नहीं कर सकता।

मेरे सार्वजनिक जीवन के 46 वर्षों में दक्षिण मुंबई के अनेक व्यावसायिक संगठनों के साथ मेरा संपर्क बना। मुंबई के इस क्षेत्र में थोक व खुदरा व्यापार बड़े पैमाने पर होता है। इस क्षेत्र के इंडियन मर्चेंट चैंबर, हिंदुस्तान चैंबर ऑफ कॉमर्स, भारत मर्चेंट

चैंबर, मंगलदास मार्केट महाजन, स्वदेशी मार्केट, डायमंड मर्चेंट एसोसिएशन, ऑटोमोबाइल मार्केट, स्टेनलेस स्टील मार्केट, नॉन-फेरस मेटल एवं आर्टीफिशियल ज्वैलरी एसोसिएशन जैसे व्यापारी संगठनों को प्राय: बिक्री-कर, चुंगी, उत्पादन शुल्क आदि को लेकर समस्याओं का सामना करना पड़ता था, जिसमें मैं सदा उनकी मदद करती रहती थी। इन संगठनों द्वारा आयोजित सभाओं अथवा सम्मेलनों में मैंने अनेक बार भाषण भी दिए हैं।

राजनीतिक जीवन की शुरुआत मैंने भूलेश्वर से की थी। अत: भूलेश्वर के तमाम व्यापारी मंडलों, विशेषत: स्टेनलेस स्टील मर्चेंट्स एसोसिएशन का सहयोग मुझे सन् 1968 से ही प्राप्त था। इन सबके साथ मेरे परिवार जैसे संबंध रहे हैं।

विशाल जनसंपर्क व आत्मीय संबंधों के बिना राजनीति में सफलता नहीं मिल सकती। मिल भी जाए तो अधिक समय टिकती नहीं। लोक का विश्वास व जन-साधारण का स्नेह राजनेता की खरी पूँजी है।

राजनीतिक मंथन

आदरणीय श्री अटल बिहारी वाजपेयी के नेतृत्व में एन.डी.ए. की सरकार ने अनेक प्रशंसनीय कार्य किए—

- राजस्थान के पोखरण में अणु-परीक्षण करके विश्व भर में भारत के नाम का डंका बजा दिया।
- प्रधानमंत्री ग्राम सड़क योजना के अधीन गाँवों को शहरों के साथ जोड़ने का काम हुआ। सुवर्ण चतुष्कोण योजना भी बनी।
- नदियों को आपस में जोड़ने की योजनाएँ बनीं।
- किसानों के बीच क्रेडिट कार्ड का वितरण हुआ।
- देश के कृषि-उत्पादन में उल्लेखनीय वृद्धि हुई।
- पहले सदा भारत को अन्य देशों से अनाज का आयात करना पड़ता था। उसके स्थान पर भारत ने 30 देशों को अनाज निर्यात किया।
- काम के बदले अनाज योजना को लागू करके महँगाई को अंकुश में रखा।
- टेलीफोन और रसोई गैस के दो ऐसे क्षेत्र थे, जहाँ लोगों के नाम सदा प्रतीक्षा-सूची में दिखाई देते थे। इन दोनों क्षेत्रों में वेटिंग लिस्ट समाप्त करके नए कनेक्शन दिए गए।
- विदेशी राष्ट्रों के साथ संबंधों में सुधार हुआ।
- 1988 से 1999 तक विदेशी मुद्रा का भंडार 32.5 बिलियन अमेरिकी डॉलर था। इसमें सर्वाधिक वृद्धि देखी गई और विदेशी मुद्रा भंडार बढ़कर 104 बिलियन अमेरिकी डॉलर हो गया।
- शांति, सुरक्षा और एकता के क्षेत्रों में देश में प्रभावशाली व्यवस्था अपनाई गई।

- अन्य देशों के बीच भारत की प्रतिष्ठा और सम्मान में वृद्धि हुई।
- विद्युत् उत्पादन में वृद्धि हेतु अनेक प्रशंसनीय कार्य किए गए।
- सड़कें, पानी और बिजली राष्ट्र के विकास में महत्त्वपूर्ण भूमिका निभाते हैं। इस ओर विशेष रूप से ध्यान दिया गया।
- कारगिल युद्ध में विजय के उपरांत जनता पर कोई नए कर नहीं थोपे गए।
- अणु-परीक्षण के बाद अमेरिका द्वारा भारत पर अनेक प्रतिबंध लगा दिए गए थे। इसके बावजूद धैर्य व साहस का परिचय देते हुए श्री अटलजी ने 24 राजनीतिक दलों को साथ लेकर सफलतापूर्वक सरकार चलाई।

सरकार के आत्मविश्वास में निरंतर वृद्धि होती रही। इंडिया शाइनिंग का सूत्र सर्व-प्रचलित हुआ और आत्मविश्वास के अतिरेक में सरकार ने समयावधि पूर्ण होने के पहले ही चुनाव घोषित करने की भूल कर दी।

समय से आठ महीने पहले अक्तूबर, 2004 में आम चुनाव हुए। सूचना अभियांत्रिकी (इन्फॉर्मेशन टेक्नोलॉजी) को विकसित करने के लिए बहुविध कार्य किए गए थे; किंतु दुर्भाग्य से अभी आम आदमी तक इन कार्यों का पूरा-पूरा लाभ नहीं पहुँच पाया था। दूरस्थ ग्रामीण क्षेत्र इस विकास के लाभों से अभी वंचित थे। फलस्वरूप पहले से सात सीटें कम मिलीं। आंध्र और तमिलनाडु जैसे राज्यों में मित्रपक्ष की ओर से जितना अपेक्षित था, उतना सहयोग नहीं जुटा पाए।

सन् 2004 के चुनावों में मैं भी 8500 मतों से पराजित हो गई। लड्डू लरै बूँदी झरै जैसी कहावत का सत्य मेरी पराजय के पीछे काम कर रहा था। मुझे जान-बूझकर हराने की पैंतरेबाजी सफल हो गई। मेरी यह हार न तो ईश्वरेच्छा थी और न मेरे प्रारब्ध का निर्णय था। व्यूह-रचना ऐसी कर ली गई थी, जिससे मेरी पराजय सुनिश्चित हो जाए। चुनाव-परिणामों के बाद हार-जीत की मीमांसा अत्यावश्यक है। हार-जीत के पीछे छिपा सत्य कभी-न-कभी सामने आ ही जाता है और इस सत्य का स्वीकार अपरिहार्य होता है।

कांग्रेस ने वामपंथी दलों का साथ लेकर डॉ. मनमोहन सिंह के नेतृत्व में यू.पी.ए सरकार की रचना की। लोकतंत्र में न तो जय स्थायी है, न पराजय। स्थायित्व किसी चीज का है तो वह है गणतंत्र।

यू.पी.ए. की यह सरकार पाँच वर्ष तक टिकी अवश्य किंतु राष्ट्र को अनेक दुष्परिणाम भोगने को मिले :

- आतंकवाद सब सीमाएँ लाँघ गया।
- राष्ट्र की सुरक्षा खतरे में पड़ गई।
- अलगाववादी शक्तियाँ बलवती हो गईं।
- देश की सीमाओं को लेकर आंतरिक कलह में वृद्धि हो गई।
- नक्सलवादी गतिविधियों के कारण हर राज्य में कानून और व्यवस्था ठप्प पड़ गई।
- महँगाई ने कमर तोड़ दी और भ्रष्टाचार सातवें आसमान पर पहुँच गया।
- किसानों की आत्महत्याओं से कृषि प्रधान देश की स्थिति लज्जास्पद हो गई।
- गरीबी की रेखा के नीचे जीनेवालों की संख्या में वृद्धि हो गई।
- बेरोजगारी में बढ़ोतरी हुई।
- राजनीति के बढ़ते अपराधीकरण को लेकर केंद्रीय मंत्रिमंडल के अनेक सदस्यों को त्याग-पत्र देना पड़ा।
- राजनीतिक नेता आप की सेवा के बजाय आप-सेवा में डूब गए।
- जनहित-रक्षण की प्रवृत्ति न के बराबर रह गई।

अप्रैल-मई, 2009 में 15वीं लोकसभा के चुनाव संपन्न हुए। 1991 के बाद फिर एक बार 205 स्थानों पर विजय प्राप्त करके कांग्रेस पार्टी सत्ता में आ गई। भा.ज.पा. को मात्र 116 सीटें मिलीं।

जहाँ-जहाँ स्पष्टत: मुखरित हिंदुत्व के साथ जनजीवन का विकास हुआ है, साक्षरता में वृद्धि हुई है, महिलाओं का सशक्तीकरण हुआ है, वहाँ विजय भा.ज.पा. को मिली है। पारस्परिक मतैक्य, सामंजस्य और विनम्रता के द्वारा जहाँ कहीं कार्यकर्ताओं को आत्मीयता के सूत्र में पिरोने के प्रयास सफल रहे, वहाँ भा.ज.पा. का विस्तरण हुआ। भा.ज.पा. का जन्म अखंड राष्ट्रवाद की रक्षा के संकल्प के साथ हुआ था। हिंदुत्व की भावना भा.ज.पा. को गौरव प्रदान करती है। 2009 के जनादेश को स्वीकार करने के साथ-साथ भा.ज.पा. को अपनी मूल प्रखर विचारधारा को और सुदृढ़ व संगठित करना होगा। नया कलेवर धारण करके पुनरोदय के लिए एकजुट होकर

काम में लग जाना होगा। विचारधारा को अडिग संकल्प के साथ और सुदृढ़ बनाने से ही भा.ज.पा. के प्रति समर्थन की अभिवृद्धि होगी। भारतीय जनता पार्टी को वैचारिक निष्ठा से आत्मबल प्राप्त होता है। यदि वैचारिक प्रतिबद्धता ही प्रबल नहीं होगी तो भा.ज.पा. व अन्य दलों में क्या अंतर रह जाएगा? यदि भा.ज.पा. ने अपने वैचारिक आधार को किंचित् मात्र निस्तेज हो जाने दिया तो पार्टी निज का जनाधार खो बैठेगी और नूतन जनाधार की सृष्टि हो नहीं पाएगी। इस कारण भा.ज.पा. जिस संकल्प एवं जिस विचारधारा को प्रदीप्त रखकर आगे आई थी उसकी ज्वाला को उद्दीप्त रखते हुए ही वह अपनी क्षतिपूर्ति करने में सफल होगी।

यह भारतीय जनता पार्टी के लिए आवश्यक है कि वह पंडित दीनदयाल उपाध्याय की सादगी, समर्पण, कार्यकर्ताओं के साथ आत्मीयता तथा बहुमुखी जन-विकास के लिए प्रतिबद्धता आदि आदर्शों को दृष्टि से ओझल न होने देकर अपने प्रयास जारी रखे।

2009 के चुनाव-परिणाम भा.ज.पा. के लिए आत्म-निरीक्षण की प्रेरणा सिद्ध हो सकते हैं। ये परिणाम अपनी भूलों को सुधारने का अवसर देते हैं। भूल-सुधार का यह अवसर एक बार हाथ से निकल गया तो पार्टी पुनः उसी स्वाभिमान और गौरव के साथ कभी खड़ी नहीं हो पाएगी। पार्टी का अब तक का इतिहास गौरवशाली है। इस गौरव को धुँधला करनेवाले किसी भी कृत्य से दूर रहना होगा। अपने आंतरिक कुरुक्षेत्र को भुलाते हुए सबको एक साथ मिलकर पार्टी के हित में आगे प्रयाण करना होगा। जो भी भूलें रहीं हों, उन्हें तत्परता से सुधारकर खोए जन-विश्वास को पुनः संपादित करना होगा।

□

जागो बहनो! जागो...

प्राचीन काल से ही भारतीय नारी की छवि गरिमामयी रही है। प्राचीन इतिहास के आरंभिक दौर पर दृष्टिक्षेप से यह बात स्पष्ट हो जाती है कि भारत मैं सदा से यह परंपरा रही है कि स्त्री पुरुष के कंधे-से-कंधा मिलाकर चले।

घोषा, लोपामुद्रा, अनुसूया, गार्गी मैत्रेयी, कैकेयी भारतीय नारी के वे नाम हैं, जो तत्त्व-ज्ञान के साथ-साथ बल और शक्ति में पुरुषों से आगे थीं।

मध्यकालीन इतिहास में रानी लक्ष्मीबाई, दुर्गावती, पुण्यश्लोक अहिल्याबाई, माता जीजाबाई, रानी चेनम्मा आदि उन महिलाओं के नाम हैं, जिन्होंने सत्ता सँभालते हुए राज-कार्य चलाने में पुरुषों को कहीं पीछे छोड़ दिया था।

भारत के स्वतंत्रता संग्राम के समय कस्तूरबा, सरोजनी नायडू, राजकुमारी अमृत कौर, विजयालक्ष्मी पंडित, कमलादेवी चट्टोपाध्याय, भीकाजी कामा, अवंतिकाबाई गोखले जैसी महान् नारीशक्ति ने देशभक्ति से प्रेरित होकर क्रांति की मशाल हाथ में ली थी और विदेशी वस्त्र व वस्तुओं का बहिष्कार करते हुए जन-जन में स्वदेश-प्रेम की अलख जगाई थी।

बीच में कुछ समय ऐसा भी गया जब अंधविश्वास, रूढ़ियों और परंपराओं का शिकार बने नारी-समाज ने अस्मिता और निज के गौरव को भुला दिया था। नारी-समाज के इस पिछड़ेपन को दूर करने के लिए अनेक समाज-सुधारकों ने प्रयास किए। महात्मा गांधी, राजा राममोहन राय, स्वामी दयानंद सरस्वती, ज्योतिबा फुले, सावित्री बाई फुले और कई लोग सामने आए तथा नारी-शक्ति को जाग्रत् करने के काम में जुट गए। स्त्री-शिक्षा की ओर विशेष रूप से ध्यान देना आरंभ हुआ, यह सामाजिक

परिवर्तन का आरंभ था, पुरुष वर्ग की ओर से नारी की उपेक्षा और उसके प्रति हुए अन्याय के कारण समाज पर्याप्त हानि उठा चुका है। अब हम सब उसमें परिवर्तन देख रहे हैं।

नई सहास्राब्दी में नारी की एक सर्वथा नई छवि उभर रही है। बीती सदियों में जो बेड़ियाँ उसे जकड़े हुए थीं, उन्हें छिन्न-भिन्न करके वह आज अपनी नई पहचान बनाने में जुटी है। कल तक जो क्षेत्र केवल पुरुषों के माने और समझे जाते थे, उनमें ज्वलंत नारी-चेतना प्रदीप्त हो उठी है। शिक्षा ने नारी-जीवन में बहुत से गुणात्मक परिवर्तन किए हैं। कल की साधारण गृहिणी आज कुशल प्रबंधक बनकर अपने कार्यों एवं दायित्वों का सफलतापूर्वक निर्वहन कर रही है। शिक्षा, खेल, शासन, प्रशासन, कला, विज्ञान, अनुसंधान, अणुशोध-संस्थान, सैन्यशक्ति-वायुसेना—हर क्षेत्र में उसका प्रवेश हो चुका है। सामाजिक, राजनीतिक, सांस्कृतिक क्षेत्र भी नारी-शक्ति से गौरवान्वित हो रहे हैं। नारी-समुदाय के पक्ष में श्रीमती किरण बेदी की पुस्तक 'It Is Always Possible' एक सशक्त साक्षी है।

स्वतंत्र भारत के संविधान का प्रारूप तैयार करने के लिए अक्तूबर,1946 में गठित संविधान-सभा में सरोजिनी नायडू, दुर्गाबाई देशमुख, रेणुका रॉय और हंसाबेन मेहता जैसी अनुभवी महिलाएँ शामिल थीं। यही कारण था कि भारत की महिलाओं को स्वतंत्रता के पहले से ही मतदान का अधिकार प्राप्त हुआ, जो अपने आप में एक विश्व-विक्रम है।

देश की जनसंख्या में महिलाओं का अनुपात लगभग 50 प्रतिशत होने के बावजूद संसद् में उनका प्रतिनिधित्व आज तक बहुत कम रहा है। भारत की राजनीति पुरुष-प्रधान ही रही है, धन और बाहुबल के प्रभुत्व एवं धर्म, जाति, भाषा और संप्रदाय के आधार ने राजनीति का चेहरा बदल दिया है। संसद् में महिलाओं का कम प्रतिनिधित्व होने से ऐसा हो पाने की सुविधा हो गई है। संसद् में महिलाओं का अनुपात कुछ इस तरह रहा हैं—

	कुल सदस्य	महिला-सदस्य	प्रतिशत
पहली लोकसभा	499	22	4.4
दूसरी लोकसभा	500	27	5.4
तीसरी लोकसभा	503	34	6.7

चौथी लोकसभा	523	31	5.9
पाँचवी लोकसभा	521	22	4.2
छठी लोकसभा	521	22	4.2
सातवीं लोकसभा	544	28	5.1
आठवीं लोकसभा	544	44	8.9
नौवीं लोकसभा	528	28	5.3
दसवीं लोकसभा	514	39	7.5
ग्यारहवीं लोकसभा	514	40	7.7
बारहवीं लोकसभा	514	44	8.5
तेरहवीं लोकसभा	548	49	8.9

10 प्रतिशत से अधिक महिलाएँ कभी भी लोकसभा में पहुँची ही नहीं। संसद् में चुनकर आनेवाली और राजनीति में प्रवेश पाने वाली महिलाओं में कुछ ऐसी भी हैं, जिनकी कोई राजनीतिक पृष्ठभूमि नहीं रही, उनके परिवार से कभी कोई राजनीति में नहीं रहा, तब भी वे प्रभावी संसद्-पटु रही हैं। वे सामान्य परिवार एवं समाज में से उभरी हैं और अपनी क्षमता के बलबूते आगे बढ़ी हैं। अत: आज संसद् में महिला-आरक्षण की बात विशेष महत्त्व रखती है। यह एक ऐसा मुद्दा है, जिससे नारी-समाज के उत्थान साथ-साथ राष्ट्र के उत्थान की संभावनाएँ भी जुड़ी हुई हैं।

पंचायती राज में महिलाओं को 33 प्रतिशत आरक्षण मिलने पर देश भर में तकरीबन 13 लाख बहनें चुनकर आईं और वे सब अपना दायित्व निभा रही हैं। एक करोड़ से भी अधिक की संख्या में महिलाओं ने पंचायती राज में चुनाव लड़ा था। भारतीय जनता पार्टी के शासनाधीन राज्यों में पंचायती राज में महिलाओं को 50 प्रतिशत आरक्षण दिया गया है, भा.ज.पा. ने अपने संगठनों में भी 33 प्रतिशत आरक्षण देकर महिलाओं को राजनीति में आगे आने की प्रेरणा दी है। नगरीय निकायों में भी महिलाएँ भारी संख्या में आगे आई हैं। अब हम लोग संसद् में 33 प्रतिशत की राह देख रहे हैं। भा.ज.पा ने एन.डी.ए. के ही शासनकाल में 33 प्रतिशत महिला-आरक्षण बिल प्रस्तुत करने का प्रथम प्रयास किया था, किंतु यह बिल आज तक पारित नहीं हो सका है। यू.पी.ए. सरकार ने हाल ही मैं यह बिल राज्यसभा में पारित करवाया है।

देश और समाज के सर्वांगीण विकास के लिए कटिबद्ध भारतीय जनता पार्टी महिलाओं और पुरुषों को समान रूप से प्रभावित करती है। इसी कारण 1980 से लेकर आज तक भा.ज.पा. ने नारी-शक्ति को प्रोत्साहित किया है, शक्ति—अर्थात् शक्ति की देवी दुर्गा, जिनका वाहन है सिंह, अत: सिंह-वाहिनी दुर्गा कोई और नहीं, नारी-शक्ति ही है।

देश के समुचित विकास के लिए सुयोग्य नागरिक चाहिए, ऐसे नागरिक तैयार करने वाली माताएँ यदि स्वयं ही पद-दलित रहीं, रूढ़ियों के दलदल में धँसी रहीं, ज्ञान के प्रकाश से वंचित रहीं तो किस क्षमता के बल पर वे सुयोग्य नागरिकों का निर्माण कर पाएँगी? यह पुत्र-पुत्री की परवरिश में भेद करने का युग नहीं है, सबको शिक्षा का महत्त्व समझना होगा,

नारी-समाज का पिछड़ापन पूरी तरह से दूर करने के लिए व महिला-जागरण के लिए दूरदर्शी व भावना-युक्त बहनें आगे बढ़ सकें, इसीलिए एन.डी.ए. की सरकार ने 2001 के वर्ष को 'नारी सशक्तीकरण वर्ष' घोषित किया था।

इसके लिए 'सशक्त नारी-समृद्ध भारत', 'जाग्रत् नारी-जाग्रत् भारत' का नारा देकर जिला, प्रदेश व केंद्र के स्तर पर राजनीति के परिप्रेक्ष्य में प्रशिक्षण-शिविरों का आयोजन किया गया था, जिनमें विविध विषयों का चयन करके बहनों को मार्गदर्शन दिया गया था।

संगठन की विचारधारा को आत्मसात् करने के लिए आवश्यक है कि वैचारिक स्पष्टता उपलब्ध हो। इसके लिए वरिष्ठ नेतृत्व के उद्‍बोधनों का अध्ययन बहुत सहायक सिद्ध होता हैं शुद्ध चरित्र व कार्य के प्रति निष्ठा अत्यंत महत्त्वपूर्ण माने गए हैं। यह अत्यावश्यक है कि कार्यकर्ता व कार्यकर्त्रियाँ व्यक्तिगत स्वार्थ और महत्वाकांक्षाओं उसे ऊपर उठकर समाज और राष्ट्रहित को महत्व दें, चुने हुए प्रतिनिधि अपने संगठन का चेहरा होते हैं, लोकतंत्र में जन-विश्वास अर्जित करना सर्वोपरि है। अत: उनकी वाणी और आचरण में भेद नहीं होना चाहिए। सशक्त और जाग्रत् नारी ही इस कोटि के जन-प्रतिनिधि तैयार कर सकती है।

मुझे भारतीय जनता पार्टी में काम करते हुए 46 वर्ष बीत गए। पार्टी के हमारे नेताओं ने मुझे अवसर भी दिए, सहयोग भी दिया और उनसे मुझे मार्गदर्शन भी मिलता

चला गया। राजनीति को मैंने स्वानुभवों से आत्मसात् किया है।

विगत दो दशकों में महिलाओं को अपनी समस्याओं को लेकर संसद् से सड़क तक चीखना-चिल्लाना पड़ा है। महँगाई का विरोध हो या दहेज का कानून, भ्रूण-हत्या के विरुद्ध जागृति हो या पैतृक संपत्ति में अधिकार का कानून, बलात्कार अथवा महिलाओं पर अत्याचार के मामले हों या टी.वी. पर अश्लील चित्रों का प्रदर्शन—हमें सदा संघर्ष करना पड़ा है, ये समस्याएँ केवल महिलाओं की न होकर पूरे समाज की हैं। इस बात को समझकर यदि आप सभी सुशिक्षित, संस्कृत, दूरदर्शी व जाग्रत् बहनें भी पूरे आत्मविश्वास के साथ राजनीति में आगे आएँ तो राजनीति का भी शुद्धीकरण होना तय है।

एक सुपरिचित उक्ति है कि दुर्जनों की सक्रियता की तुलना में सज्जनों की निष्क्रियता अधिक घातक होती है। महिलाओं को मेरा उद्बोधन है कि वे कतई यह न भूलें कि उनके ऊपर परिवार के साथ-साथ समाज और राष्ट्र की भी जिम्मेदारियाँ हैं। राष्ट्र का भविष्य भारत की सुसंस्कृत पीढ़ियों पर निर्भर है। आप अपनी सुप्त शक्तियों को प्रज्वलित करें और श्रद्धा व आत्मविश्वास के साथ आगे बढ़ें। मेरी शुभकामनाएँ आपके साथ हैं।

□

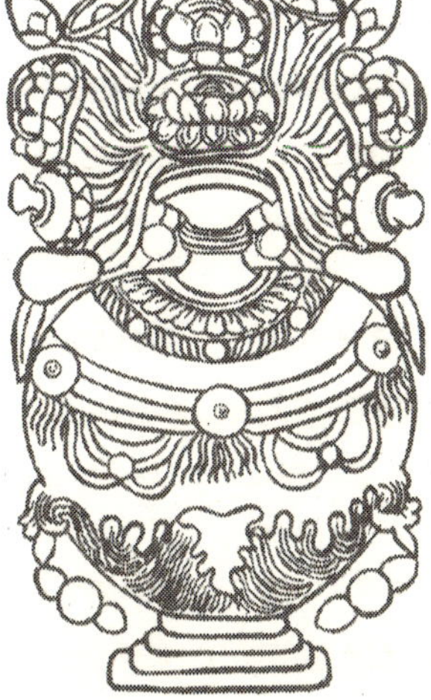

उपसंहार

मेरी लेखनी मेरे जीवन की परिक्रमा करके लौटी है। यह क्षण है कि जब मेरी श्वास-प्रश्वास तुष्टि से सुरभित है। यह यात्रा आंतरिक थी, किंतु उसने शब्द-शरीर में रूप ग्रहण किया। मेरे विविध अनुभवों को वाणी मिली।

मैंने अपनी नियति को सहज भाव से अंगीकार किया है। मेरा पथ अवश्य कंटाकाकीर्ण था किंतु अपनी प्रज्ञा और ईश-कृपा के प्रताप से मैं अपने मार्ग पर निरंतर आगे बढ़ती रही। मुझे आनंद इस बात का है कि मेरे जीवन का एक हेतु संपन्न हुआ। अपने जीवन को यात्रा का स्वरूप प्रदान करने में मैं सफल रही। मेरा जीवन कर्म-यात्रा, विचार-यात्रा, भाव-यात्रा एवं कल्याण-यात्रा है। जीवन में जो कुछ भी सहन करना पड़ा, उससे मेरे आत्म-तत्त्व का ऊर्ध्वीकरण ही हुआ। मैंने भलीभाँति सीख लिया कि सुख-दुःख, सफलता-निष्फलता और सत्ता को कैसे आत्मसात् करना होगा। सत्ता की ऐंठ मैंने कभी नहीं दिखाई। कार्यालय से संसद्-भवन जाते हुए अपनी फाईलें खुद उठाकर ले जाते हुए मुझे अच्छा ही लगता था। इस काम के लिए चपरासी का इस्तेमाल मुझे ठीक नहीं जान पड़ता था। मैं एक जन-प्रतिनिधि हूँ, जन-जन में से ही एक व्यक्ति हूँ, इस बात को मेरे संस्कारों ने कभी विस्मृति के गर्त में नहीं जाने दिया। मंत्री बनने के बाद भी कभी सुरक्षा-कर्मियों से घिरकर चलने का आग्रह नहीं रखा। मेरा मानना है कि जन-प्रतिनिधि को जन से भय नहीं खाना चाहिए। मैं सदा खुलेआम लोगों के बीच घुली-मिली हूँ। लोगों को यह प्रतीति करवाने में मुझे श्रम नहीं करना पड़ा कि मैं उनमें से एक हूँ। इसी का प्रतिफल है कि मुझे लोकप्रिय होने का वरदान मिला।

वर्षों से मेरा जीवंत संबंध मुंबई महानगरपालिका, राज्य सरकार व केंद्र सरकार के

साथ रहा है। इस कारण आज भी सहायता की अपेक्षा से लोग मेरे पास आते हैं। उनके कष्ट-निवारण व समस्या के समाधान में मुझे सफलता भी मिलती है। मैं अपनी सबसे बड़ी उपलब्धि इसे मानती हूँ कि छोटे-से-छोटा मनुष्य भी मेरे पास आने में हिचकिचाहट महसूस नहीं करता।

सन् 2004 के बाद भी मैं पार्टी में सक्रिय हूँ। आज भी राष्ट्रीय उपाध्यक्ष का उत्तरदायित्व वहन कर रही हूँ। किंतु अब मैं अपना अधिकांश समय सामाजिक कार्यों में व्यतीत करती हूँ। यह समाज के ऋण का प्रतिदान करने का मेरा अपना ढंग है।

इस अहंकार के साथ मैं कभी चुनाव में नहीं उतरी कि मैं ही जीतूँगी। जय की अभिलाषा अथवा पराजय की निराशा दोनों का अतिक्रमण करके केवल खेल-भावना के साथ मैं चुनावी दंगल में कूदी हूँ। सत्ता की प्राप्ति मेरा ध्येय कभी नहीं रहा। मुझे केवल इतना मालूम था कि यदि चुनाव लड़ना है तो पार्टी के हितार्थ, पार्टी की खांतिर और लोकहित के कार्य करने का लक्ष्य रखकर।

जीवन के रंगमंच पर खेलने के लिए जो भी भूमिका मेरे हिस्से आई, उसे मैंने पूरी निष्ठा से निभाया। मैंने अपनी एक भूमिका को कभी दूसरी के साथ गड्डमड्ड नहीं होने दिया। मेरा यह अत्यंत दृढ़ विश्वास बना है कि अधिक-से-अधिक महिलाओं को राजनीति में आ जाना चाहिए। स्त्री के कुछ ऐसे सहज नैसर्गिक गुण हैं—ऋजुता, संवेदनशीलता, कार्यक्षमता, निष्ठा, सहनशीलता, जो एक सफल राजनेता होने में उसे सहायक होंगे। यह बात मैं अपने निजी अनुभव से कह रही हूँ। स्त्री वज्रादपि कठोर कुसुमादपि मृदुल होती है। उसका यह गुण राजनीति की काया पलट सकता है। राजनीति को पुन: गौरवशाली क्षेत्र बना सकता है।

अनगिनत समारोह, सेमिनार, अंतरराष्ट्रीय कार्यक्रम ऐसे थे, जहाँ अपने राजनीतिक जीवन के दौरान मुझे उपस्थित रहने का अवसर मिला। संसद् में एक सांसद के रूप में मौजूद रहने को मिला। मंत्री पद पर भी रही। तब आधिकारिक रूप से अनेक देशों का दौरा करने को मिला। मैं कह सकती हूँ कि इनमें से प्रत्येक अवसर पर मैं नख-शिख एक भारतीय नारी थी, भारत की स्त्री का प्रतिनिधित्व करती थी, एक भारतीय महिला का परिचय थी। मेरा पहरावा सदा वैसा था, जो किसी भारतीय स्त्री का हो सकता है। आत्मकथा को प्रकाश में लाने के पीछे भी मेरा उद्देश्य यही है कि मैं भारत की स्त्री

को प्रेरणा दे सकूँ, वह जाने कि राजनीति को उसकी प्रतीक्षा है, आवश्यकता है, और वह राजनीति में चली आए।

जीवन में सत्तर का शिखर पार कर चुकी हूँ। यह जीवन की गोधूलि-वेला है। स्मृतियों का धेनु-धन मन की चौपाल पर लौट रहा है। उनके कंठ की घंटियाँ रुन-झुन कर रही हैं। जीवन का आकाश इस मधुर-धुनि से भरा-भरा है।

रुग्ण विचार और जड़ संस्कारों को खंडित करने में सक्षम आशावादी नैतिक दृष्टि ही जीवन में सौंदर्य-सृष्टि करती है। मेरा चिंतन स्वानुभूति में खिला है। मेरे जीवन का आँचल बहुरंगी अनुभवों से घनिष्ठ है। इस पुस्तक के निमित्त मैंने इन्हीं स्मृतियों का रसास्वादन किया-कराया है। कविमनीषी श्री मकरंद दवे ने कहा है—

साधो! जब वरदान मिले तो उसे गाँठ मत बाँधो,
कर गुलाल मन-भावन वर का, रँगो गाल सब लाल!

यह मुझे मिले वरदानों का गुलाल है।

अस्तु!

□

संदर्भिका

□□□